KB119618

내 생애
첫
회계 공부

기초부터 실무까지 회계지식 씹어먹기

유양훈 지음

내 생애 첫 회계 공부

기초부터 실무까지 회계지식 씹어먹기

원앤원북스

경영의 기본 언어
회계를 쉽게 알아보자!

회계라고 하면 사람들은 으레 재무제표상의 숫자만을 떠올리고 수학처럼 막연하게 어려워하고 거부감을 느낀다. 하지만 회계는 숫자를 통해 정보를 전달하는 것일 뿐, 수학과는 전혀 다른 분야다. 따라서 이러한 거부감을 가질 필요가 없다.

사회생활에 있어서 회계학만큼 중요한 고급정보를 가져다주는 것은 없다. 직접 사업을 하는 사람뿐만 아니라, 기업에 근무하는 근로자도 상대 거래처의 경영상태를 파악하는 데 회계를 이용한다. 또한 재테크로 주식투자를 할 때 좀 더 적극적인 투자를 위해서 회사의 경영상태와 실적을 파악해야 하는데, 회계는 이러한 정보를 파악하는 기초적인 언어로 이용된다. 회계는 사회생활을 하는 데 영어만큼이나 유용한 언어다.

이 책은 회계학에 대해 전혀 모르는 사람도 쉽게 접근할 수 있었으면 하는 바람으로 쓰게 되었다. 필자는 대학교 학부 시절 공학을 전공하고 졸업 때까지 회계와 관련된 책을 접할 기회가 없었고, 차변과 대변이라는 용어도 들어보지 못했다. 대학을 졸업한 후 우연한 기회에 회계와 관련된 공부를 시작했는데 회계학 기초 개념이 너무나 생소하고 어려웠다. 그러던 중 우연히 회계와 관련된 기초적인 내용을 담고 있는 실용서를 읽게 되면서 많은 도움을 받았다. 이런 경험 때문에 회계의 핵심적인 사항에 대해 쉽게 접근할 수 있는 회계학 실용서를 쓰고 싶었다.

어려운 용어와 내용을 최대한 쉽게 서술하려 했고, 일반인들이 실생활에서 궁금해하는 사례를 통해 편하게 읽을 수 있도록 했다. 특히 개념을 잡기가 어려운 감가상각이나 자본에 대한 부분을 쉽게 설명하고자 했으며, 오류수정이나 회계변경 등 해당 업무를 하는 경우에만 접할 수 있는 주제는 맛보기 정도로 담았다. 그리고 회계와 뗄 수 없는 세금과 관련된 사항을 중점적으로 책에 실었다.

회계학은 처음 공부할 때 그 의미가 실질적으로 와닿지 않는 경우가 많다. 특히 비용과 관련된 인식과 측정에 대한 부분에서는 단순히 계정분류만을 신경 쓰게 된다. 그러나 세법에서 제한하고 있는 여러 부분의 연결 고리를 이어가다 보면 자연스럽게 사회생활에서 접하는 회계를 이해할 수 있을 것이다.

예를 들면 접대비나 판공비 사용에 대한 적격증빙은 회계학에서 중요하게 다루지 않는다. 하지만 이러한 부분을 제대로 체크하지 않으면, 회계학상으로는 손실이 발생해도 세법상 비용으로 인정받지 못해 세금을 내야 하는 상황이 벌어질 수 있다. 사업자나 근로자가 출장경비 등을 사용할 때 회계부서에서 관련 증빙서류를 정확히 챙기도록 요청하는데, 모두 세금 측면에서 중요한 업무이기 때문이다. 또한 접대비는 한도 규정이 있기 때문에 경영상 여러 가지 고려해야 한다. 이처럼 회계와 세법 간의 상충되는 내용들을 비교하다 보면 회계를 좀 더 이해하는 데 도움이 된다. 즉 회계를 여러 가지 측면에서 넓게 바라보는 것이 중요하다.

처음부터 이 책의 모든 내용에 대해 한 글자씩 확실히 이해하려고 하면 금방 지친다. 전체적으로 한 번 통독을 한 후 관심 있는 분야에 대해 다시 한번 정독을 하면 자연스레 회계에 가깝게 다가갈 수 있을 것이다. 이 책은 절대 회계학을 전문으로 다룬 책이 아니다. 회계를 처음 접하는 사람들은 '회계란 이런 것이다'라고 맛보기 정도로 생각하면 될 것이다. 이 책을 통해 회계를 더 깊게 공부하고픈 마음이 든다면 필자는 너무나 기쁠 것이다.

이 책이 나오기까지 고생해 주신 원앤원북스 관계자분들에게 감사의 말씀을 전한다.

마지막으로 나의 가족 시내, 성우 그리고 성재에게 이 책을 바친다.

Edmonton, 반포에서

유양훈

회계가 처음이라면 용어부터 알아보자

STEP 2

기업회계는 기업회계기준과
재무제표에서 시작한다

STEP 3

자산을 알면 회사가 보인다

STEP 4

부채와 자본의 개념을 알아보자

STEP 5

수익으로 경영활동의 자원흐름을 읽자

STEP 6

비용의 회계처리와 기타 회계

STEP 7

효율적으로 원가를 관리하는 원가회계

STEP 8

새는 돈 막는 세무회계 방법

STEP 9

실무에 바로 써먹는 회계 노하우

STEP 1

회계가 처음이라면
용어부터 알아보자

처음부터 회계학을 전공하지 않은 이상 사람들은 숫자에 대해서 복잡하다는 선입견이 있는 것 같다. 그런데 회계는 사회생활에서 영어와 함께 가장 중요한 능력으로 꼽힌다. 재테크로 주식투자를 하기 위해서도 회사의 경영 상태나 실적 등을 파악하는 데 회계만큼 객관적인 자료가 없다. 회계는 경영 측면에서의 또 다른 언어다. 1장에서는 회계와 계정과목은 무엇이고 전표와 부기는 무엇인지에 대해서 다루며, 처음 접하는 회계와 관련된 용어를 위주로 설명했다.

회계란
무엇인가?

회계는 정보이용자가 합리적으로 판단이나 의사결정을 할 수 있도록 경제 정보를 식별하고 측정해 전달하는 과정에서 이용되는 언어다.

사람들은 '회계' 하면 가장 먼저 '숫자와 회계는 복잡하지.'라고 생각한다. 회계학을 전공하지 않은 이상 대부분의 사람들에게는 '숫자는 복잡하다'는 선입견이 있는 것 같다. 하지만 가만히 살펴보면 사회생활을 하는 데 영어와 함께 가장 중요한 분야로 바로 이 회계가 꼽힌다. 주식투자나 회사의 경영상태와 실적 등을 파악하는 데 회계만큼 객관적인 자료가 없기 때문이다. 회계는 경영 측면에서의 또 다른 언어다.

회계(accounting)는 회계 실체의 거래를 기록하는 것이다. 흔히 경리, 장부기장, 부기(book-keeping)를 회계라고 알고 있는데, 이는 회계의 일부만을 강조한 개념이다. 좀 더 포괄적으로 정의하면 회계는 정보이용자가 합리적인 판단이나 의사결정을 할 수 있도록 경제정보를 식별하고 측정해 전달하는 과정이다.

여기서 정보이용자는 모든 사람이 될 수 있다. 대한민국은 국세청, 국민건강보험공단 등 여러 기관을 통해 국민에게 세금 및 준조세 성격의 분담금을 징수한다. 이 돈은 국민을 위해 다양한 곳에 사용되는데, 이때 어디서 얼마만큼의 돈을 걷어서 어디에 얼마만큼 지출했는지 알리는 방법으로 회계를 사용한다. 이 과정에서 정보이용자는 국민이 될 수 있고, 국세청 같은 정부기관의 공무원이 될 수도 있고, 해외에서 대한민국 채권에 투자한 외국인이 될 수도 있다. 국민은 국가가 과연 제대로 돈을 지출했는지 알고 싶을 것이고, 해외에 있는 투자자들은 대한민국의 재정상태가 어떤지 알고 싶을 것이다.

돈과 관련된 정보를 제공하는 회계

회계는 바로 이러한 돈과 관련된 정보를 파악하는 데 사용하는 언어다. 기업의 재무상태와 성과에 대한 정보를 투자자와 채권자 같은 기업 외부의 정보이용자들과 기업 내부의 정보이용자들에게 제공하는 것이 목적으로, 외부의 정보이용자들은 회계정보를 이용해 더욱 효율적인 기업을 찾고 구분한다. 즉 외부의 정보이용자들은 자신들이 가지고 있는 돈이나 그 외 경제적인 자산을 좀 더 가치 있는 기업에 투자하며, 이로써 자원의 효율적인 배분이 이루어진다.

한편 기업 내부의 정보이용자로는 대표적으로 주주를 꼽을 수 있다. 주주들에게 기업경영을 수탁받은 경영자는 기업경영을 통해 얻은 경제효과 등을 주주들에게 정확하고 객관적으로 보고하기 위해 회계를 이용한다. 따라서 회계는 공통된 언어를 통해 정확하고 객관적으로 기록하고 정리해야 한다. 이때 공통된 언어로 기업회계기준을 사용한다. 기업회계기준은 주제별로 별도의 장을 구성하며, 각 장은 본문과 부록으로 구성된다. 앞으로 항목별로 구체적인 회계처리에 대해 궁금한 경우 이것을 찾아보면 된다. 한국회계기준원 홈페이지(www.kasb.or.kr)에서 기업회계기준 등에 대해 다양한 정보를 제공해 실제 어떤 식으로 정리되어 있는지 확인할 수 있다.

보통 회계원리, 중급회계 등의 교과목에서 기업회계기준을 예제로 풀어서 설명해준다. 즉 회계의 언어를 배우는 과정이라고 할 수 있는데, 모든 언어가 그렇듯 문법만 배운다고 이를 사용할 수는 없다. 실제 사례를 반복해 접해봐야 회계학적 마인드를 쌓을 수 있다. 그렇게 하기 위해서는 분개부터 차근차근 직접 손으로 써보면서 계정과목을 이해해야 한다.

분개(分介, journalizing)는 구체적인 계정과목과 금액을 정하는 것을 말하며, 거래에 대한 최초의 회계 기록이다. 분개 기록에서 차변에 기록할 계정은 왼쪽에, 대변에 기록할 계정은 오른쪽에 각각 계정과목과 금액을 표시한다. 분개에서도 거래의 이중성 원칙에 따라 차변금액과 대변금액은 반드시 일치해야 한다. 이에 대해서는 별도의 주제로 구체적으로 알아보고자 한다.

회계는
어떻게 분류하는가?

회계에는 재무회계만 있는 것이 아니다. 특히 세무회계는 절세의 중요한 기준이 될 수
있으며, 경영상의 질적 향상 노하우만큼 기업경영에 필수적인 지식이다.

회계는 정보이용자들이 합리적인 의사결정을 할 수 있도록 기업의
경제활동을 측정·기록하고, 이에 관한 정보를 수집·요약해 정보이
용자에게 전달하는 과정이다. 이때 정보이용자를 기준으로 회계를
분류하는데, 크게 재무회계와 관리회계 그리고 세무회계로 나눌 수
있다.

　가장 기본이 되는 것은 재무회계이며, 재무회계를 바탕으로 세무
회계가 이루어진다. 관리회계는 기업 내부에서의 경영상 의사결정
을 위해 작성하는 회계로 재무회계에 관해 더욱 자세하게 작성한다
고 보면 된다.

사용 목적을 분명히 파악하자

재무회계(financial accounting)는 외부 정보이용자가 경제적 의사를 결정하는 데 도움을 주는 회계를 말한다. 주로 투자자(자본), 채권자(부채), 정부(세금)가 주된 이용자다.

재무회계에서 정보이용자에게 정보를 제공할 때는 재무제표라는 형식을 이용한다. 재무제표는 일정한 규칙에 따라 통일된 양식으로 작성하며, 기업의 재무상태와 경영성과 등의 정보를 제공한다. 보통 재무회계를 알기 위해서는 회계원리부터 시작해 중급회계와 고급회계를 공부한다. 회계원리는 부기의 원리와 계정과목별 기초적인 지식을 말하며, 중급회계에서는 계정과목별 처리방법 등을 깊이 있게 다룬다. 실질적으로 회계학 마인드를 이루기 위해서는 최소한 중급회계까지 공부해야 한다고 본다.

관리회계(managerial accounting)는 회계학적 도구를 통해 내부 정보이용자의 의사결정에 도움을 주는 내부보고 목적의 회계다. 즉 기업경영자가 기업의 통제와 방향 설정, 장기적인 시설투자 등을 위한 의사결정을 할 때 정보를 얻기 위해 작성한다.

세무회계(tax accounting)란 기업회계상 산정된 이익을 기초로 해, 조세부담능력의 기준이 되는 과세소득과 세액의 산정에 관한 재무적 정보를 전달하는 회계다. 기업회계와 세무회계는 그 목적상 차이가 있다. 기업회계가 자산의 과대평가를 금하는 것에 비해, 세무회계는 항상 과소평가를 금지함으로써 공평한 과세 측면에서의 부당한 감소를 방지하고 있다. 관리회계와 세무회계는 회계원칙상 상

도표 1-1 ▼ **회계의 분류**

구분	재무회계	관리회계	세무회계
목적	외부보고	내부보고	세무보고
정보이용자	투자자, 채권자 등 외부 정보이용자	경영자, 관리자 등 내부 정보이용자	과세관청
작성원칙	한국채택국제회계기준	경제학, 통계학 등 다양한 학문	법인세법의 규정
정보의 내용	과거지향적 정보	과거·미래지향적 정보	과거지향적 정보
보고의 형태	재무제표	일정한 형식이 없음	세무조정계산서
분석기법	회계개념	다양한 의사결정 기법	세법의 규정
정보의 형태	주로 화폐적 정보	화폐적·비화폐적 정보	화폐적 정보

호 모순되기도 하고 대립되기도 한다.

새로 접하는 학문이나 새로운 정보 체계는 당연히 매우 어렵게 느껴진다. 회계의 분류가 아직 생소하겠지만, 구체적인 내용을 접하다 보면 점점 큰 그림이 보일 것이다.

회계감사(audit)는 회계법인 소속의 공인회계사(CPA; Certified Public Accountant)가 하는데, 이때 재무회계 측면에서의 적정성을 판단한다. 회사는 재무상태를 기장해 재무제표를 완성한다. 이를 회계감사한다는 것은 회사가 재무회계 측면에서 과연 적정하게 기장했는지를 회계사가 감사한다고 보면 된다. 그런데 국가는 재무회계로 완성한 재무제표, 특히 손익계산서상의 이익에 대해 세금을 부과하는 것이 아니다. 국가에서는 세무회계 측면에서 기업의 이익을 다시 바라보고 과세를 한다. 이러한 부분 때문에 세무조정을 거쳐서 법인세를 신고하는데, 세무회계 측면에서 회계를 다시 조정한다고 보면 된다.

결국 세무회계의 가장 큰 정보이용자는 국가, 즉 국세청이다. 재무회계상으로 기업회계기준 등에 맞게 재무제표가 완성되었어도, 다양한 목적을 위해 만들어진 세법과 상충하는 부분이 있다. 이런 기업회계기준과 세법과의 차이를 찾아 세법에 맞게 조정을 하는 것이 바로 세무회계라고 생각하면 된다. 따라서 세무회계는 재무회계를 통한 결산 등이 이루어지지 않으면 나타낼 수 없는 회계인 것이다.

계정과목이란
무엇인가?

계정과목은 기업과 기업을 비교할 수 있도록 일정한 기준에 따라 설정해야 하며, 그 기준을 제공해주는 것이 바로 '기업회계기준'이다.

거래의 발생과 더불어 나타나는 거래의 8요소를 조직적·체계적으로 기록하고 계산하기 위한 최소단위를 '계정(account)'이라고 한다. 이런 계정의 명칭을 '계정과목'이라고 하며, 계정과목은 종류나 성질이 다른 다양한 거래를 일관된 기준에 따라 정리하는 기본단위가 된다. 계정과목을 분류하는 이유는 기업의 정확한 상태를 나타내기 위함이며, 계정과목을 통해 기업이 어떤 상태인지 알 수 있다.

　원래 계정과목은 기업이 자사의 상황에 맞춰서 임의대로 만들어 쓰는 것이 바람직하다고 할 수 있다. 하지만 그렇게 되면 기업마다 자산, 부채, 자본, 수익, 비용을 서로 다른 명칭으로 사용할 수 있어

금융기관이나 세무서, 기업과 관련된 여러 이해관계자들에게 많은 혼란을 줄 수 있기에 유사한 항목에 대해서는 그 명칭을 통일해 사용하고 있다.

 계정과목 사용과 관련된 원칙

① **기업회계기준 준거 원칙:** 기업회계기준에 규정된 계정과목을 우선적으로 사용해야 한다.
② **명확성 원칙:** 계정과목은 계정의 성격을 명확히 표시해야 한다.
③ **단순성 원칙:** 계정과목의 내용은 단순해야 하고 한 계정과목에 성질·종류가 다른 항목을 함께 기록해서는 안 된다.
④ **중요성 원칙:** 거래의 빈도가 많고 금액이 큰 것은 세분하고, 빈도가 적고 금액이 적은 것은 보고에 지장이 없는 한 적절하게 통합해야 한다.
⑤ **계속성 원칙:** 일단 설정한 계정과목은 특별한 사유가 없는 한 함부로 변경해서는 안 된다. 이는 회계의 목적인 비교 가능성을 저해하기 때문이다.

예를 들어 직원들과의 회식비는 일반적으로 '복리후생비' 계정과목을 사용한다. A회사가 '영업본부직원회식비' 계정과 '경영지원본부직원회식비' 계정 등 부서별로 나눠서 설정할 수도 있을 것이다. 하지만 이렇게 되면 계정과목이 불필요하게 복잡해지고 세분화되어 큰 실익이 없다. 경영관리 측면에서 필요하다면 당연히 내부적으로 별도 관리하면 될 것이다.

계정과목은 회계원칙에 따라 항목을 분류한 임의적인 약속이기 때문에 법적 근거나 강제성이 없다. 따라서 기업의 사정이나 중요도에 따라 계정을 묶어서 사용하거나 세분화할 수도 있으며, 마땅한

계정과목이 없다면 새로 설정할 수도 있다. 하지만 한번 적합한 계정과목을 선택해서 사용한 경우 지속적으로 사용해야 결산 시에 항목별로 정확하게 집계할 수 있다.

계정과목은 기업회계기준에 따라 적용해야 된다

계정과목은 본래 회계상의 거래를 가장 잘 나타낼 수 있는 것으로 결정해야 한다. 그 계정과목을 보고 '어떤 일이 발생했는지' 알 수 있을 정도로 정확하게 기록하고, 그 거래의 실질내용이 가장 잘 반영될 수 있는 방향으로 설정해야 한다.

그런데 거래내용을 가장 잘 반영하고 있다고 해도 기업마다 제 나름대로 계정과목을 만들고, 그 계정과목을 내부에서만 사용하는 것이 아니라 외부에 발표하는 재무제표에까지 사용한다면, 같은 사건이 발생한다고 해도 계정과목의 명칭이 다를 수 있어 기업 간 비교가 어려울 것이다. 따라서 기업들의 상태를 비교할 수 있도록 공통된 일정한 기준에 따라 설정해야 하며, 그 기준을 제공해주는 것이 '기업회계기준'이다.

일반적인 계정과목 설정의 원칙으로 기업회계기준에 규정된 계정과목을 우선적으로 사용해야 하고, 계정과목은 계정의 성격을 명확히 표시해야 한다. 또한 계정과목의 내용은 단순해야 하고 한 계정과목에 성질·종류가 다른 항목을 함께 기록해서는 안 되며, 일단 설정한 계정과목은 특별한 사유가 없는 한 임의로 변경해서는 안 된다. 이는 비교 가능성을 저해하기 때문이다.

계정과목은 단순히 암기하기보다는 반복적인 사례를 접하면서 자연스럽게 익히는 것이 좋은데, 거래별로 각각의 상대계정이 무엇인지 생각해보면 쉽게 접근할 수 있다. 예를 들면 기업이 이자(비용)를 지급하는 경우 그 상대방은 이자(수익)를 받게 된다. 매출도 마찬가지로, 보통 제품을 외상으로 판매하는 기업에서는 매출채권(자산)이 발생하고 구입하는 기업에서는 매입채무(부채)가 발생한다. 하나의 거래에서 당사자가 누구인지에 따라 계정과목이 달라지는 것이다.

사무실 임대차 거래에서 임대인은 임차보증금을 받고 월세를 받는데, 임차보증금은 나중에 돌려줄 돈이므로 부채로 잡는다. 반면에 임차인 입장에서는 나중에 돌려받을 돈이므로 자산으로 잡는다. 동일한 거래에 대해 서로 상대방의 계정과목이 달라지는 것이다. 앞으로 모든 거래에 대해 이런 식으로 생각하다 보면 자연스럽게 계정과목을 익히게 되고 전체적인 회계학 마인드가 생겨날 것이다.

판매자: 매출채권(자산계정)	→	소비자: 매입채무(부채계정)
임대인: 임대보증금(부채계정)	←	임차인: 임차보증금(자산계정)
임대료(수익계정)		임차료(비용계정)

도표 1-2 ▼ **대표적인 자산·부채·자본 계정과목의 예시**

분류	계정과목	내용
자산	현금	순수 현금
	상품	판매 목적으로 구입한 물건
	제품	판매 목적으로 만들어낸 물건
	매출채권	상품 등을 외상으로 팔았을 때 받을 돈
	단기대여금	1년 이내의 만기로 빌려준 돈
	미수금	상품 이외의 물건을 외상으로 매각했을 때 받을 돈. 즉 법인차량이나 비품을 외상으로 판매했을 때 사용하는 계정
	건물	기업이 보유하고 있는 건물
부채	매입채무	상품을 외상으로 구입한 경우에 갚아야 할 돈
	미지급금	상품 이외의 물품을 외상으로 구입했을 경우에 갚아야 할 돈. 예를 들어 임차료 세금계산서를 받고 아직 지급하지 못한 경우
	선수금	상품을 팔기 전에 미리 받은 계약금
자본	자본금	주주가 출자한 재산(주식의 액면가액)

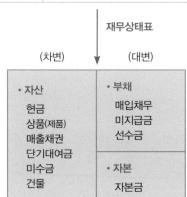

재무상태표

(차변)　　　　　(대변)

| • 자산
　현금
　상품(제품)
　매출채권
　단기대여금
　미수금
　건물 | • 부채
　매입채무
　미지급금
　선수금

• 자본
　자본금 |

도표 1-3 ▼ 대표적인 수익·비용 계정과목의 예시

분류	계정과목	내용
수익	상품매출	상품을 팔아서 받게 될 돈
	이자수익	빌려준 돈에 대해 받은 이자
비용	급여	직원에게 지급한 돈
	지급임차료	사무실 등을 임차해 지급한 돈
	여비교통비	출장비, 숙박비, 교통비 등으로 지출된 돈
	통신비	전화, 우편, 인터넷 등의 요금
	수도광열비	전기요금, 수도요금 등
	접대비	영업을 위해 영업 상대방에게 지출한 금전적 비용
	광고선전비	광고를 위한 각종 홍보, 광고물 제작비
	세금과공과	각종 영업단체 회비, 차량재산세 등
	수선비	기계장치 등의 수리비
	잡비	그 외 금액이 적고 자주 발생하지 않는 지출

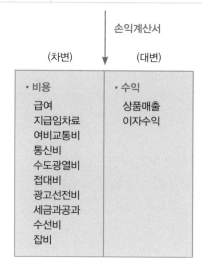

손익계산서

(차변)　　　　　(대변)

- 비용
  급여
  지급임차료
  여비교통비
  통신비
  수도광열비
  접대비
  광고선전비
  세금과공과
  수선비
  잡비

- 수익
  상품매출
  이자수익

부기와 기장은
어떤 의미인가?

회계상에서 거래가 발생하면 항상 기업의 자산·부채·자본의 증감, 수익·비용의 발생과 소멸이라는 두 가지 측면에 영향을 미치게 되며, 이를 거래의 이중성이라고 한다.

부기란 말은 많이 들어봤을 것이다. 특히 기장이라는 말은 보통 사업을 하는 사람이라면 대부분 알고 있다. 하지만 부기와 기장이 명확히 무엇인지는 잘 모르는 경우가 많다. 부기와 기장은 모두 '장부에 기록을 한다'라는 의미로 보면 되는데, 보통 세무·회계사무소에서 사업자 대신 장부에 기록해주는 업무를 하고 국세청에 세금신고를 한다. 그에 따라 사업자는 세무·회계사무소에 월마다 기장료를 지급하는 것이다.

부기에는 단식부기와 복식부기가 있는데, 단식부기는 일반 현금출납부와 같다고 보면 된다. 세무·회계사무소에서는 복식부기 방식

도표 1-4 ▼ 복식부기

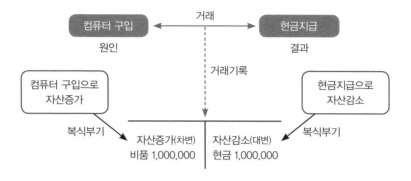

도표 1-5 ▼ 단식부기

가계부					
일자	수입		지출		잔액
	수입내역	금액	지출내역	금액	
전기이월					500,000
10월 1일	월급	2,000,000	의류 구입	50,000	2,450,000
10월 2일			소고기 구입	50,000	2,400,000
10월 3일			전기료 납부	150,000	2,250,000

으로 기장을 해주는데, 복식부기는 하나의 거래를 앞뒤로 2번 보아 기록한 것이다. 여기서 하나의 거래를 앞뒤로 2번 보아 기록한다는 것은 거래행위의 원인과 결과를 모두 기록한다는 의미다. 반면에 단식부기는 가계부처럼 현금의 수입내역과 지출내역을 단순하게 기록하는 것이다.

그렇다면 어떤 것을 기록할까?

회계의 기록대상은 거래다. 일반적으로 거래라고 하면 '주고받는 것 또는 사고파는 것'이지만, 일반적인 거래와 회계상의 거래는 차이가 있다. 회계상의 거래는 기업의 경영활동에 따라 재산의 증감(① 자산·부채·자본의 증감 변화, ② 수익·비용의 발생과 소멸)을 가져다주는 모든 경제적 사건을 말하는 것으로, 그 경제적 사건은 금액으로 객관적인 측정을 할 수 있어야 한다. 또한 일반적인 거래로 볼 수 있다고 해도 금액으로 객관적인 측정이 되지 않는 경우는 회계상의 거래가 아니며, 일반적인 거래로 볼 수 없다 해도 금액으로 객관적인 측정이 되는 경우(화재로 인한 손실, 감가상각 등)에는 회계상의 거래로 인정된다.

예를 들면, 장동건 씨가 5억 원을 주고 상가를 구입했다고 해보자. 5억 원의 현금(자산)이 나가고 건물(자산)이 들어옴으로써 자산이 변동되었으므로 회계상 거래로 볼 수 있다. 그런데 장동건 씨가 상가를 구입하기로 계약만 하고 아직 계약금을 지불하지 않았다면, 회계상으로는 자산의 증감이 없으므로 회계상 거래라고 할 수 없다. 즉 단순한 상품의 주문이나 계약, 약속 등은 회계상의 거래가 아니다. 반대로 현금의 분실이나 사무실 화재 등이 발생하는 경우, 일반적으로 거래라고 보지 않으나 회계상으로는 거래가 발생한 것이다. 현금의 분실로 자산이 감소하고 손실이 발생했기 때문이다.

회계학상의 거래에는 몇 가지 중요한 성질이 있는데, 그중에서 우선 '거래의 이중성'에 대해 알아보자. 어떤 거래가 발생하면 항상 기업의 자산·부채·자본의 증감, 수익·비용의 발생과 소멸이라는 두 가지 측면에 영향을 미치게 되는데, 이를 '거래의 이중성'이라고 한다. 예를 들어 회사가 공장부지로 사용하기 위해 토지를 구입하면서 현금으로 구입대금을 지급했다면, 토지를 구입했기 때문에 회사의 자산은 증가하고 이와 동시에 이에 대한 구입비용으로 현금을 지급했으므로 회사의 자산은 감소했다. 따라서 토지를 구입한 것과 현금을 지급했다는 것, 이 두 가지 측면 모두를 일정한 법칙에 따라 기록해야 한다.

예시를 살펴보자. 한 기업이 5억 원의 현금을 주고 상가를 구입한 회계처리를 보면 다음과 같다.

(차변) 상가건물 500,000,000   (대변) 현금 500,000,000

상가를 구입하면서 부동산 수수료로 현금 500만 원을 지급했다면 이에 대한 회계처리는 다음과 같다.

(차변) 지급수수료 5,000,000   (대변) 현금   5,000,000

장부의 왼쪽은 차변이고 오른쪽은 대변이라고 한다. 회계상의 거래에는 원인과 결과라는 두 가지 측면이 항상 있기 때문에 하나의 거래를 두 가지로 나타낼 수 있는데, 이것이 바로 위에서 언급한 거래의 이중성이다. 이같이 거래의 이중성에 따라 거래를 차변과 대변으로 나누어 기록하는 것을 '분개'라고 한다. 주어진 사례를 가지고 분개를 분석해보겠다. 자산항목인 상가건물이 차변에 기록되어 있

으므로 기업은 상가건물로 5억 원이 증가한 것이다. 또한 자산항목
인 현금이 대변에 기록되어 있으므로 기업은 현금이 5억 원 감소한
것이다.

거래의 8요소는 무엇일까?

회계에서는 반드시 암기해야 하는 부분이 몇 가지 있다. 바로 거래
의 8요소에 대해 차변과 대변에 기록될 내용이다.
　순간 일부 독자들은 왠지 마음이 무겁게 느껴질 수도 있다. 하지
만 절대 그럴 필요가 없다. 지금 읽고 있는 이 내용이 어렵더라도 회
계학을 이해하는 데 진도를 나가지 못하는 것은 아니기 때문이다.
계속해서 거래의 8요소가 영어회화를 배울 때처럼 익숙해지게 만들
어야 한다.

도표 1-6 ▼ **거래의 8요소**

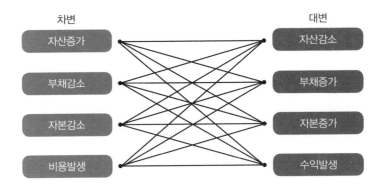

몇 가지 예를 들어보도록 하겠다. 처음 법인을 설립하면 보통 자본금이 필요하다. 이는 법적으로 일정 금액 이상을 자본금으로 납입해야 법인설립 등기가 나오기 때문이며, 실제로 사업을 하려면 최소한 사무실 보증금이나 컴퓨터를 살 종잣돈은 있어야 한다. 즉 사업을 처음 개시하는 경우 가장 먼저 이루어지는 분개는 자본의 증가와 관련된 사항이다.

장동건 씨가 은행에서 5천만 원을 대출받고 자신이 그동안 모은 돈 5천만 원을 합해 치킨집을 열었다고 하자. 즉 1억 원을 투자해 가게 보증금으로 5천만 원, 튀김 기계 구입에 1천만 원, 생닭 구입에 1천만 원을 썼다. 이 내용을 분개로 간단히 나타내보자.

(차변) 임차보증금	50,000,000	(대변) 부채	50,000,000
기계장치	10,000,000	자본금	50,000,000
재고자산	10,000,000		
현금	30,000,000		

그리고 치킨집 오픈 첫날 매출이 300만 원 발생했으며 구입한 생닭 중에 50만 원어치가 팔렸고, 아르바이트로 일한 학생들에게 20만 원을 지급했다.

(차변) 현금	3,000,000	(대변) 매출	3,000,000
매출원가	500,000	재고자산	500,000
인건비	200,000	현금	200,000

- 수익(매출 300만 원)이 발생해 대변(오른쪽)에 기록했고, 자산(현금 300만 원)이 증가했기 때문에 차변(왼쪽)에 기록했다.
- 비용(매출원가 50만 원)이 발생해 차변(왼쪽)에 기록했고, 그에 대응한 자산(재고자산 50만 원)이 감소했으므로 대변(오른쪽)에 기록했다.
- 비용(인건비 20만 원)이 발생해 차변(왼쪽)에 기록했고, 그에 대응하는 자산(현금 20만 원)이 감소했으므로 대변(오른쪽)에 기록했다.

우선 천천히 읽어보고 이해가 되지 않더라도 그냥 넘어가자. 회계학을 배우다 보면 어느 순간 깨달을 수 있으며, 그때의 기쁨은 너무나도 클 것이다.

전표란
무엇을 뜻하는가?

전표는 매일 발생한 일을 기록하는 일기와 같다. 매일의 사건(회계상의 거래)이 기록된 일기가 모여 비로소 일기장(장부)이 되는 것이다.

경리업무를 직접 하지 않더라도 회사에서 한 번쯤은 마주치게 되는 서식이 '전표'다. 보통 지출결의서와 함께 발생하는 부분이다. 전표라는 것은 '표가 들어 있는 종이'라는 뜻이며, 기업 간 통일된 양식은 없다. 회사에 따라 성향에 맞게 조금씩 다르게 고쳐 쓰면 되는데, 전표는 외부에 보일 일이 없고 내부에서만 관리 목적으로 쓰기 때문이다. 제삼자가 봐야 하는 문서가 아니기 때문에 통일된 양식을 고집할 필요가 없고, 뺄 건 빼고 더할 건 더해서 회사에 맞게 쓰면 되는 것이다. 요즘은 전표를 잘 쓰지 않는 추세이긴 하지만, 아직도 전표는 회계업무에서 필수적이다.

입금전표, 출금전표, 대체전표

전표의 종류는 세 가지인데 입금전표, 출금전표, 대체전표가 있다. 그중에서 대체전표를 가장 많이 쓰지만, 다른 것들도 어떤 경우에 쓰는지 알아둬야 당황하지 않을 것이다. 모든 전표에는 일자, 계정 과목, 적요, 금액이 공통적으로 들어간다.

입금전표라는 것은 말 그대로 입금(入金), 즉 현금이 들어온 것에 대해 기록해두는 전표다. 예를 들어 '물건을 팔고 현금을 받았다'라고 한다면 입금전표에 그 내용을 적는 것이다. 출금전표는 입금전표와는 반대로 현금이 나가는 것에 대해 기록해두는 전표다. 예를 들어 '물건을 사고 현금을 지불했다'라고 한다면 그 내용을 금액과 함께 전표에 적는 것이다.

현금이 들어왔을 때는 입금전표를, 현금이 나갔을 때는 출금전표

도표 1-7 ▼ 입금전표

입 금 전 표				사장
서기 20X3년 09월 01일				전무
과목	상품	항목		
적요		금액		상무
제품판매		5,000,000		
				부장
				과장
				계
합계		5,000,000		

38

도표 1-8 ▼ 출금전표

	출 금 전 표			사장
	서기 20X3년 09월 01일			전무
과목	복리후생비	항목	식대	
적요		금액		상무
회계팀 직원 저녁(홍길동 외 5인) 5,000원×6명			30,000	
				부장
				과장
				계
합계			30,000	

도표 1-9 ▼ 대체전표

대 체 전 표			계	과장	부장	상무	전무	사장
(차변) 20X3년 09월 01일								(대변)

과목	적요	금액	과목	적요	금액
차량운반구	본사 승용차	10,000,000	보통예금	국민은행 통장	10,000,000
합계		10,000,000	합계		10,000,000

를, 그 외의 경우에는 대체전표를 쓴다. 즉 현금이 들어오거나 나가
는 거래가 아닐 때, 다시 말하면 현금이 움직이지 않는 거래를 했을
때 대체전표를 쓴다는 이야기다. 물건을 팔았는데 아직 현금을 못
받은 경우나 물건을 샀는데 현금은 나중에 주기로 한 경우가 여기에

해당한다. 생각해보면 위와 같은 거래가 일어났을 때는 현금이 움직이지 않는다는 것을 알 수 있다. 나중에 그 현금을 받거나 현금을 지급할 때 입금전표나 출금전표를 작성하면 되는 것이다. 그때는 현금이 움직이기 때문이다.

전표를 왜 사용하는 것일까?

회계업무의 최종목적은 바로 정확한 재무제표의 작성이다. 그런데 재무제표는 1년 동안의 회계 기록을 총집대성한 것이기 때문에 그것만 봐서는 언제 무슨 일이 발생했고 그 일이 왜 발생했으며 누구와 발생했는지를 상세히 알 수가 없다.

따라서 일기를 쓰듯이 매일 발생한 일을 기록할 필요가 있는데 그것이 바로 전표작성이다. 이러한 전표를 모아서 총계정원장을 작성하고, 총계정원장을 기초로 시산표를 만들며, 나아가서는 재무제표를 만드는 것이니만큼 기초단계인 전표작성에서 기록이 어긋나버리면 정확한 재무제표를 만들 수 없다.

또한 전표에는 전결권자가 결재할 수 있는 '결재란'이 마련되어 있다. 결재를 맡는다는 것은 어떤 사항의 발생을 윗사람에게 보고하는 것이며, 그 보고를 통해서 윗사람은 기업에 어떤 상황이 발생했는지 알 수 있다. 즉 전표에는 올바르게 장부를 작성하기 위한 목적과 결재를 통한 내부관리의 목적이 내재해 있는 것이다.

입금전표, 대체전표, 출금전표 사례

1. 회사를 설립하면서 대출 5천만 원을 받았다.
   [입금전표]
   차입금   50,000,000
   [대체전표]
   (차변) 현금   50,000,000   (대변) 차입금 50,000,000

2. 아르바이트 비용으로 15만 원을 지급했다.
   [출금전표]
   아르바이트 급여   150,000
   [대체전표]
   (차변) 아르바이트 급여 150,000   (대변) 현금   150,000

   위의 사례를 보면 알 수 있겠지만, 대체전표만 있어도 전표발행에는 아무런 문제가 없다. 하지만 편리성이나 관리 차원에서 출금전표나 입금전표를 사용하는 경우가 많다.

재무제표에는
어떤 내용이 담겨 있는가?

전표라는 일기들이 모여 장부라는 일기장이 된다. 이런 일기장을 바탕으로 한 장짜리 생활기록부라는 결과가 만들어지는데, 이를 재무제표라고 한다.

장부는 기업의 일기장 같은 것이다. 사람이 매일 자신이 겪은 일과 오늘 하루의 느낌 등을 일기장에 적어서 자신만의 기록을 쌓아나가는 것처럼 기업도 매일 벌어진 거래상황을 기록하고 그것을 모아서 장부를 만들게 된다. 매일 기록한 전표들을 모아서 '전표철'이라는 장부로 만들고, 매일 변동이 생기는 재고자산의 상태를 적어놓은 것들을 모아서 '재고수불부'라는 장부로 만든다. 또 물건을 몇 개 샀고 몇 개 팔았는지를 매일 기록해서 '매입매출장'이라는 장부를 만들게 된다.

전표가 매일의 상황을 기록해 알려주는 기능이 있다면, 장부는 일정 기간 어떤 흐름이 있었는지를 일목요연하게 한눈에 살펴볼 수 있다. 물론 장부는 전표가 쌓여서 되는 것이지만, 흐름을 알 수 있다는 측면에서는 전표보다 장부가 훨씬 더 유용한 역할을 한다.

또한 장부는 회계업무의 최종목표인 재무제표 작성의 중간단계 역할을 한다. 낱개로 된 전표만으로 재무제표를 만들려면 시간이 오래 걸리지만, 중간단계인 장부를 작성하면 전표단계에서 발생할 수 있는 잘못된 점을 미연에 방지할 수 있고 최종단계인 재무제표도 그만큼 효율적으로 작성할 수 있다. 즉 경리업무의 시작이 전표분개에 있다면, 그 중간단계는 장부의 작성이고, 최종단계는 재무제표의 작성이다.

재무제표를 알아보자

한 사람을 평가하거나 알기 위해서는 보통 '스펙'을 물어본다. 그 사람의 출생지부터 어디서 자라났고 학교는 어디를 다녔고 전공은 무엇인지 부모님은 어떤 분인지 등을 묻는다. 이와 마찬가지로 기업에도 투자나 거래를 하거나 또는 기타 목적으로 여러 이해관계자가 경제적 의사결정을 하는 데 정보가 필요하다. 이러한 정보 중 가장 기본적인 자료가 재무제표다. 재무제표는 재무와 관련된 여러 가지 표를 의미하며 재무상태표, 손익계산서, 현금흐름표, 자본변동표, 주석으로 이루어졌다.

재무제표를 작성하는 순서를 좀 더 구체적으로 알아보자.

첫째, 여러 가지 거래에서 발생한 증빙을 기초로 전표를 작성한다. 여러 가지 거래에서 주고받은 세금계산서, 신용카드매출전표, 영수증 등의 증빙에 대한 상세내역을 별도로 작성하는 것이 전표다. 증빙에는 금액, 날짜, 거래처 등 극히 일부 정보만 표시되어 누가 어떤 목적으로 돈을 사용했는지 파악할 수 없으므로 전표를 반드시 작성해야 한다.

둘째, 일계표 및 월계표의 작성이다. 회계상 필수적인 장부는 아니나 기업이 기장의 통제성이나 편의성을 위해 작성한다. 일계표는 하루 동안의 계정과목별 내역과 금액을 집계한 표다. 일계표를 제대로 작성하면 월계표는 별다른 어려움 없이 작성할 수 있다.

셋째, 계정들을 모두 모은 총계정원장의 작성이다. 총계정원장은 계정들을 모두 모은 장부로, 모든 거래내역을 계정과목별로 정리한 장부를 말한다. 총계정원장은 모든 계정과목의 증감과 잔액뿐만 아니라 일별·월별 집계금액을 표시해주므로 결산과정에서 시산표, 재무제표 등이 산출되는 중요한 장부다. 즉 총계정원장은 회계상 필수적이다. 다만 각 계정의 상세한 내역은 알 수 없고 집계된 금액만 알 수 있으므로, 각 계정의 자세한 내역은 계정별 보조부 또는 보조원장 등을 확인하면 된다.

넷째, 시산표 작성이다. 분개장에 기입된 모든 거래의 분개가 총계정원장에 정확하게 전기되었는지 조사하기 위해 작성하는 표를 시산표라 한다. 시산표는 일반적으로 결산기에 작성하며, 그 종류로는 계정과목별로 잔액만 집계하는 잔액시산표, 합계만 집계하는 합계시산표, 잔액과 합계를 모두 집계하는 합계잔액시산표가 있다. 실

도표 1-10 ▼ 재무제표의 작성 절차

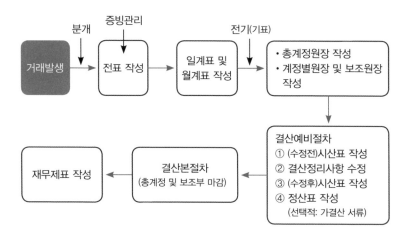

무에서는 합계잔액시산표를 주로 사용한다. 일차적으로 시산표를 작성한 후 결산작업을 하는데, 결산작업 전에 작성한 시산표를 수정전시산표, 결산작업 후에 작업한 시산표를 수정후시산표라고 한다.

다섯째, 결산정리사항 수정이다. 당해 회계기간의 손익을 정확하게 계산하기 위한 작업으로, 원장의 잔액을 결산하기에 앞서 정확하게 수정하는 결산상의 절차를 결산정리라고 하며, 결산정리의 대상이 되는 내용을 결산정리사항이라 한다.

여섯째, 마지막으로 장부마감이다. 재무상태표 계정은 잔액을 차기이월로, 손익계산서 계정은 잔액을 '0'으로 마감하고 동시에 손익계산서의 당기순이익을 재무상태표의 이익잉여금 계정으로 옮겨 적는다. 즉 각 계정을 마감해서 다음 회계기간의 경영활동을 기록하기 위한 준비를 마친 상태다.

주식회사의 재무제표는 일반 개인도 얻을 수 있다

기업의 정보를 알고 싶다고 무조건 찾아가서 재무제표를 보여달라고 할 수 있을까? 그렇지 않다. 기업과 직접적인 이해관계가 있는 주주, 채권자, 근로자, 정부 등은 일정한 절차를 거쳐서 기업경영진에게 재무제표를 요구할 수 있다. 하지만 관련 없는 일반인은 기업에 재무제표를 요구하기가 어렵다. 다만 외부회계감사를 받아야 하는 주식회사의 재무제표는 누구든지 금융감독원 전자공시시스템 다트(dart.fss.or.kr)에서 24시간 볼 수 있게 되어 있다.

매년 2월에서 3월 경제신문에는 여러 회사들의 재무제표가 많이 나온다. 상법상 의무적으로 공시해야 하기 때문에 신문 등을 통해 공시하는 것이다. 상법에 나오는 재무제표 관련 조문을 읽어보자.

 재무제표 관련 법 조문

상법 제7절 회사의 회계
- **제446조의2**(회계의 원칙)
회사의 회계는 이 법과 대통령령으로 규정한 것을 제외하고는 일반적으로 공정하고 타당한 회계관행에 따른다.

- **제447조**(재무제표의 작성)
① 이사는 결산기마다 다음 각 호의 서류와 그 부속명세서를 작성하여 이사회의 승인을 받아야 한다.
  1. 대차대조표
  2. 손익계산서

3. 그 밖에 회사의 재무상태와 경영성과를 표시하는 것으로서 대통령령
   으로 정하는 서류

- **제447조의3(재무제표등의 제출)**

이사는 정기총회회일의 6주간전에 제447조 및 제447조의2의 서류를 감사에
게 제출하여야 한다.

- **제449조(재무제표 등의 승인·공고)**

① 이사는 제447조의 각 서류를 정기총회에 제출하여 그 승인을 요구하여야
   한다.

② 이사는 제447조의2의 서류를 정기총회에 제출하여 그 내용을 보고하여야
   한다.

③ 이사는 제1항의 서류에 대한 총회의 승인을 얻은 때에는 지체없이 대차대
   조표를 공고하여야 한다.

상법 시행령
- **제15조(회계 원칙)**

법 제446조의2에서 "대통령령으로 규정한 것"이란 다음 각 호의 구분에 따
른 회계기준을 말한다.

1. 「주식회사 등의 외부감사에 관한 법률」 제4조에 따른 외부감사 대상 회사:
   같은 법 제5조제1항에 따른 회계처리기준

2. 「공공기관의 운영에 관한 법률」 제2조에 따른 공공기관: 같은 법에 따른
   공기업·준정부기관의 회계 원칙

3. 제1호 및 제2호에 해당하는 회사 외의 회사 등: 회사의 종류 및 규모 등을
   고려하여 법무부장관이 중소벤처기업부장관 및 금융위원회와 협의하여
   고시한 회계기준

결산이란
무엇을 하는 과정인가?

일기장(장부)을 모두 검토하고, 생활기록부의 최종 의견을 작성하는 과정이 결산이다.
잘못 기재된 사항을 수정하고 1년 동안 얼마나 성장했는지 꼼꼼하게 정리한다.

결산이란 각 사업연도(보통 1월 1일부터 12월 31일까지) 동안 기업의
영업활동과 관련해 발생한 수많은 거래 기록을 근거로 기업회계기
준에 따라 일정 시점(보통 12월 31일)에 기업이 보유하고 있는 자산
상태, 사업실적 상태, 소요된 원가 등을 작성하기 위한 일련의 과정
을 말한다. 결산절차는 예비절차와 본절차, 결산보고서 작성과정으
로 나누어볼 수 있다.

　결산예비절차에는 수정전합계잔액시산표 작성, 보조장부와의 대
조 업무, 재고조사, 결산정리분개, 정산표 작성이 있다. 기업에서 발
생하는 모든 거래는 항상 분개방식으로 기록하므로 계정과목을 집

계하면 차변 계정과목과 대변 계정과목의 금액 합계가 일치하도록 되어 있다. 이러한 계정과목을 모두 나열한 것이 시산표로, 실무에서는 합계잔액시산표를 작성한다.

계정별원장만으로 거래내용을 파악하기가 불충분한 경우에는 필요에 따라 보조장부를 작성한다. 보조장부에는 거래처원장, 통장별원장, 차입금별원장, 받을어음관리대장 등이 있으며, 계정별원장 잔액과 보조장부 금액이 일치하는지 대조한다. 결산일 현재 재고자산을 조사해 장부상의 금액과 일치하는지 검토한 다음 차액에 대해 결산정리분개를 한다. 수정전잔액시산표를 기준으로 결산정리분개 사항을 정리·기입한 후 가감해 손익계산서 및 재무상태표상의 차변과 대변에 기입한다. 다만 전산회계프로그램을 사용하고 있다면 별도로 정산표를 작성하지 않아도 자동으로 처리된다.

결산본절차에는 총계정원장의 계정과목별 장부를 마감하고 여러 장부를 다음 해로 이월한다. 이러한 작업은 전산프로그램을 통해 자동으로 처리된다.

손익계산서 계정의 마감은 회계기간 중에 발생한 모든 수익과 비용을 모아서 일시적인 계정으로 만드는 과정이라고 볼 수 있다. 손익계정의 차변에는 회계기간 중에 발생한 모든 비용계정을 모으고, 대변에는 모든 수익계정의 잔액을 모으는데, 이때 차변과 대변의 금액 차이가 당기순손익이 된다. 이같이 수익·비용계정은 손익계정에 대체됨으로써 마감된다. 손익계산서 계정의 마감을 통해 발생한 당기순손익은 재무상태표의 이익잉여금으로 대체된다.

재무상태표 계정은 기업에 실제로 존재하는 항목들을 표시하는 계정으로, 각 계정의 기말잔액을 차기의 기초잔액으로 이월하는 절차를 거치면서 마감이 된다. 이를 이월기입이라고 한다. 즉 자산계정은 기말잔액을 대변 쪽에 '차기이월 ○○'로 기재함으로써 마감되고, 부채와 자본계정은 차변 쪽에 기말잔액을 '차기이월 ○○'로 기재함으로써 마감된다. 손익계산서에 비해서는 간단하다.

장부마감이 끝나면 마지막으로 결산보고서를 작성한다. 결산보고서에는 재무상태표, 손익계산서, 이익잉여금처분계산서 등이 있다. 장부를 마감한 후 이를 근거로 전기 재무상태표 등을 기준으로 해 올해의 결산보고서를 작성한다.

재무상태표는 일정 시점에서 기업의 재무상태를 종합적으로 나타내는 보고서로, 차변을 통해 자금의 운용상태를 알 수 있고, 대변을 통해 자금의 원천을 알 수 있다. 손익계산서는 한 회계기간 동안 기업의 경영성과를 표시하는 결산서류로, 재무상태표와 함께 없어서는 안 되는 중요한 서류다. 이익잉여금처분계산서는 처분전이익잉여금의 처분내용을 명확히 하기 위해 작성하는 계산서다. 우리나라에서는 이익잉여금의 처분 권한을 주주총회가 가지고 있으며, 주주총회의 승인을 받아야 계산서가 확정된다. 따라서 이익잉여금처분계산서의 기준일자는 주주총회일이 된다.

결산과 관련한 분개

다음 차변과 대변의 내용을 보며 결산 관련 분개를 해보도록 하자.

(차변) 매출원가	5,000,000	(대변) 상품(기초)	5,000,000
매출원가	20,000,000	매입	20,000,000
상품(기말)	3,000,000	매출원가	3,000,000

전기에 기말재고(재무상태표)로 남아 있는 상품 500만 원에 대해서 매출원가에 반영하고, 당기 매입한 상품 2천만 원에 대해 전액 매출원가로 잡는다. 마지막으로 당기 기말재고로 남아 있는 300만 원을 매출원가에서 차감한다. 이에 따라 당기 매출원가로 반영되는 금액은 '500만 원+2천만 원-300만 원=2,200만 원'이다. 이러한 분개는 결산 때 하게 된다.

그 외에 기말결산분개로 이루어지는 계정과목에는 감가상각비와 선수금, 선급금, 미수금, 미지급금 등이 있다. 예를 들어 기계설비 임대를 12월 15일에 개시함에 따라 한 달 치 임대료 200만 원을 지급했다고 하자. 이 경우 실제 당기에 지출되어야 하는 비용(수익비용 대응의 원칙)은 15일 치인 100만 원만 해당할 것이다. 따라서 기말 12월 31일 기준으로 기말수정분개를 해야 한다.

① 지급 시에 분개

(차변) 임차료	2,000,000	(대변) 현금	2,000,000

② 기말수정분개

(차변) 선급임차료	1,000,000	(대변) 임차료	1,000,000
(자산항목)		(비용 차감)	

기업회계는 기업회계기준과
재무제표에서 시작한다

언어를 처음 배우기 시작할 때 보통 문법을 먼저 공부한다. 영어를 배운다면 기초영문법 등을 통해서 영어의 뼈대부터 만들어간다. 하지만 문법을 몰라도 영어 단어 몇 개로 의사소통을 할 수가 있다. 회계학도 실제 아주 기본적인 지식만으로 대강 금액이 정해지면 간단히 해석할 수 있다. 그런데 실질적으로 기업회계기준을 모르면 체계적이고 구체적인 회계학상의 정보에 접근하지 못한다. 따라서 어느 정도 기초적인 지식을 얻게 되면 기업회계기준에 관해 공부하는 것이 좋다. 2장에서는 기업회계기준과 IFRS, 재무상태표 등에 대해 설명했다.

회계학의 문법은 기업회계기준이다

회계기준은 회계관습 중에서 일반적으로 공정성·타당성이 인정된 것을 반영해 회계 실무상 실행할 수 있도록 제정된 것으로, 회계실무에서 기준이 되는 실천규범이다.

언어를 처음 배우기 시작할 때 보통 문법을 먼저 공부한다. 기초영 문법 같은 것을 통해 영어의 뼈대를 만들어간다. 하지만 문법을 몰 라도 영어 단어 몇 개로 의사소통을 할 수는 있다. 회계학도 실제 아 주 기본적인 지식만으로도 대강 금액이 정해지면 간단하게 해석할 수 있다. 그런데 실질적으로 기업회계기준을 모르면 체계적이고 구 체적인 회계학상의 정보에는 접근하지 못한다. 따라서 어느 정도 기 초지식을 얻으면 기업회계기준에 관해 공부하는 것이 좋다. 그렇다 면 기업회계기준이란 무엇일까?

기업회계기준이란 재무제표의 실질적 내용이 되는 회계처리에 필요한 사항, 즉 회계측정기준과 재무제표의 형식상 표시방법 등 재무보고에 필요한 사항을 규정한 회계원칙이다. 특히 주식회사의 계산은 상법에서 특별법적인 지위에 있으므로 상법을 우선해 적용한다. 기업회계기준은 '주식회사 등의 외부감사에 관한 법률' 제5조에 근거해 이 법률의 적용을 받는 주식회사에 필요한 회계처리기준으로 작성되었으나, 동법 시행령 제6조에서 외부감사 대상 이외 회사의 회계처리에도 적용하도록 규정하고 있으므로 거의 모든 기업의 회계처리기준이다.

한국의 기업회계제도는 1959년 '기업회계원칙과 재무제표규칙'이 제정·시행되다가, 1981년 '기업회계기준'으로 일원화됨으로써 통일된 회계제도로 정립되었고, 1990년에 개정되어 지금에 이르고 있다.

 회계기준 관련 법 조문

상법

• **제446조의2**(회계의 원칙)
회사의 회계는 이 법과 대통령령으로 규정한 것을 제외하고는 일반적으로 공정하고 타당한 회계관행에 따른다.

상법 시행령

• **제15조**(회계 원칙)
법 제446조의2에서 "대통령령으로 규정한 것"이란 다음 각 호의 구분에 따른 회계기준을 말한다.

　1. 「주식회사 등의 외부감사에 관한 법률」 제4조에 따른 외부감사 대상 회사: 같은 법 제5조제1항에 따른 회계처리기준

주식회사 등의 외부감사에 관한 법률

- **제5조**(회계처리기준)

① 금융위원회는 「금융위원회의 설치 등에 관한 법률」에 따른 증권선물위원회(이하 "증권선물위원회"라 한다)의 심의를 거쳐 회사의 회계처리기준을 다음 각 호와 같이 구분하여 정한다.

　1. 국제회계기준위원회의 국제회계기준을 채택하여 정한 회계처리기준

　2. 그 밖에 이 법에 따라 정한 회계처리기준

② 제1항에 따른 회계처리기준은 회사의 회계처리와 감사인의 회계감사에 통일성과 객관성이 확보될 수 있도록 하여야 한다.

③ 회사는 제1항 각 호의 어느 하나에 해당하는 회계처리기준에 따라 재무제표를 작성하여야 한다. 이 경우 제1항제1호의 회계처리기준을 적용하여야 하는 회사의 범위와 회계처리기준의 적용 방법은 대통령령으로 정한다.

주식회사 등의 외부감사에 관한 법률 시행령

- **제6조**(회계처리기준)

① 다음 각 호의 어느 하나에 해당되는 회사는 법 제5조제3항 후단에 따라 같은 조 제1항제1호의 회계처리기준(이하 "한국채택국제회계기준"이라 한다)을 적용하여야 한다.

　1. 주권상장법인. 다만, 「자본시장과 금융투자업에 관한 법률 시행령」 제11조제2항에 따른 코넥스시장(이하 "코넥스시장"이라 한다)에 주권을 상장한 법인은 제외한다.

　2. 해당 사업연도 또는 다음 사업연도 중에 주권상장법인이 되려는 회사. 다만, 코넥스시장에 주권을 상장하려는 법인은 제외한다.

　3. 「금융지주회사법」에 따른 금융지주회사. 다만, 같은 법 제22조에 따른 전환대상자는 제외한다.

　4. 「은행법」에 따른 은행

　5. 「자본시장과 금융투자업에 관한 법률」에 따른 투자매매업자, 투자중개업자, 집합투자업자, 신탁업자 및 종합금융회사

　6. 「보험업법」에 따른 보험회사

　7. 「여신전문금융업법」에 따른 신용카드업자

② 제3조제1항에 따른 지배·종속의 관계에 있는 경우로서 지배회사가 연결재무제표에 한국채택국제회계기준을 적용하는 경우에는 연결재무제표가 아닌 재무제표에도 한국채택국제회계기준을 적용하여야 한다.

기업회계기준의 성격과 내용

이같이 통일된 기업회계기준이 제정된 것은 본래 회계가 재무제표라는 거래 기록을 기초로 실무상 관습화된 회계처리 방식에 따라 작성되었기 때문이다. 이런 관습화된 회계처리 방식은 경영자의 주관적 판단에 의존하는 경향이 강하다는 단점이 있다. 그래서 기업회계를 가능한 한 객관화해서 재무제표를 통일된 형식으로 보고할 수 있도록 하는 회계처리기준에 부응하게 만든 것이다. 결국 회계의 기능이 개인의 사적인 계산수단에서 사회적 정보 기능으로 인식되면서, 기업의 재량에 맡겨졌던 회계는 필연적으로 사회의 간섭 내지는 통제 아래에 놓이게 되었다.

한편 기업이 공표하는 재무제표의 사회적 신뢰성을 확보하려면 외부감사인의 공정한 감사를 받아야 하며, 외부감사인이 재무제표가 적정하게 작성되었는지 판단하려면 객관적이고도 통일된 기준이 있어야 한다. 따라서 기업회계기준은 기업 스스로 준거해야 할 규범인 동시에 외부감사인이 재무제표를 감사해 보고하는 데 근거로 삼는 판단기준이다.

기업회계기준의 성격에 대해서는 다음과 같이 두 가지로 말할 수 있다. 첫째, 기업회계기준은 일반적으로 인정된 회계원칙이다. 즉 회계기준은 회계관습 중에서 일반적으로 공정성·타당성이 인정된 것을 반영해 회계실무상 실행할 수 있도록 제정된 것으로, 모든 기업이 회계실무에서 기준으로 해야 하는 실천규범이다.

둘째, 기업회계기준은 강행적이다. 즉 회계감사는 회사가 회계기준에 올바로 근거했는지 검토하는 것이므로 외부감사 대상 기업은 재무제표 작성 시 반드시 회계기준에 따라야 한다. 다른 한편 상법 제29조 ②의 회계관행이나 국세기본법 제20조에서도 기업회계기준이 그 계산규정의 보완적 기능으로 강제된다.

기업회계기준의 내용은 크게 몇 개의 회계원칙과 다수의 회계기준으로 구성되고, 회계원칙은 다시 회계실무의 일반원칙과 회계처리의 실천원칙으로 구분된다. 또한 회계기준은 재무제표의 작성기준과 재무제표의 표시기준으로 양분해 규정을 두고 있다. 결국 재무제표를 작성할 때는 이런 기준을 따라야 하고, 회사의 경영진은 재무제표의 작성과 표시에 대한 일차적인 책임을 진다. 이는 매우 중요하다. 만약 정보이용자가 불성실하게 작성하거나 거짓으로 작성한 재무제표 등을 통해 피해를 보게 되면 그 책임을 지게 된다는 뜻이기 때문이다.

재무제표와 함께 감사보고서는 중요한 자료다

일정 규모 이상의 주식회사는 반드시 공인회계사에게 외부회계감사를 받도록 법률로 정하고 있다. 공인회계사는 회사가 작성한 재무제표에 대해 감사의견을 내는데, 의견에는 적정의견, 한정의견, 부적정의견, 의견거절 이렇게 네 가지가 있다. 이 네 가지 의견의 내용은 다음과 같다.

① 적정의견(unqualified opinion): 회사의 재무제표가 기업회계 기준에 따라 작성되었으며, 주석과 기타 공시도 적정할 때 제시한다. 절대적인 것은 아니지만 합리적 수준에서 적정하게 작성된 재무제표임을 나타내는 의견이다.

② 한정의견(qualified opinion): 회사의 재무제표가 전반적으로 적정하지만, 공시해야 할 정보가 일부 누락되었거나 몇몇 사항이 기업회계기준에 위배된 경우 나타내는 의견이다.

③ 부적정의견(adverse opinion): 회사의 재무제표가 전반적으로 기업회계기준을 위배하고 있을 때 나타내는 의견이다.

④ 의견거절(disclaimer of opinion): 회사 입장에서는 가장 무서운 의견이다. 회사의 재무제표를 판단할 증거자료 등이 제대로 확보되지 못하거나 회사가 중대한 위기(부도 등)에 있을 때 나타내는 의견으로, 감사의견 자체를 거절하는 것이다. 의견거절은 상장폐지의 사유에 해당한다.

이러한 감사보고서는 매우 중요하기 때문에 상법에서 어떻게 작성해야 하고 어떤 것이 기재되어야 하는지 아주 구체적으로 규정하고 있다.

상법에서의 감사보고서 관련 규정

상법

- **제447조의4(감사보고서)**

① 감사는 제447조의3의 서류를 받은 날부터 4주 내에 감사보고서를 이사에게 제출하여야 한다.

② 제1항의 감사보고서에는 다음 각 호의 사항을 적어야 한다.

1. 감사방법의 개요
2. 회계장부에 기재될 사항이 기재되지 아니하거나 부실기재된 경우 또는 대차대조표나 손익계산서의 기재 내용이 회계장부와 맞지 아니하는 경우에는 그 뜻
3. 대차대조표 및 손익계산서가 법령과 정관에 따라 회사의 재무상태와 경영성과를 적정하게 표시하고 있는 경우에는 그 뜻
4. 대차대조표 또는 손익계산서가 법령이나 정관을 위반하여 회사의 재무상태와 경영성과를 적정하게 표시하지 아니하는 경우에는 그 뜻과 이유
5. 대차대조표 또는 손익계산서의 작성에 관한 회계방침의 변경이 타당한지 여부와 그 이유
6. 영업보고서가 법령과 정관에 따라 회사의 상황을 적정하게 표시하고 있는지 여부
7. 이익잉여금의 처분 또는 결손금의 처리가 법령 또는 정관에 맞는지 여부
8. 이익잉여금의 처분 또는 결손금의 처리가 회사의 재무상태나 그 밖의 사정에 비추어 현저하게 부당한 경우에는 그 뜻
9. 제447조의 부속명세서에 기재할 사항이 기재되지 아니하거나 부실기재된 경우 또는 회계장부·대차대조표·손익계산서나 영업보고서의 기재 내용과 맞지 아니하게 기재된 경우에는 그 뜻
10. 이사의 직무수행에 관하여 부정한 행위 또는 법령이나 정관의 규정을 위반하는 중대한 사실이 있는 경우에는 그 사실

③ 감사가 감사를 하기 위하여 필요한 조사를 할 수 없었던 경우에는 감사보고서에 그 뜻과 이유를 적어야 한다.

재무보고와 회계원칙, 제정기관을 파악하자

인정된 회계원칙이란 기업의 재무상태 및 경영성과 등에 대한 재무보고의 신뢰성과 비교 가능성을 제고하기 위해 재무제표 작성 시 따라야 할 기준과 원칙을 의미한다.

재무보고(financial reporting)는 기업경영자가 외부의 다양한 이해 관계자들에게 경제적 의사결정을 하기 위한 기업 실체의 경제적 자원(자산)과 의무(부채), 재무성과 등의 정보를 제공하는 것을 말한다. 이는 주로 기업의 회계시스템에 근거한 재무제표 형태로 제공하며, 그 외에 경영자 분석, 전망, 주주에게 보내는 서신 등으로 제공할 수 있다. 재무보고의 기타 수단인 사업보고서는 회사의 개요와 사업의 내용, 재무에 관한 사항, 이사의 경영진단 및 분석의견, 감사인의 감사의견, 이사회 등 회사의 기관에 관한 사항, 주주에 관한 사항, 이해 관계자와의 거래내용 등 재무정보와 비재무정보를 모두 포함한다.

재무제표에 담아야 할 것들

재무보고의 핵심자료인 재무제표에는 여러 종류가 있다. 재무제표는 특정 시점의 재무상태를 나타내는 재무제표와 특정 기간의 변동을 나타내는 재무제표로 구분된다. 보통 특정 시점의 재무상태를 나타내는 재무제표에는 '20×2년 12월 31일 현재'라는 문구를 표기하며 재무상태표가 이에 해당한다. 특정 기간의 변동을 나타내는 재무제표에는 '20×2년 1월 1일부터 20×2년 12월 31일까지'라고 주로 표기하며 손익계산서와 자본변동표, 현금흐름표가 있다.

이 외에도 재무제표에는 주석과 부속명세서 등이 포함되는데, 주석(notes)이란 재무제표상 해당 과목이나 금액에 기호를 붙여서 별지에 동일한 기호를 표시해 그 내용을 기재하는 것을 말한다. 주석은 재무제표에 포함되지만 별도로 공시한다. 부속명세서는 재무제표에 표기된 특정 항목에 대한 세부내역을 명시할 필요가 있을 때 추가적인 정보를 제공하는 명세서를 말한다. 그 예로는 제조원가명세서가 있다.

'주식회사 등의 외부감사에 관한 법률'에 따르면 공인회계사가 회사의 재무제표를 감사할 때 판단의 기준이 되는 회계처리기준은 금융위원회가 증권선물위원회의 심의를 거쳐 정하도록 하고 있다.

금융위원회는 회계기준의 제정과 관련된 업무를 전문성을 갖춘 민간법인이나 단체에 위탁할 수 있다. 이에 따라 회계처리기준 제정 업무는 사단법인 한국회계기준원(KAI; Korea Accounting Institute)이 위탁받고 있다. 한국회계기준원은 회계처리기준에 관한 사항을 심의하고 의결하기 위해 관계전문가로 구성되는 위원회를 둔다.

재무제표는 모든 외부 이해관계자들을 위해 제공하는 것이므로 특정 외부 이해관계자들에게 유리하거나 불리한 회계정보를 제공해서는 안 된다. 이를 위해서는 모든 외부 이해관계자들이 동의할 수 있는 재무보고의 원칙들이 필요한데, 이를 '일반적으로 인정된 회계원칙(GAAP; Generally Accepted Accounting Principles)'이라고 한다.

일반적으로 인정된 회계원칙은 특정 거래나 사건을 확인·측정하고 이를 재무제표에 포함해 보고하는 방법을 기술한 것을 말한다. 회계원칙은 다른 학문 분야의 원칙들과는 달리 명확한 체계가 없다. 회계정보의 제공자나 이용자들에게 일반적으로 수용되고 있는지에 따라 평가되는 것이다. 따라서 일반적으로 인정된 회계원칙은 다수 전문가들에게서 실질적이고 권위 있는 지지를 받는 회계원칙이라는 의미다.

회계원칙을 제정하려면?

일반적으로 인정된 회계원칙은 회계기준 제정기구에서 별도로 정한 회계원칙과 오랜 기간에 걸쳐 회계실무에서 사용되어온 결과로 형성된 회계원칙으로 구성한다. 즉 인정된 회계원칙은 사회적 합의의 산물이므로 기업이 처한 정치적·경제적 환경이 변함에 따라 함께 변해야 한다. 왜냐하면 회계원칙이 기업환경의 변화에 따라 변해야만 경제적 현상을 적절히 보고할 수 있기 때문이다. 회계는 어떤 진리가 아니라 언어일 뿐이다. 이런 언어는 사회가 변하고 세대가 바뀜에 따라 당연히 조금씩 바뀌기 마련이다.

회계원칙을 제정할 때 제정의 주체가 누구인지에 따라 자유시장 접근법과 규제기관 접근법으로 분류할 수 있다. 자유시장 접근법에서는 회계정보가 수요와 공급의 시장원리에 따라 자율적으로 거래되므로 별도의 회계규제가 필요하지 않다고 본다. 반면에 규제기관 접근법에서는 회계원칙을 규제기관에서 제정해야 한다고 본다. 즉 회계정보는 공공재이며, 무임승차의 문제가 발생하므로 자율적으로는 사회적 균형을 이룰 수 없다고 보는 것이다.

한편 재무제표를 공시한다는 것은 외부 정보이용자가 언제든지 기업의 재무제표를 볼 수 있도록 공개하는 것이다. 하지만 공시의무는 일정 규모 이상의 기업만이 해당한다. 그럼 어떻게 공시가 이루어질까? 1997년부터 금융감독원 전자공시시스템 홈페이지에서 기업의 재무제표를 제공해왔기에 누구나 언제든지 매우 편리하게 확인할 수 있다. 사이트를 방문해서 실제로 어떤 방법으로 어떤 내용들이 공시되고 있는지 확인해보도록 하자.

공시와 관련해 공시의무를 위반해 과태료를 부과받는 경우를 심심치 않게 볼 수 있다. 기업에 대한 공시는 매우 중요한 사항이다. 단순히 재무제표뿐만 아니라 기업의 임원·지분 변동 같은 세세한 부분까지 공시하기 때문이다.

K-IFRS란
무엇을 의미하는가?

한국채택국제회계기준(K-IFRS)은 국제회계기준(IFRS)을 채택해 제정한 회계기준으로, 기업의 회계처리와 국제사회에서의 신뢰성 제고를 위해 마련되었다.

대한민국에서 일반적으로 인정된 회계원칙은 한국채택국제회계기준과 일반기업회계기준이다. 이들은 '주식회사 등의 외부감사에 관한 법률'의 규정에 따라 민간연구기관인 한국회계기준원에서 제정하고 공표한다.

　한국 회계원칙의 특징은 사적 규제기관이 제정 주체가 되고, 공적 규제기관이 수정요구권을 가진다는 것이다. 공적 규제기관인 금융위원회가 회계원칙의 제정 권한을 가지고 있었으나 2000년부터 사적 규제기관인 한국회계기준원에 회계원칙 제정업무를 위탁했으며, 한국회계기준원 내부의 위원회에서 심의와 의결을 통해 이러한

업무를 수행하고 있다. 대신 금융위원회는 회계기준에 대한 수정요
구권을 가지고 있다.

한국채택국제회계기준은 2011년부터 상장회사를 대상으로 적
용되는 회계원칙이며, 비상장회사라도 선택적으로 적용할 수 있다.
일반기업회계기준은 2011년부터 비상장회사를 대상으로 적용되는
회계원칙이며, 한국채택국제회계기준의 내용을 부분적으로 수용하
면서 회계업무 부담을 완화하기 위해 제정되었다.

K-IFRS의 특징

IFRS는 International Financial Reporting Standards의 약자로서
국제회계기준을 말한다. 국제회계기준은 국제 민간단체인 국제회계
기준위원회(IASB; International Accounting Standards Board)가 기업
의 회계처리와 재무제표에 대한 국제적 통일성을 높이기 위해 작성·
공표하는 회계기준으로 국제재무보고기준이라고도 한다. 법적 강제
력은 없으나 세계 많은 나라들이 이 기준을 따르고 있다.

한국회계기준원은 2007년에 국제회계기준을 채택한 한국채택
국제회계기준을 제정했으며 이를 K-IFRS라고 한다. 해외자금조달
이나 해외투자 시에 재무제표를 이중으로 작성해 발생하는 비용과
시간을 줄이고, 국제적으로 통일된 기준에 따라 재무제표를 작성해
국제사회에서 신뢰성을 높일 수 있다. 이러한 한국채택국제회계기
준의 특징은 크게 네 가지로 볼 수 있다.

첫 번째 특징은 공정가치 평가다. 한국채택국제회계기준은 회계 정보의 신뢰성보다는 목적적합성을 중시하기 때문에 가급적 많은 자산과 부채를 공정가치로 평가해 표시하기를 권한다. 이를 통해 기업의 재무상태를 더욱 적절하게 파악할 수 있기 때문이다.

예를 들어 A기업이 10년 전에 사옥으로 사용하기 위해 서울의 토지를 10억 원, 건물을 5억 원에 구입했다고 하자. 현재 재무상태표에서는 최초의 취득가액 토지 10억 원이 계상되었을 것이고, 건물은 감가상각을 통해 이보다 훨씬 낮은 가액으로 계상되었을 것이다. 이는 현재의 부동산 가격 상승분을 반영하지 못하고, A기업의 자산 가치를 정확히 나타내지 못하고 있다. 따라서 한국채택국제회계기준에서는 이를 공정가치로 평가해 재무상태표에 계상하게 한다.

두 번째 특징은 연결재무제표 중심의 회계기준이다. 한국채택국제회계기준에서는 거래나 사건을 법적 형식보다는 경제적 실질에 따라 회계처리를 하도록 요구하고 있다. 따라서 종속기업이 존재하는 경우 지배기업은 종속기업을 포함해 연결된 기업을 대상으로 재무제표를 작성해야 한다. 이러한 연결재무제표를 기본재무제표로 제시하고 있다.

세 번째 특징은 기본적 원칙 중심의 개념체계다. 한국채택국제회계기준는 상세하고 구체적인 회계처리 방법을 제시하지 않으며, 경제적 실질에 맞게 회계처리를 할 수 있도록 기본적인 원칙과 방법론만을 제시한다. 전 세계적 공통으로 적용하기 위한 국제회계기준을 기초로 했기에 당연한 것이며, 복잡해지는 기업의 모든 활동을 세부적으로 규정하는 일은 있을 수 없다. 따라서 계속 강조하겠지만 회

회계기준	대상	담당 기관	관계법령
한국채택 국제회계기준 (K-IFRS)	상장기업, 금융회사, 공기업 등	한국회계기준원	주식회사 등의 외부감사에 관한 법률
일반기업회계기준 (GAAP)	외부감사 대상 주식회사		
중소기업회계기준	외부감사 대상이 아닌 주식회사	법무부	상법

계학적 마인드가 가장 중요하다. 원칙과 논리적인 개념을 기준으로 회계를 처리하는 과정이 더욱 중요한 것이다.

　네 번째 특징은 주석 공시를 강조하는 회계기준이다. 경제적 실질에 근거해 합리적으로 회계처리를 하도록 일반적인 원칙을 강조함에 따라, 회계처리의 근거와 설명을 상세하게 알 수 있도록 하는 주석의 중요성이 커지게 되었다.

한국채택국제회계기준(K-IFRS)의 특징
① 공정가치 평가를 강조하는 회계기준
② 연결재무제표 중심의 회계기준
③ 기본적 원칙 중심의 회계기준
④ 주석 공시를 강조하는 회계기준

재무상태표로 기업의
모든 것을 볼 수 있다

재무상태표를 해석하는 핵심은 특정 시점의 기업 재무상태를 알 수 있다는 것인데, 그 해석법의 시작은 자금조달 상태, 즉 부채와 자본을 파악하는 것이다.

재무상태표란 기업의 재무상태를 명확히 보고하기 위해 결산일 현재의 모든 자산, 부채, 자본을 적정하게 표시하고 있는 기본적인 재무제표를 말한다. 따라서 재무상태표를 보면 일정 시점에 기업의 자산보유 정도와 차입한 부채가 얼마인지, 주주가 납입한 자본금이 얼마인지 알 수 있다. 또한 기업의 단기채무 상환능력과 기업이 예상치 못한 자금수요에 대처할 수 있는 능력에 대한 정보를 알 수 있고, 기업이 조달한 자금의 활용상태와 형태(자본구조)에 대해 파악할 수 있으며, 총자본수익률이나 자기자본수익률을 계산하는 기초자료 정보를 제공한다.

그런데 재무상태표는 자산이나 부채의 현행 가치를 정확하게 반영하지 못하는 한계가 있다. 공정가치로 측정하도록 회계기준이 바뀌고 있지만, 아직도 역사적 원가로 측정되는 항목이 많다. 게다가 인적자원, 영업권, 기업의 이미지 가치 등 측정하기 어려운 자산은 포함되지 못하고 있다.

재무상태표를 해석하는 핵심은?

재무상태표를 해석하는 핵심은 특정 시점의 기업 재무상태를 알 수 있다는 것인데, 그 해석법의 시작은 자금조달 상태다. 재무상태표의 오른쪽을 대변이라고 하고, 대변은 부채와 자본이라는 큰 제목으로 나누어져 있다. 대변에서는 기업이 현재 얼마의 타인자본과 자기자본으로 이루어져 있는지 알 수 있다.

 재무상태표의 의미

① 특정 시점의 재무상태를 나타내는 보고서
② 자금조달의 원천과 투자내역을 나타내는 보고서
- 재무상태표 등식: 자산＝부채＋자본
- 재무상태표의 핵심

차변(왼쪽)	대변(오른쪽)
자금운영 상태	← 부채(타인자본: 갚아야 하는 돈)
	← 자본(자기자본: 갚지 않아도 되는 돈)

도표 2-2 ▼ 유동자산과 고정자산 예시

A회사 재무상태표	
유동자산 3억 원	유동부채 8억 원
고정자산 7억 원	고정부채 1억 원
	자기자본 1억 원
차변 10억 원	대변 10억 원

B회사 재무상태표	
유동자산 2억 원	유동부채 1억 원
고정자산 5억 원	고정부채 2억 원
	자기자본 4억 원
차변 7억 원	대변 7억 원

　　그다음으로 중요하게 봐야 할 부분은 바로 '유동'과 '비유동(또는 고정)'이라는 단어다. 간단히 구분하면 해당 자산과 부채는 1년 기준으로 나뉘고 있다. 유동은 1년 이내 변환될 자산, 1년 이내 갚아야 할 부채 등을 말한다.

　　〈도표 2-2〉의 재무상태표를 보면, A회사의 자산규모는 10억 원으로 7억 원인 B회사보다 외형이 크다는 것을 알 수 있다. 하지만 재무상태표를 해석해보면 A회사는 당장 갚아야 할 부채(1년 이내 상환할 부채로 유동부채 8억 원)의 비율이 더 높고 자기자본의 비율도 매우 낮다는 것을 알 수 있다. A회사를 단순한 사례로 만들어보면 빚으로 기계장치나 부동산 등을 구입한 경우에 나타날 수 있는 재무상태표다. 그렇다고 A회사의 재무상태가 나쁘다고만 볼 수는 없다. 왜냐하면 A회사와 B회사가 동일한 수익을 내고 있다고 가정한다면 A회사는 레버리지 효과를 통해 주주가 더 큰 수익을 얻을 수도 있기 때문이다. 즉 사업의 전략 차원에서 부채를 일으킬 수도 있기 때문에 재무상태표만으로 판단할 수는 없다.

재무상태표상의 유동성과 비유동성

재무상태표는 유동성과 비유동성 구분법에 따라 자산을 유동자산과 비유동자산, 부채를 유동부채와 비유동부채로 구분해 표시한다. 하지만 유동성이 높은 순서에 따른 표시방법이 더 신뢰성 있고 목적에 적합한 정보를 제공하는 경우에는 자산과 부채를 유동성이 높은 항목부터 표시한다.

보통 명확히 식별할 수 있는 영업주기 내에서 재화나 용역을 제공하는 경우에는 유동성과 비유동성 구분법을 사용한다. 이는 운전자본으로 계속 순환되는 순자산과 장기 영업활동에서 사용하는 순자산을 구분함으로써 유용한 정보를 제공하기 때문이다. 또한 정상 영업주기 내에 실현될 것으로 예상되는 자산과 결제기일이 도래하는 부채를 구분해 보여준다.

유동성 순서에 따른 표시방법은 보통 금융업을 영위하는 경우에 사용한다. 또한 혼합적으로 표시하는 경우도 있는데, 이때는 다양한

도표 2-3 ▼ 재무상태표의 구분방법

구분	내용	적용
유동성·비유동성 구분법	자산(부채)을 유동자산(부채)과 비유동자산(부채)으로 구분해 표시	영업주기 내에 재화나 용역을 제공하는 경우
유동성 순서에 따른 표시방법	모든 자산과 부채를 유동성이 높은 항목부터 배열	금융업
혼합법	유동성·비유동성 구분법과 유동성 순서에 따른 표시방법을 혼용함	다양한 사업을 영위하는 경우

도표 2-4 ▼ 자산, 부채, 자본으로 구분

자산	부채
Ⅰ. 유동자산 　1. 당좌자산 　2. 재고자산 Ⅱ. 비유동자산 　1. 투자자산 　2. 유형자산 　3. 무형자산 　4. 기타 비유동자산	Ⅰ. 유동부채 Ⅱ. 비유동부채
	자본
	Ⅰ. 자본금 Ⅱ. 자본잉여금 Ⅲ. 자본조정 Ⅳ. 기타포괄손익누계액 Ⅴ. 이익잉여금(또는 결손금)

사업을 영위하는 경우로 자산·부채의 일부는 유동성과 비유동성 구분법으로 나타내고, 나머지는 유동성 순서에 따른 표시방법으로 나타내는 것이다.

유동자산은 보통 기업의 정상영업주기 내에 실현될 것으로 예상하거나, 정상영업주기 내에 판매하거나 소비할 의도가 있는 경우, 또는 주로 단기매매 목적으로 보유하는 자산을 말한다. 영업주기(operating cycle)란 영업활동을 위한 자산의 취득시점부터 그 자산이 현금이나 현금성자산으로 실현되는 시점까지 소요되는 기간이다. 정상영업주기를 명확히 식별할 수 없는 경우에는 보통 12개월로 가정한다. 보고기간 후 12개월 이내에 실현될 것으로 예상하지 않는 경우에도, 재고자산 및 매출채권과 같이 정상영업주기 내에 판매·소비 또는 실현될 자산은 유동자산에 포함한다. 위에서 설명한 유동자산 외의 모든 자산은 비유동자산으로 분류된다.

유동부채는 정상영업주기 내에 결제될 것으로 예상되거나 주로 단기매매를 목적으로 보유하고 있는 부채를 말한다. 매입채무나 종업원 등에게 지급할 미지급급여 등은 정상영업주기 내에 사용될 운전자본의 일부로 12개월 후에 결제일이 도래하더라도 유동부채로 분류한다. 기업이 기존의 대출계약조건에 따라 보고기간 후 적어도 12개월 이상 부채를 차환하거나 연장할 것으로 기대하고 있고 이에 대한 재량권이 있다면, 보고기간 후 12개월 이내에 만기가 도래하더라도 비유동부채로 분류한다.

손익계산서, 일정 기간의 손익을 보여준다

손익계산서는 회계기간에 속하는 모든 수익과 모든 비용을 적정하게 표시해 손익을 나타내는 회계문서다. 기업의 경영성과를 파악하기 위해 작성한다.

재무상태표가 일정 시점의 기업 재무상태를 파악하기 위해 자금조달과 운용상태를 보여주는 보고서라면, 손익계산서는 기업의 일정 기간 경영성과를 한눈에 알아볼 수 있도록 작성한 재무제표다. 손익계산서는 일정 기간 발생한 모든 수익과 모든 비용으로 구성되며 그 차액인 순이익 또는 순손실을 나타낸다. 또한 손익계산서는 수익과 비용에 속하는 각 계정의 잔액이 집계된 서식으로, 재무상태표의 이익잉여금상의 당기순손익과 일치한다. 기업의 경영성과를 한눈에 파악하기 위해 작성되는 손익계산서의 구성과 작성원칙에 대해 상세하게 알아보자.

손익계산서의 구성항목

첫째, 항목의 구분표시다. 손익계산서는 일정한 계정으로 구분해 표시한다. 다만 제조업, 판매업 및 건설업 외의 업종에 속하는 기업은 매출총손익의 구분표시를 생략할 수 있다.

둘째, 매출액이다. 매출액은 기업의 주된 영업활동에서 발생한 제품, 상품, 용역 등의 총매출액에서 매출할인, 매출환입, 매출에누리 등을 차감한 금액이다. 차감대상금액이 중요한 경우에는 총매출액에서 차감하는 형식으로 표시하거나 주석으로 기재한다. 매출액은 업종별이나 부문별로 구분해 표시할 수 있다. 반제품매출액, 부산물매출액, 작업폐물매출액, 수출액, 장기할부매출액 등이 중요한 경우에는 이를 구분해 표시하거나 주석으로 기재한다.

셋째, 매출원가다. 매출원가란 제품이나 상품 등의 매출액에 대응되는 원가로, 판매된 제품이나 상품 등에 대한 제조원가 또는 매입원가를 말한다. 매출원가의 산출과정은 손익계산서 본문에 표시하거나 주석으로 기재한다. 매출원가는 기초제품(또는 상품)재고액에 당기제품제조원가(또는 당기상품매입액)를 가산하고 기말제품(또는 상품)재고액을 차감한 금액이다. 당기상품매입액은 상품의 총매입액에서 매입할인, 매입환출, 매입에누리 등을 차감한 금액으로 한다. 제품이나 상품에 대해 생산, 판매 또는 매입 외의 사유로 증감액이 있는 경우에는 이를 매출원가의 계산에 반영한다.

넷째, 매출총손익이다. 매출총손익은 매출액에서 매출원가를 차감해 산출한다.

도표 2-5 ▼ **손익계산서 표시**

중단사업손익이 있는 경우	중단사업손익이 없는 경우
1. 매출액 2. 매출원가	1. 매출액 2. 매출원가
3. **매출총손익**(1-2)	3. **매출총손익**(1-2)
4. 판매비와관리비	4. 판매비와관리비
5. **영업손익**(3-4)	5. **영업손익**(3-4)
6. 영업외수익 7. 영업외비용	6. 영업외수익 7. 영업외비용
8. **법인세비용차감전계획사업손익**(5+6-7)	8. **법인세비용차감전총손익**(5+6-7)
9. 계속사업손익법인세비용	9. 법인세비용
10. **계속사업손익**(8-9)	–
11. 중단사업손익(법인세효과 차감후)	–
12. **당기순손익**(10-11)	12. **당기순손익**(8-9)
13. 주당손익	13. 주당손익

• 제조업, 판매업 및 건설업 외의 업종에 속하는 기업은 매출총손익의 구분표시를 생략할 수 있다.

다섯째, 판매비와 관리비다. 제품, 상품, 용역 등의 판매활동과 기업의 관리활동에서 발생하는 비용으로 매출원가에 속하지 않은 모든 영업비용을 포함한다. 판매비와 관리비는 당해 비용을 표시하는 적절한 항목으로 구분해 표시하거나 일괄 표시할 수 있다. 일괄 표시하는 경우에는 적절한 항목으로 구분해 이를 주석으로 기재한다.

여섯째, 영업손익이다. 이는 매출총손익에서 판매비와 관리비를 차감해 산출한다.

일곱째, 영업외수익이다. 기업의 주된 영업활동이 아닌 활동으로부터 발생한 수익과 차익으로 중단사업손익에 해당하지 않는 것으로 한다.

여덟째, 영업외비용이다. 기업의 주된 영업활동이 아닌 활동에서 발생한 비용과 차손으로 중단사업손익에 해당하지 않는 것으로 한다.

아홉째, 법인세비용차감전계속사업손익이다. 이는 영업손익에 영업외수익을 가산하고 영업외비용을 차감해 산출한다.

손익계산서의 작성원칙

손익계산서 작성에는 일정한 원칙이 있다. 수익과 비용은 총액으로 기재하는 것이 원칙이며, 수익·비용을 서로 상계함으로써 그 전부 또는 일부를 손익계산서에서 제외해서는 안 된다. 다만 기업회계기준서 외에 다른 기업회계기준에서 요구하거나 허용하는 경우에는 수익과 비용을 상계해 표시할 수 있다. 즉 동일하거나 유사한 거래, 회계 사건에서 발생한 차익·차손 등은 총액으로 표시하지만, 중요하지 않은 경우에는 관련 차익과 차손 등을 상계해 표시할 수 있다.

모든 수익과 비용은 그것이 발생한 기간에 정당하게 배분되도록 처리한다. 다만 수익은 실현주의 기준으로 계상하고 미실현수익은 당기손익에 포함하지 않음을 원칙으로 한다. 또 수익비용 대응의 원칙으로, 수익과 비용은 그 발생 원천에 따라 명확히 분류하고 각 수익항목과 이에 관련된 비용항목을 대응 표시해야 한다.

손익계산서 해석 노하우

〈도표 2-6〉를 보면 손익계산서에는 다섯 가지 이익이 있다. 바로 매출총이익, 영업이익, 경상이익, 법인세차감전순이익, 당기순이익이다. 따라서 이를 기준으로 가장 먼저 해석하면 된다. 매출액을 비교 분석하고, 그다음 다섯 가지 이익을 순서대로 비교해보자.

도표 2-6 ▼ 손익계산서 해석

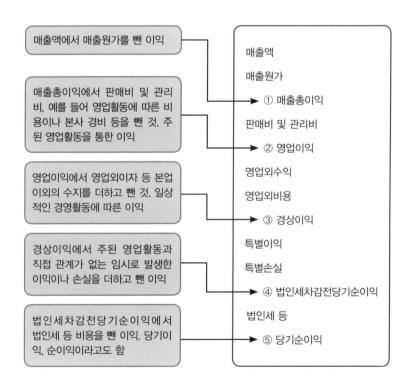

기업의 현금흐름을 보여주는 현금흐름표

현금흐름표는 기업 회계에 관해 보고하는 재무제표로서 회계기간 동안 자금의 증감, 즉 수입과 지출을 영업활동, 투자활동, 재무활동으로 구분해 표시한다.

현금흐름표는 기업의 현금변동 내용을 명확하게 보고하기 위해 당해 회계기간에 속하는 현금의 유입내용과 유출내용을 영업활동, 투자활동, 재무활동으로 인한 현금흐름으로 각각 구분해 표시하고, 이에 기초현금을 가산함으로써 기말현금을 계산하는 방식으로 작성한다. 즉 현금흐름표란 기업의 현금흐름을 나타내는 표를 말한다. 현금흐름표로는 기업 자산의 핵심인 현금(cash)의 흐름(flow)를 알 수 있다.

일반적인 회사의 업무를 간단히 나타내면, 영업사원이 열심히 영업해서 납품 주문을 받아내고 구매부서에서는 상품을 구매해 납품

한다. 그런데 재무 측면에서 현금흐름으로 이를 바라보면, 판매하기 위한 상품을 보유하기 위해서는 현금이나 차입을 통해서 구입하든지 아니면 외상으로 구입해야 한다. 이후 납품을 하고 대금을 받아야 하는데, 보통 외상으로 납품하고 1~3개월 이후에 대금을 회수할 수 있다. 이 부분에서 현금흐름이 중요하다. 자칫 잘못하면 도산(부도)할 수도 있기 때문이다. 100억 원의 매출이 발생하더라도 매출채권이 늦어지고, 갚아야 할 매입채무와 관련한 어음을 제때 상환하지 못하면 어음부도가 나는 것이다.

현금흐름, 생각보다 중요하다

기업의 존립 목적은 큰 이익을 내 이해관계자(주주, 채권자 등)들을 만족시키는 데 있다. 하지만 많은 이익을 낸다 하더라도 당장 결제할 자금이 부족하다면 결국 도산할 수밖에 없다. 따라서 손익계산서상 당기순이익도 중요하지만, 현금흐름도 이에 못지않게 중요한 것이다.

회계에서 수익은 실현주의 원칙에 따라 계상하고, 비용은 발생주의 원칙에 따라 계상한다. 회사는 거래처에 재화 또는 용역을 인도하고, 수익은 이에 대한 채권회수가 확실한 시점에 수익으로 인식한다. 즉 회사가 거래처에서 판매대금을 현금으로 받았는지 아닌지는 수익계상에 영향을 미치지 않는다. 따라서 회사의 거래가 대부분 외상으로 이루어진 경우에 수익은 계상되지만, 현금은 일정 기간이 경과한 후 외상대금을 현금으로 결제하는 시점에 유입된다.

　비용 역시 회사가 수익을 인식하는 시점에서 해당 수익에 대응해 부담한 금액을 비용으로 계상한다. 즉 회사가 거래처 등에 현금으로 비용을 지급했는지는 비용계상에 영향을 미치지 않는다. 손익계산서상 수익과 비용은 현금흐름표상 현금유입과 현금유출에 정확하게 일치하지 않는다. 회사가 많은 이익을 냈더라도 현금흐름이 유동적이지 않아 도산하는 흑자도산은 이익과 현금흐름의 차이를 보여주는 단적인 예라고 할 수 있다.

영업활동·투자활동·재무활동으로 인한 현금흐름

현금흐름표는 영업활동으로 인한 현금흐름, 투자활동으로 인한 현금흐름, 재무활동으로 인한 현금흐름으로 구분해 표시하고 있으며, 이에 기초현금을 가산해 기말현금을 구하는 형식으로 작성한다. 즉 현금흐름표는 재무상태표상 기초현금 보유액이 회계기간 동안 어떤 거래활동으로 인해 기말현금 보유액으로 변동되었는지를 보여주는 보고서라고 할 수 있다.

　'영업활동으로 인한 현금흐름'에서 영업활동이란 기본적으로 제품의 생산·판매활동, 상품·용역의 구매·판매활동을 말하며, 이밖에 투자활동과 재무활동에 속하지 않는 모든 거래를 포함한다.

　영업활동으로 인한 현금유입으로는 제품의 판매에 따른 현금유입, 이자수익 등이 있다. 영업활동으로 인한 현금유출에는 원재료·

도표 2-7 ▼ 현금흐름의 활동별 구분

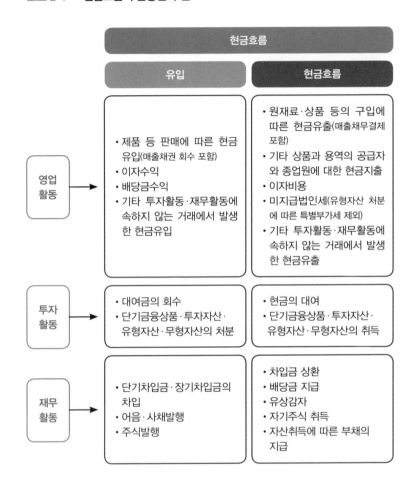

상품의 구입에 따른 현금유출, 종업원의 급여지출, 이자 지급 등이
있다.

영업활동으로 인한 현금흐름을 보면 그동안 회사가 영업을 통해
서 현금을 어느 정도 만들어냈는지 알 수 있다. 당연히 플러스여야
하며, 이것이 크다는 것은 좋은 회사를 의미한다. 회사 간 비교할 때

발생기준	영업현금흐름과 관련 없는 손익 및 영업활동과 관련된 자산·부채		현금기준
매출활동 관련 손익	매출채권, 선수금		고객에게 수취한 현금
매입활동 관련 손익	재고자산, 매입채무, 선급금		공급자에게 지급한 현금
기타수익 (매출·매입활동 이외의 수익)	영업현금흐름과 관련 없는 수익	미수수익, 선수수익, 당기손익인식 금융자산	기타 영업활동으로 수취한 현금
기타비용 (매출·매입활동 이외의 비용)	영업현금흐름과 관련 없는 비용	미지급비용, 선급비용, 충당부채	기타 영업활동에서 지급한 현금
당기순이익	–		영업활동 현금흐름

손익계산서상의 매출총이익과 함께 중요한 비교기준이다.

투자활동으로 인한 현금흐름에서 투자활동이란 현금의 대여와 회수활동, 단기금융상품·투자자산·유형자산·무형자산의 취득과 처분활동을 말한다. 투자활동으로 인한 현금유입으로는 대여금의 회수, 단기금융상품·투자자산·유형자산·무형자산의 처분 등이 있다. 투자활동으로 인한 현금유출에는 현금의 대여, 단기금융상품·투자자산·유형자산·무형자산의 취득 등이 있다.

재무활동으로 인한 현금흐름에서 재무활동이란 현금의 차입과 상환활동, 신주발행이나 배당금의 지급활동 등과 같이 부채 및 자본계정에 영향을 미치는 거래를 말한다. 재무활동으로 인한 현금유입으로는 단기차입금·장기차입금의 차입, 어음·사채발행, 주식발행 등이 있다. 재무활동으로 인한 현금유출로는 차입금의 상환, 배당금 지급, 유상감자, 자기주식 취득, 자산취득에 따른 부채의 지급 등이 있다.

현금흐름표에서 영업활동 현금흐름을 구하는 것은 복잡하고 까다로운데, 이를 쉽게 이해하려면 발생기준과 현금기준의 상호관계를 잘 알아야 한다. 이에 대해서는 〈도표 2-7〉과 〈도표 2-8〉을 통해 간단히 파악하고 넘어가도록 하자.

현금흐름표 작성법을 알아보자

현금흐름표를 작성하는 방법으로는 크게 간접법과 직접법이 있는데, 주로 간접법을 사용한다. 이를 통해 현금흐름표에 대한 개념을 파악해보자.

현금흐름표를 작성하는 방법을 이해하면 좀 더 쉽게 현금흐름표를 이해할 수 있다. 현금흐름표는 영업현금을 기준으로 크게 직접법과 간접법으로 나눠서 작성할 수 있다.

직접법은 영업현금을 총액으로 표시하고, 간접법은 영업현금을 순액으로 표시한다는 차이가 있다. 하지만 직접법을 사용하든 간접법을 사용하든 최종으로 표시되는 영업현금은 동일하다. 또한 어떤 방법을 사용하든지 표시되는 투자현금과 재무현금은 동일하다. 즉 직접법과 간접법은 현금흐름표상의 영업현금흐름을 나타내는 방법의 차이다.

직접법으로 작성해보자

직접법이란 현금을 수반해 발생한 수익 또는 비용항목을 총액으로 표시하는 방법으로, 현금유입액은 원천별로, 현금유출액은 용도별로 각각 구분해 표시한다. 이 경우 현금을 수반해 발생하는 수익·비용항목을 원천별로 구분해 직접 계산하는 현금주의 방법, 또는 매출과 매출원가 등에 이와 관련된 재무상태표의 자산·부채계정의 변동을 가감해 현금주의에 의한 손익계산서로 전환하는 방법 등을 사용한다.

직접법에 따른 영업활동 현금흐름 예시

현금흐름표

A회사   20X2년 1월 1일부터 12월 31일까지

영업활동 현금흐름

고객에게 유입된 현금	65,000,000
공급자와 종업원에 대한 현금유출	(48,000,000)
영업에서 창출된 현금	17,000,000
이자 지급	(3,000,000)
법인세 납부	(1,000,000)
영업활동 순현금흐름	13,000,000

직접법은 현금의 유입·유출내역을 원천별로 작성하므로 이해관계자들이 회사의 과거현금흐름을 이해하고 미래현금흐름을 예측하는 데 더욱 유용한 정보를 제공한다는 장점이 있다. 따라서 기업회

계기준서에서도 영업활동 현금흐름표를 만들 때 직접법을 사용하도록 권장하고 있다. 하지만 기업의 모든 장부나 회계자료는 현금을 기준으로 하는 현금주의가 아니라 실질적 거래 발생시점을 기준으로 하는 발생주의에 따라 작성되므로, 직접법으로 현금흐름표를 작성하는 데는 많은 노력과 시간이 든다는 단점이 있다.

간접법으로 작성해보자

간접법이란 당기순이익(또는 당기순손실)에 현금유출이 없는 비용 등을 가산하고, 현금유입이 없는 수익 등을 차감하며, 영업활동으로 인한 자산·부채의 변동을 가감해 표시하는 방법을 말한다. 이 방법은 당기순이익과 현금흐름의 관계를 더욱 효과적으로 나타내고, 재무제표만을 이용해 간편하게 현금흐름표를 작성할 수 있다는 장점이 있다. 따라서 대부분의 기업들은 현실적으로 작성이 편하다는 이유 때문에 간접법으로 현금흐름표를 작성하고 있다. 간접법에 대해 좀 더 구체적으로 알아보자.

간접법의 첫 번째 순서는 영업현금흐름과 관련 없는 손익을 제거하는 것이다. 이때 손익은 현금의 유입과 유출이 없는 손익과 투자 및 재무활동과 관련된 손익으로 구분할 수 있다. 이들 손익을 제거하는 이유는 손익계산서상의 당기순이익이 현금의 유입과 유출이 없는 손익과 투자 및 재무활동과 관련된 손익까지 포함하고 있기 때문이다.

좀 어려운 내용이니 구체적으로 예를 들어보겠다. 현금의 유입과 유출이 없는 손익에는 대표적으로 감가상각비, 현재가치할인차금 상각액 등이 있으며, 투자 및 재무활동과 관련된 손익에는 자산처분 손익, 부채상환 손익 등이 있다.

즉 회사가 취득해 자산으로 계상된 부분은 감가상각을 통해 일정 기간 동안 비용으로 처리되는데, 이때 실제로 현금이 나가는 것은 아니다. 당기순이익에서 영업현금흐름과 관련 없는 손익을 제거할 때는 현금의 유입과 유출이 없는 손익이라도 영업활동과 관련된 자산, 부채 관련 손익(예를 들어 매출채권 관련 대손상각비 등)은 제거할 필요가 없다는 점을 주의해야 한다. 왜냐하면 이는 영업활동과 관련된 자산이나 부채의 증감액을 가감하는 과정에서 자연스럽게 조정되기 때문이다.

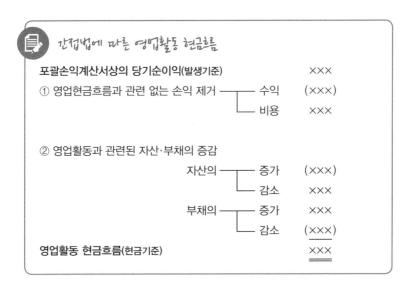

간접법의 두 번째 순서인 영업활동과 관련된 자산, 부채의 순증감액을 가감하는 방법에 대해 간단히 설명하겠다. 영업활동과 관련된 자산과 부채에는 매출채권, 선급금, 재고자산, 미수수익 등이 있는데, 당기순증감액을 당기순이익에서 가감하는 방법은 간단하다.

자산의 증가는 차감하고 감소는 가산해야 하며, 반대로 부채의 증가는 가산하고 감소는 차감해야 한다. 그 이유는 매출채권의 기말잔액이 기초잔액보다 증가한 경우에는 현금회수액이 발생기준 매출액보다 적거나 같을 것이기 때문이다. 반대로 부채인 매입채무의 기말잔액이 기초잔액보다 증가한 경우에는 현금지급액(부채상환액)이 발생기준 매입액보다 그 금액만큼 적을 것이므로 당기증가액을 당기순이익에 가산해야 한다.

간접법에 따른 영업활동 현금흐름 예시

B회사는 20X2년 당기순이익이 1천만 원이며, 손익계산서상의 내용으로는 감가상각비 200만 원, 유형자산처분손실 50만 원이 있다. 재무상태표 중 영업활동과 관련된 전기와 당기 계정에 대해서는 다음과 같다.

구분	20X1년	20X2년	순증감액
매출채권	50,000,000	55,000,000	5,000,000
재고자산	30,000,000	27,000,000	(3,000,000)
매입채무	15,000,000	13,000,000	(2,000,000)

앞의 내용에 대해 영업활동으로 인한 현금흐름을 간접법으로 나타내면 다음과 같다.

현금흐름표

B회사   20X2년 1월 1일부터 12월 31일까지

영업활동 현금흐름

당기순이익	10,000,000
감가상각비	2,000,000
유형자산처분손실	500,000
매출채권의 증가	(5,000,000)
재고자산의 감소	3,000,000
매입채무의 감소	(2,000,000)

영업활동 순현금흐름   8,500,000

자산을 알면
회사가 보인다

재무상태표상의 자산은 매우 중요하다. 3장에서는 자산이 중요한 이유와 그 종류에 대해 설명했다. 유형자산의 취득시점과 방법, 금액 등을 결정하는 기준, 그리고 원가와 긴밀한 관련이 있는 재고자산에 대한 측정을 여러 주제로 나눠서 설명했다. 실제 사례를 들어 설명했으므로 독자 입장에서 상상해보고 이해하면 좋을 것 같다.

자산이란
무엇인가?

자산이란 기업이 소유하고 있는 유·무형의 유가치물을 말한다. 즉 자산은 과거 사건의 발생으로 통제 가능성이 있고 미래 경제적 효익의 유입가능성이 있는 것이다.

재무상태표상의 자산(asset)은 매우 중요하다. 일반적으로 자산은 취득한 시점에 기록된 금액이 그대로 적용되고, 현금 등도 실제적인 가치를 반영하기 때문에 그 중요성을 그다지 느끼지 못한다. 하지만 기록된 자산의 가치가 정확한지 생각해봐야 한다. 특히 기업을 인수하거나 회계감사를 하는 입장에서 이는 매우 중요한 문제다.

필자의 경험을 예로 들어보겠다. 제조업을 하는 어느 법인을 인수하는 과정에 참여하게 되었는데, 해당 기업의 재무상태표를 보니 자산이 100억 원을 넘는 것이었다. 그런데 실제로 그 자산 중에 투자자산인 타 법인의 주식이 90억 원을 넘었다. 그렇다면 생각해보

자. 이 주식이 상장법인의 실제적인 가치가 실시간으로 변경되는 자산이라면, 인수법인의 가치를 판단하기가 편할 것이다. 대강의 평균적인 가치가 분명히 있을 테니 말이다.

그런데 만약 타 법인이 비상장법인이라면 어떻게 해야 할까? 이때는 별도로 주식을 평가해야 하는데 만만치 않은 일이다. 주식을 평가하려면 해당 법인의 재무제표 등을 확보해야 하는데, 비상장법인이 이런 정보를 줄 리가 없기 때문이다. 대주주라면 가능하겠지만 그렇지 않다면 더욱 힘들다. 90억 원의 주식가치를 알 수 없다면 재무상태표상의 자산가치는 더더욱 알 수 없게 된다. 물론 해당 법인의 기술력에 대한 미래가치를 보고 투자한다면 이야기가 달라지겠지만, 자산가치의 불확실성으로 평가 자체가 신뢰성을 갖지 못할 수 있다.

자산의 미래 경제적 효익

재무상태표는 기업의 일정 시점에서의 재무상태를 나타내는 재무제표로 자산, 부채, 자본으로 구성된다. 그중에서 자산은 차변(재무상태표상 왼쪽)을 이룬다.

재무상태표에서 자산계정은 자산의 유동성을 기준으로 구분하게 된다. 이는 기업이 회계기간 동안 지속적으로 재화나 용역을 제공하면서 운전자본으로 계속 순환하고 변동하는 자산(유동성 자산)과 장기적으로 영업활동에서 사용되는 자산(비유동성 자산)을 구분함에 따라 좀 더 유용한 회계정보를 나타낼 수 있기 때문이다.

도표 3-1 ▼ 자산의 예

구분	내용
물리적 형태가 있는 것	현금, 재고자산, 건물, 토지, 차량, 기계장치, 비품
물리적 형태가 없는 것	매출채권, 미수금, 선급금, 영업권, 임차보증금, 대여금

현금 및 현금성자산이 미래에 직접 또는 간접적으로 기업에 유입될 잠재력을 '자산의 미래 경제적 효익'이라고 하는데, 이러한 효익이 잘 나타날 수 있는지가 중요하다. 자산이 갖는 미래의 경제적 효익은 다양한 형태로 기업에 작용할 수 있다. 판매 및 생산에 사용됨으로써 가치가 유입될 수 있고, 다른 자산과의 교환으로 대체될 수 있으며, 부채를 상환하는 데 사용될 수도 있다.

자산은 외부 정보이용자들이 이해하기 쉽도록 재무상태표에 해당 자산의 성격을 잘 나타낼 수 있는 계정과목을 사용해야 한다. 비유동자산은 크게 유형자산, 무형자산(영업권 등)으로 나뉘고 유동자산은 현금등가물, 재고자산, 매출채권 등이 있다. 이러한 분류는 큰 기준일 뿐이고 실질적으로 각 기업의 특수성에 따라 중요도가 다양하게 나타날 수 있다.

자산은 유동성과 비유동성으로 구분해 재무상태표에 나타낸다. 기업의 정상영업주기 내에 실현될 것으로 예상하거나 정상영업주기 내에 판매 또는 소비할 의도가 있는 자산은 유동자산으로 나타낸다. 자산 중에서 가장 중요한 재고자산과 현금성자산, 무형자산, 유형자산 등에 대해서는 구체적으로 주제를 달리해 검토해보겠다.

유동성의 핵심, 현금 및 현금성자산

일반적으로 기업에서는 다양한 금융상품을 자산으로 가지고 있는데, 무수히 많은 금융상품은 일정한 기준에 따라 회계학상의 일정한 자산형태로 나뉘게 된다.

현금은 기업이 보유하고 있는 자산 중 가장 유동성이 높은 자산이며 다른 자산과 교환하는 매개체 역할을 한다. 따라서 현금은 기업에서 필요한 지출에 대해 당장 교환의 대가로 지급할 수 있는 자산이다.

현금은 지폐, 주화 등과 같이 시중에서 통용되고 있는 통화와, 이와 유사하게 화폐로서의 가치를 가지고 있는 통화대용증권을 말한다. 통화대용증권에는 자기앞수표와 타인발행수표, 가계수표 같은 각종 수표와 우체국의 우편환증서 등이 있다.

현금성자산이란 단기적으로 운용해서 이익을 얻기 위해 투자하는 것으로, 현금과 매우 유사한 환금성이 있는 자산을 말한다. 기업

회계상 유가증권 및 단기금융상품으로 큰 거래비용 없이 현금으로
의 전환이 용이하고, 이자율 변동에 따른 가치변동의 위험이 크지
않으며, 취득 당시 만기(또는 상환일)가 3개월 이내에 도래하는 것을
현금성자산에 포함하고 있다. 예를 들어 취득 당시 만기가 3개월 이
내에 도래하는 채권이나 취득 당시 상환일까지의 기간이 3개월 이
내인 상환우선주, 취득 후 3개월 이내에 환매가 조건인 환매채가 현

도표 3-2 ▼ **현금 및 현금성자산과 현금성자산이 아닌 것**

현금 및 현금성자산		현금성자산이 아닌 것	
통화	지폐, 동전, 외국통화	선일자수표 발행	받을어음(상거래) 미수금(상거래가 아닌 경우)
통화대용증권	• 타인발행 당좌수표 • 자기앞수표 • 가계수표 • 송금수표 • 여행자수표 • 만기도래 선일자수표 • 만기도래 공사채이자표 • 우편환증서 • 대체저금환급증서 • 배당이 결정된 배당금통지서 • 국고지급통지서 • 일람출급어음	선일자수표 수령	지급어음(상거래) 미지급금(상거래가 아닌 경우)
		자기발행 당좌수표	당좌예금
		부도수표, 부도어음	부도어음과 수표
		미인도수표	수표를 발행했으나 결산일 현재 거래처에 인도되지 못한 수표가 있는 경우, 이는 당좌예금에서 인출된 것이 아니므로 당좌예금 계정에 환입하는 분개를 하고, 익년 1월 1일 다시 지급하는 것으로 한다.
		수입인지	세금과공과
		우표	통신비

금성자산에 속한다.

일반적으로 기업에서는 다양한 금융상품을 자산으로 가지고 있는데, 무수히 많은 금융상품은 일정한 기준에 따라 회계학상의 일정한 자산형태로 나뉘게 된다. 간혹 뉴스에서 대기업 등 대한민국 기업의 현금성자산이 사상 최대 수준이라고 나오곤 한다. 이것은 당장 투자를 하지 않고 시장 상황을 지켜봐도 기업 곳간에는 현금이 넘친다는 말이다. 이때의 현금은 바로 현금 및 현금성자산을 말하며, 특히 대규모의 돈은 당연히 다양한 금융상품으로 구성되어 있다.

유동성 관리가 흑자부도를 막는다

현금 및 현금성자산 중 가장 많은 부분은 여러 금융기관에 다양하게 들어 있는 정기예금, 정기적금 등의 형태일 것이다. 그 외 양도성예금증서(CD; Certificate of Deposit), 환매채(RP; Repurchase Agreement) 등이 있다. 회계기준일 기준으로 1년 이내에 도래하는 금융상품은 재무상태표에서 단기금융상품 계정으로 분류된다.

예를 들어 12월 31일 회계기준일 기준으로 정기예금 만기 계약일이 1년도 남지 않았으면, 단기금융상품 계정으로 분류된다. 만약 1년 이상 남았다면 장기금융상품 계정으로 분류된다. 또한 정기예금이라도 만기 계약기간이 3개월 이내인 경우에는 단기금융상품이 아닌 현금 및 현금성자산 계정으로 분류된다. 즉 금융상품이라도 거의 현금과 같기 때문에 회계학상으로 분류를 달리하는 것이다.

현금 및 현금성자산과 단기금융상품과의 비교

단기에 자금운용 목적으로 소유하는 3개월 초과 1년 내에 만기가 도래하는 금융상품(정기예금, 정기적금, 사용이 제한되어 있는 예금 및 기타 정형화된 금융상품)은 단기금융상품으로 분류한다.

금융상품 요약
① 요구불예금: 현금
② 취득 시 만기가 3개월 이내인 정기예금 등: 현금성자산
③ 만기가 3개월 초과 1년 내에 도래하는 정기예금 등: 단기금융상품
④ 1년 후에 만기가 도래하는 정기예금 등: 장기금융상품

현금성자산과 관련해 알아둬야 할 내용 중에 은행계정조정표가 있다. 은행계정조정표는 기업이 관리하고 있는 당좌예금출납장 잔액과 은행의 당좌거래원장 잔액이 일치하지 않는 원인을 파악하고 이를 조정하기 위해 작성하는 보고서다. 먼저 당좌예금에 대해 알아보자. 기업은 자산 구입대금이나 비용결제 목적으로 당좌수표나 당좌어음을 발행할 때, 은행과 당좌계약을 체결하고 이행보증용으로 당좌거래개설보증금을 예치한 다음 당좌예금을 개설해야 한다. 이때 당좌예금이란 기업이 발행한 당좌수표나 당좌어음을 결제하기 위해 예치하는 예금을 말하며, 기업이 자유롭게 인출할 수 있으므로 현금으로 분류된다.

그런데 회계기간 말이나 특정일 기준으로 기업의 당좌예금 장부금액과 은행의 예금잔고가 일치하지 않는 상황이 발생할 수 있다. 이러한 불일치는 당좌거래의 구조적 특징이나 오류·부정으로 인해

발생하며, 이를 분석해 정확한 당좌예금 잔액을 계산해야 한다. 이를 위해서 은행계정조정표를 작성한다. 따라서 당좌어음을 거래하는 기업에게 은행조정계정표는 현금성자산을 파악하기 위해서 반드시 필요한 서류이자 업무다.

부도대손위험을 파악하려면
매출채권을 보자

매출채권은 기업의 중요자산이다. 따라서 이를 평가하는 문제 또한 매우 중요하다. 매출채권의 평가는 결국 돈을 떼일 가능성에 대한 측정과 인식의 문제다.

매출채권은 일반적 상거래에서 발생한 채권을 말하며, 미수금은 일반적 상거래 이외(비유동자산 등의 처분)의 거래에서 발생한 채권을 말한다. 회사가 상품이나 제품을 판매하고 받지 못한 채권은 외상매출금이 되며, 회사의 공장 등 비유동자산을 처분하고 그 대금을 나중에 받기로 한 채권은 미수금이라고 한다.

건설업에서는 공사와 관련한 외상대금에 공사미수금이라는 계정과목을 사용한다. 상거래상 채권은 기업의 영업형태에 따라서 매출채권으로 분류될 수도 있고 미수금으로 분류될 수도 있다. 예를 들어 기계장치를 매각하고 대금을 받지 않았을 때, 판매자가 그 기계

를 제조·유통하는 회사라면 기계판매는 주된 영업활동이므로 매출
채권으로 계상된다. 하지만 다른 상품을 제조하는 회사가 그 기계장
치를 유형자산으로 매각했다면 미수금계정을 사용해야 한다.

애매한 부분을 주의하자

매출채권은 기업에서 가장 중요한 자산이다. 하지만 그만큼 애매한
계정이기도 하다. 왜냐하면 해당 매출채권이 과연 실제로 존재하는
지와 받을 수 있는지 등을 측정하기가 어렵기 때문이다. 사업을 하
다 보면 물건을 팔았는데 돈을 떼이는 경우가 있을 수 있다. 실제로
사기가 아니더라도 상대 회사가 여러 가지 사정으로 부도를 맞을 수
도 있고, 자금상황이 많이 어려울 수도 있다. 이렇게 되면 돈을 받는
입장에서는 참 난감하다.

회계학상으로 매출채권은 손익계산서상의 매출과 직결된다. 매
출이 인식되는 시점에 바로 현금으로 회수가 되면 현금 및 현금성자
산 계정으로 흘러가고, 그렇지 않으면 보통 매출채권 계정으로 흘러
가게 된다. 회계기준일로 보아 아직 돈을 받지 못하는 경우에는 매
출채권 계정에 금액을 기재한다. 그런데 문제는 매출채권을 실제 현
금으로 모두 회수할 수 있느냐다.

이 부분은 결국 매출채권에 대한 평가 문제라고 볼 수 있다. 재고
자산의 외상판매로 발생하는 매출채권은 전액 회수할 수 있는 것이
아니다. 따라서 일정 시점에서의 유용한 정보를 위해서 회수할 수

없는 매출채권은 대손상각비의 계정과목인 당기비용으로 처리해야 하는데 이를 대손회계라고 한다. 이는 올바른 기간손익의 확정과 자산의 올바른 평가를 위해 필요하다.

대손의 방법에는 직접상각법과 충당금설정법이 있다. 직접상각법은 대손이 예상되는 경우에 회계처리를 하지 않고 매출채권이 실제 대손되었을 때 대손비용으로 인식하는 것이다. 이는 상대 거래처가 부도 나는 경우 등을 의미하며, 차변에는 대손상각비를 대변에는 해당 매출채권을 인식한다.

충당금설정법은 매 결산기말에 매출채권 중 일정한 대손예상률

 충당금설정법 예시

1. 매출이 발생한 경우

(차변) 매출채권　　　5,000,000　　　(대변) 매출　　　5,000,000

2. 매출채권을 현금으로 회수하면서 5% 할인해줄 때

(차변) 현금　　　2,850,000　　　(대변) 매출채권　3,000,000
　　　매출채권처분손실　150,000

3. 기말에 매출채권 잔액에 대해서 대손충당금을 설정할 때(대손추정률 5% 가정)

(차변) 대손상각비　　　100,000　　　(대변) 대손충당금　100,000
　　　(판매관리비 항목)
→ 미회수된 매출채권 2,000,000 × 0.05 = 100,000원

4. 상대 거래처가 부도로 대손이 확정되었을 때

(차변) 대손충당금　　　100,000　　　(대변) 매출채권　2,000,000
　　　대손상각비　　　1,900,000

도표 3-3 ▼ 대손 여부의 판단

구분	대손 사유
법에 따라 소멸시효가 완성된 채권	① 상법에 따라 소멸시효가 완성된 외상매출금과 미수금 ② 어음법에 따라 소멸시효가 완성된 어음 ③ 수표법에 따라 소멸시효가 완성된 수표 ④ 민법에 따라 소멸시효가 완성된 대여금
법에 따라 소멸되는 채권	① 채무자회생 및 파산에 관한 법률에 따라 회생계획인가 결정 ② 법원의 면책 결정에 따라 회수불능으로 확정된 채권 ③ 민사집행법 규정에 따라 채무자의 재산에 대한 경매가 취소된 압류채권
6개월 이상 지난 채권	① 부도발생일부터 6개월 이상 지난 수표 또는 어음상의 채권, 외상매출금(중소기업이 보유한 외상매출금으로 부도발생일 이전의 것에 한함)으로 사업연도 종료일 현재 회수되지 아니한 당해 채권금액에서 1천 원을 제외한 금액 ② 회수기일이 6개월 이상 지난 채권 중 채권가액이 20만 원 이하인 채권

을 곱한 금액을 대손비용으로 인식하는 것이다. 이때는 차변에 대손상각비와 대변에 대손충당금을 설정한다. 또한 실제로 매출채권을 회수할 수 없을 때는 차변에 대손충당금과 대변에 해당 매출채권을 설정한다. 충당금설정법은 대손비용을 추정으로 계상한다는 단점이 있으나, 수익비용에 적절하게 대응할 수 있고 기말 매출채권의 순실현가능가치로 평가될 수 있다는 장점이 있다. 기업회계기준에서는 충당금설정법을 인정하고 있다.

법인세법에서는 과세소득의 임의적인 조작을 방지하기 위해 대손 사유를 엄격하게 제한하고 있다. 따라서 회계처리를 할 때 세무조정을 다시 해야 하는 수고를 덜기 위해서는 이를 참고해 대손을 잡는 것이 효율적이다.

유형자산은
어떻게 인식하는가?

유형자산을 재무상태표에 기록하려면 자산에서 발생하는 미래 경제적 효익이 기업에 유입될 가능성이 크고, 자산의 원가를 신뢰성 있게 측정할 수 있어야 한다.

유형자산이란 경영수단으로 반복 사용되며 구체적인 형태를 갖춘 고정자산으로, 기업의 영업 목적을 달성하기 위해 장기간에 걸쳐 계속 사용할 목적으로 보유하고 있는 자산이다. 유형자산의 종류로는 토지, 건물, 기계장치, 구축물, 선박, 차량운반구, 공구와 기구, 비품, 건설 중인 자산 등이 있다. 이 유형자산의 종류에 속하지 않는 기타 유형자산은 이를 구분해 그 자산을 표시하는 과목으로 기재한다.

예비품이나 수선도구 등은 보통 재고자산으로 분류하거나 당기 비용으로 처리한다. 하지만 중요한 예비품이나 대기성 장비로서 한 회계기간 이상 사용할 것으로 예상되는 경우에는 유형자산으로 구

구분	종류	감가상각 가능 여부
토지	대지, 전답, 임야, 공장부지 등	X
설비자산	건물, 구축물, 기계장치, 차량운반구, 선박, 기구, 비품	O
건설 중인 자산	유형자산의 건설 및 제작 중인 미완성 자산에 대한 임시계정	X
기타	그 외의 자산	X

분한다. 임대수익이나 시세차익 등을 얻기 위해 보유하고 있는 부동산은 투자자산으로 분류하며, 자가 사용하는 사옥이나 사무실 등은 유형자산으로 분류한다. 또한 유형자산은 토지, 건물 등을 기업이 직접 사용하기 위해 취득하고 있는 중이면 건설 중인 자산으로 구분하고, 기업이 조경 목적으로 취득한 나무와 돌 등은 유형자산으로 계상한다.

유형자산의 회계처리

유형자산의 인식기준은 자산에서 발생하는 미래 경제적 효익이 기업에 유입될 가능성이 크고, 자산의 원가를 신뢰성 있게 측정할 수 있을 때다. 유형자산의 취득원가는 취득시점이나 건설시점에서 당해 자산을 취득하기 위해 지급한 현금 및 현금성자산, 제공한 기타의 용역 대가 등의 공정가치로 한다. 또한 당해 유형자산을 취득하고 사용할 수 있는 상태로 준비하는 과정 등에서 소요되는 관련 지출을 포함한다.

관세 및 환급할 수 없는 취득 관련 세금(취등록세 등)을 가산하고, 매입 시 할인받은 금액과 리베이트 등은 취득가액에서 차감한다. 공장에 필요한 기계설비는 보통 주문제작인 경우가 많은데, 이때 소요되는 설치비용은 모두 취득원가에 포함한다. 예를 들어 사무실에서 사용하려고 컴퓨터를 구입했다면 설치비용이나 운반비가 제품원가에 포함되어 있기 때문에 당연히 취득원가에 포함된다.

만약 토지만을 사용할 목적으로 토지와 건물을 일괄 구입한 경우, 건물취득의 대가는 토지취득을 위해 발생한 회피할 수 없는 지출이므로 모두 토지의 원가로 처리한다. 일괄 구입 후 기존 건물을 철거할 때 발생하는 건물의 철거비용은 토지의 원가에 가산하고, 건물철거로 인한 폐자재 처분 수입은 토지의 원가에서 차감한다. 만일 건물철거로 발생한 폐자재들을 처리하기 위한 비용이 발생한다면 토지의 원가에 가산한다.

그렇다면 이런 토지에 건물을 건설한다면 어떻게 처리할까? 사옥을 짓기 위해 부동산을 구입할 때 종종 이러한 경우가 생긴다. 사옥을 지으려고 기존의 노후된 건물과 토지를 구입해 새로 신축할 때, 일반적으로 외부에 위탁해 건설한다. 건물의 원가는 건설계약금액에 부대원가를 가산한 금액으로 한다. 이때 부대원가에는 건축 허가비용, 설계비용, 감리비용 등이 해당된다. 건물의 준공이 계약상 약정된 일자보다 지연되어 건설사업자에게 수령하는 지체상금은 건물의 원가에서 제외하며, 건물이 계약상 약정된 일자보다 조기에 준공되어 지급하는 장려금은 건물의 원가에 포함한다.

　토지와 건물의 구분은 세금과 매우 밀접한 관련이 있다. 회계상으로는 자산의 정확한 구분과 가치측정이 중요하고, 세무적으로는 부가가치세에 대한 환급과 관련해 매우 중요하다. 토지는 부가가치세가 발생하지 않기 때문에, 토지 관련 매입비용은 절대로 부가가치세 환급을 받으면 안 된다. 왜냐하면 토지는 그 용도에 관계없이 항상 면세재화로 취급되므로 그 일부를 구성하는 자본적 지출분도 항상 면세로 취급해야 한다. 실무적으로 이와 관련해 많은 문제가 발생한다. 특히 건설과 관련해서는 금액이 매우 크기 때문에 관련 가산세 또한 매우 크다.

　토지의 취득원가 관련 매입세액은 다음과 같다. 첫째, 토지의 취득 및 형질변경, 공장부지 및 택지의 조성 등에 관련된 매입세액이다. 둘째, 건축물이 있는 토지를 취득해 그 건축물을 철거하고 토지만을 사용하는 경우에 철거한 건축물의 취득 및 철거비용과 관련된 매입세액이다. 셋째, 토지의 가치를 현실적으로 증가시켜 토지의 취득원가를 구성하는 비용에 관련된 매입세액이다.

 취득원가에 포함되는 비용의 예

- **토지 관련 취득원가:** 중개수수료, 등기수수료, 취득세, 등록세, 토지구획 정리 및 정지비용
- **기계 관련 취득원가:** 운반비, 하역비, 보관비용, 등록비용, 설치비용, 시운 전비용

무형자산은
어떻게 인식하는가?

무형자산은 물리적 실체가 없으므로 인식할 때 매우 꼼꼼하게 검토해야 한다. 무형자산은 횡령에 가장 흔하게 사용하고 관계되는 계정과목이다.

무형자산이란 재화의 생산이나 용역의 제공, 타인에 대한 임대 등에 사용할 목적으로 기업이 보유하고 있으나, 그에 대한 물리적인 형태가 없는 자산을 말한다. 이 자산은 물리적 실체가 없지만 기업이 통제하고 있으며, 미래 경제적 효익이 있는 비화폐성자산이다. 즉 무형자산은 기업이 미래에 경제적인 가치가 있는 자산을 사용할 목적으로 보유하고 있으며 통제와 식별이 가능하나, 물리적 실체가 없는 것을 말한다.

그렇다면 무형자산이 유형자산과 구별되는 차이점은 물리적 실체의 여부만일까? 꼭 그렇지만은 않다. 물리적 실체가 있어도 무형자산으로 계상되는 것들이 있다. 바로 연구개발과 관련된 자산으로 기업이 연구개발을 통해 개발한 시제품 등의 자산도 무형자산으로 계상된다. 또한 유형자산의 요소가 있는 자산도 있다. 예를 들어 법적인 서류, 전산 필름, 전산 기록물 등은 물리적인 형태에 기록되어 있는데, 이러한 경우에는 어떤 요소가 더 중요한지 판단해 자산분류를 한다. 일반적으로 MS워드프로그램 구입비용 등은 소프트웨어 자산(무형자산)으로 처리하고, 기계장치를 위한 고가의 운영프로그램 등은 기계장치를 함께 유형자산으로 분류해 계상한다.

무형자산으로 인식되기 위한 조건들

무형자산으로 인식되기 위해서는 무형자산의 정의를 만족해야 하고, 자산에서 발생하는 미래 경제적 효익이 기업에 유입될 가능성이 커야 하며, 자산의 취득원가를 신뢰성 있게 측정할 수 있어야 한다. 이때 미래 경제적 효익이 기업에 유입될 가능성은 무형자산의 내용연수 동안의 경제적 상황에 대해 경영자가 최선의 추정치를 반영하는 합리적이고 객관적인 가정에 근거해 평가해야 한다. 미래 경제적 효익을 얻기 위해 지출이 발생하더라도 인식할 수 있는 무형자산이나 다음 자산이 획득 또는 창출되지 않는다면, 그 지출은 발생시점에서 비용으로 인식한다. 예를 들어 교육훈련을 위한 지출, 광고선전비 등이 이에 해당한다.

무형자산을 최초로 인식할 때는 원가로 측정한다. 개별로 취득하는 무형자산은 인식기준 중 미래 경제적 효익이 기업에 유입될 가능성이 크다는 기준을 항상 충족하는 것으로 보며, 원가는 일반적으로 신뢰성 있게 측정할 수 있다. 이러한 내용은 유형자산과 동일하다고 보면 된다.

정부의 보조로 무형자산을 무상이나 낮은 대가로 취득할 수 있는 경우가 있다. 예를 들어 종합편성권 채널 운영권, 수입면허 또는 수입할당 등 기타 제한된 자원을 이용할 수 있는 권리를 기업에게 이전하거나 할당하는 경우다. 이때는 최초에 무형자산과 정부보조금 모두를 공정가치로 인식할 수 있다. 하지만 최초에 자산을 공정가치로 인식하지 않기로 선택하는 경우에 자산은 명목상 금액과 의도한 용도로 사용할 수 있도록 준비하는 데 직접 관련된 지출을 합한 금액으로 인식한다.

무형자산을 비화폐성자산과 교환해 취득하거나, 교환거래에 상업적 실질이 결여될 때, 또는 취득한 자산과 제공한 자산의 공정가치를 둘 다 신뢰성 있게 측정할 수 없는 때는 제공한 자산의 장부가액으로 인식하며, 그 외에는 공정가치로 한다. 내부적으로 창출한 영업권은 원가를 신뢰성 있게 측정할 수 없고 기업이 통제하고 있는 식별할 수 있는 자원이 아니기 때문에 자산으로 인식하지 않는다.

예를 들어 커피 전문 체인점을 운영하는 회사가 있다고 하자. 체인점이 100개가 되고 연 매출도 100억 원에 이른다. 그렇다고 회사의 브랜드가치를 재무제표에 반영할 수 없다. 객관적으로 가치를 측정하기 어렵기 때문이다. 지금까지 계속 반복적으로 설명한 자산 인식기준을 만족할 수 없다. 만약 그 기업이 다른 회사에 100억 원에

도표 3-5 ▼ 무형자산의 원가

구분	내용
개별 취득	① 구입가격−매입할인·리베이트+수입관세·환급 불가능 제세금+의도한 목적에 사용할 수 있도록 준비하는 데 직접 관련된 원가 ② 대금지급기간이 일반적인 신용기간보다 긴 경우: 현금가격 상당액
사업결합으로 취득	취득일의 공정가치(피취득자의 인식 여부와 무관함)
정부보조로 취득	취득일의 공정가치(명목상 금액과 직접 관련된 지출의 합계금액도 가능)
교환 취득	① 상업적 실질이 있는 경우: 제공한 자산의 공정가치 ② 상업적 실질이 결여되거나 공정가치를 신뢰성 있게 측정할 수 없는 경우: 제공한 자산의 장부금액
내부 창출한 영업권	자산으로 인식하지 않음

팔린다면 그제야 비로소 가치를 측정할 수 있다. 한국채택국제회계기준에서는 영업권을 기업의 사업결합 등 유상으로 취득한 경우로만 규정하고 있다.

무형자산의 유의사항

무형자산은 물리적인 실체가 없으므로 인식할 때 매우 꼼꼼하게 검토해야 한다. 무형자산은 법인의 자산을 외부로 유출하는 가장 간단한 방법이고, 이에 대해 실무에서 횡령 등의 문제로 불거지는 경우가 종종 있다. 즉 분식회계에 가장 많이 사용되는 자산이다.

한 가지 사례를 들어보겠다. 국내에서 제조업으로 성공한 중소기업의 대표는 해외에 있는 광산개발권을 100억 원에 구입한 것으로 계약서를 꾸며서 자산을 해외로 빼돌리고 개인적으로 해외부동산을 취득했다. 법인의 자산을 개인적으로 가져가려면 내야 하는 갑근세나 배당소득세를 피하기 위함이었다. 따라서 투자자는 재무상태표를 볼 때 무형자산을 가장 먼저 보고 해당 무형자산의 종류와 금액을 꼼꼼히 따져봐야 한다.

재무상태표	→	재무상태표	
현금	150억 원	현금	50억 원
		무형자산	100억 원

유형자산의 감가상각,
이렇게 하는 것이 답이다

유형자산은 기업의 주요자산이므로 기업의 상태를 파악하기 위해서는 자산의 가치를
정확하게 측정해야 한다. 감가상각을 통해 가치의 하락을 반영하는 것이다.

감가상각비란 기간손익을 계산하기 위해 유형자산의 취득원가에서
잔존가격을 차감한 감가상각대상금액을, 체계적인 방법으로 내용연
수에 걸쳐 배분한 비용으로 처리하는 과목이다. 유형자산은 사용에
따른 소모, 시간의 경과와 기술의 변화에 따른 진부화 등 때문에 경
제적 효익이 감소한다. 유형자산의 장부가액은 일반적으로 이러한
경제적 효익의 소멸을 반영한 감가상각비를 계상해 감소한다. 유형
자산 중 토지와 건설 중인 자산은 감가상각을 하지 않는다. 감가상
각(depreciation) 방법에는 정액법, 정률법, 연수합계법, 생산량비례
법이 있다.

유형자산의 경제적 가치가 감소하는 원인은 매우 다양하지만 크게 세 가지로 나눌 수 있다. 첫째, 사용시간이나 시간의 경과에 따라 마멸이나 사고로 인한 파손 등의 물리적 가치감소다. 둘째, 경제적 요인으로 인한 자산의 가치감소다. 진부화가 바로 그것이다. 컴퓨터는 이러한 진부화로 인한 감가의 대표적인 사례다. 셋째, 천재지변이나 화재 등 예기치 않은 우발적 원인으로 인한 자산가치 감소다. 이 중에서 감가상각의 대상이 되는 것은 첫째와 둘째이며, 셋째는 발생연도의 손실로 인식해야 한다.

감가상각의 주목적은 취득원가의 배분

감가상각의 주목적은 취득원가의 배분이지 자산의 재평가가 아니다. 따라서 유형자산의 장부가액이 공정가액에 미달하더라도 감가상각비는 계속해서 인식해야 한다. 감가상각은 수익비용 대응의 원칙과 직접적인 관련이 있다. 수익비용 대응의 원칙에서 특정 거래와 관련한 비용은 그와 관련된 수익이 기록되는 기간과 동일한 기간에 비용으로 인식하는데, 감가상각은 대표적인 비용인식 방법 중 하나이기 때문이다.

예를 들어 양말을 제조하는 기업에서 20×3년 1월에 5년 동안 사용할 수 있는 기계장치를 5억 원에 구입했고, 이 기계장치를 통해 매년 5억 원의 매출을 발생시킬 수 있다고 가정해보자. 이때 기계를 구입하기 위해 20×3년에 5억 원을 지출했다고, 20×3년의 비용으로 5억 원을 모두 인식시키는 것이 과연 정확한 손익을 나타냈다고 할 수 있을까? 그렇지 않다. 이 기계장치를 통해 5년 동안 매년 5억 원의 매출이 발생할 수 있다면, 5년에 걸쳐 비용으로 인식하는 것이 실질적인 손익을 나타내는 데 합리적일 것이다. 따라서 5년에 걸쳐서 5억 원을 정액법으로 나눈다면, 매년 1억 원씩 비용으로 인식해야 한다. 이와 관련된 분개와 감가상각누계액이 재무상태표에 반영된 형태는 다음과 같다.

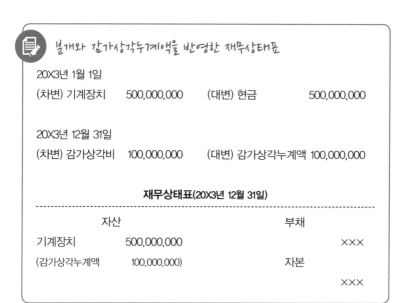

분개와 감가상각누계액을 반영한 재무상태표

20X3년 1월 1일
(차변) 기계장치   500,000,000   (대변) 현금   500,000,000

20X3년 12월 31일
(차변) 감가상각비   100,000,000   (대변) 감가상각누계액 100,000,000

재무상태표(20X3년 12월 31일)

자산		부채	
기계장치	500,000,000		×××
(감가상각누계액	100,000,000)	자본	
			×××

감가상각을 계산하기 위해서는 취득가액, 내용연수, 잔존가액 또는 감가상각 방법이 확정되어야 한다. 취득가액은 자산의 인식과 관련된 부분이다. 감가상각 방법은 자산형태마다 일정한 기준이 있고 이를 통일성 있게 적용하면 된다.

감가상각의 회계와 관련된 기본 회계문제

유형자산의 원가를 여러 기간에 걸쳐 배분하는 감가상각의 회계와 관련해 다음 세 가지 기본 회계문제가 있다. 첫째, 유형자산의 감가상각대상금액은 내용연수에 걸쳐 합리적이고 체계적인 방법으로 배분한다. 둘째, 유형자산의 감가상각 방법은 자산의 경제적 효익이 소멸되는 형태를 반영한 합리적인 방법이어야 한다. 셋째, 각 기간의 감가상각비가 다른 자산의 제조와 관련된 경우에는 관련 자산의 제조원가로, 그 밖의 경우에는 판매비와 관리비로 계상한다. 예를 들어 제조공정에서 사용한 유형자산의 감가상각비는 재고자산의 원가를 구성한다.

유형자산의 경제적 효익은 유형자산을 사용함으로써 감소하는 것이 일반적이다. 하지만 자산을 사용하지 않더라도 기술적 진부화 및 마모 등의 요인으로 인해 자산에서 기대했던 경제적 효익이 감소할 수 있다. 따라서 자산의 내용연수를 결정할 때는 다음 네 가지 요소를 고려해야 한다.

첫째, 자산의 생산능력이나 물리적 생산량을 토대로 한 자산의 예상 사용수준이다. 둘째, 생산라인의 교체빈도, 수선 또는 보수계획, 운휴 중 유지보수 등 관리수준을 고려한 자산의 물리적 마모나 손상이다. 셋째, 생산방법의 변화·개선 또는 해당 자산에서 생산되는 제품 및 용역에 대한 시장수요의 변화로 인한 기술적 진부화다. 넷째, 리스계약의 만료일 등 자산의 사용에 대한 법적 또는 계약상의 제한이다.

도표 3-6 ▼ 유형자산의 감가상각

감가상각방법	감가상각비 계산
정액법	$\dfrac{(취득원가 - 잔존가치)}{내용연수}$
정률법	① 미상각잔액 × ② 상각률 ① 미상각잔액 = 취득원가 - 감가상각누계액 ② 상각률 = $1 - \sqrt[n]{\dfrac{잔존가치}{취득원가}}$ (n=내용연수)

유형자산의 내용연수는 자산에서 기대하는 효용에 따라 결정된다. 유형자산은 기업의 자산관리 정책에 따라 일정 기간이 경과되거나 경제적 효익의 일정 부분이 소멸되면 처분할 수 있다. 이 경우 내용연수는 일반적 상황에서의 경제적 내용연수보다 짧을 수 있으므로 유사한 자산에 대한 기업의 경험에 비추어 해당 유형자산의 내용연수를 추정해야 한다.

토지와 건물을 동시에 취득하는 경우에도 이들은 분리된 자산이므로 별개로 취급한다. 건물은 내용연수가 유한하므로 감가상각 대상 자산이지만, 토지는 일반적으로 내용연수가 무한하므로 감가상각 대상이 아니다. 건물이 위치한 토지의 가치가 증가하더라도 건물의 내용연수에는 영향을 미치지 않는다.

감가상각대상금액은 취득원가에서 잔존가액을 차감해 결정하지만 실무상 잔존가액이 중요하지 않은 경우가 많다. 잔존가액이 중요할 것으로 예상되는 경우에는 자산의 취득시점에서 잔존가액을 추정하고 물가변동에 따라 수정하지 않는다.

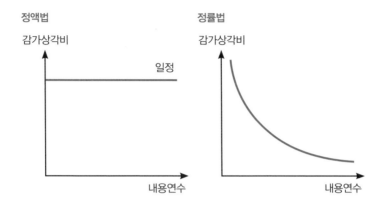

유형자산의 감가상각 방법에는 정액법, 정률법, 연수합계법, 생산량비례법 등이 있다. 정액법은 자산의 내용연수 동안 일정액의 감가상각비를 계상하는 방법이다. 정률법은 내용연수 동안 미상각잔액이 기간마다 동일한 비율로 가치가 감소한다고 가정하고 감가상각비를 계산하는 방법이다. 정률법은 정액법에 비해 초기 감가상각이 많이 적용된다. 따라서 보통 내용연수 초기에 감가상각 비용이 많이 필요한 경우(절세 측면에서)에는 이 방법으로 감가상각을 한다.

연수합계법은 자산의 내용연수 초기에 가치감소가 많이 일어나고 뒤로 갈수록 작아진다고 가정해 감가상각비를 계상하는 방법이다. 생산량비례법은 자산의 예상 조업도 혹은 예상 생산량에 근거해 감가상각비를 계상하는 방법이다.

감가상각 방법은 해당 자산에서 예상되는 미래 경제적 효익의 소멸형태에 따라 선택하고, 소멸형태가 변하지 않는 한 매기 계속 적용한다. 예를 들어 가장 많이 사용되는 정액법과 정률법을 비교해보

방법	1년 차	2년 차	3년 차	4년 차	5년 차	합계
정액법	180만 원	180만 원	180만 원	180만 원	180만 원	900만 원
정률법	369만 원	233만 원	147만 원	93만 원	58만 원	900만 원

자. 회사에서 차량을 1천만 원에 구입했다. 취득시기는 1월 1일, 차량의 내용연수는 5년이고 잔존가치는 100만 원이다(정률법의 상각률은 36.9%다).

〈도표 3-8〉에서 보듯이 정액법과 정률법은 1년 차 비용(감가상각비)에서 거의 2배가 차이가 나는 것을 알 수 있다. 이러한 상각방법은 절세 측면에서 선택의 여지가 있으므로 자산별로 구체적으로 검토해야 한다.

무형자산의 감가상각,
이렇게 해야 효과적이다

무형자산에 대한 감가상각은 유형자산과 달리 감가상각누계액 계정이 아닌 직접 자산에서 감가상각비만큼 차감해 계상한다.

무형자산의 감가상각대상금액은 그 자산의 추정 내용연수 동안 체계적인 방법에 따라 비용으로 배분한다. 무형자산의 상각기간은 독점적·배타적인 권리를 부여하고 있는 관계 법령이나 계약에 정해진 경우를 제외하고는 20년을 초과할 수 없으며, 감가상각은 자산을 사용할 수 있을 때부터 시작한다. 산업재산권(특허권·실용신안권·의장권·상표권 등), 라이선스, 저작권, 컴퓨터 소프트웨어, 개발비(제조비법·공식·모델·디자인 등의 개발), 광업권, 어업권 등의 취득원가를 기간배분하는 비용이다.

무형자산은 장기간에 걸쳐 회사의 수익창출에 기여할 것으로 예상되는 자산이다. 그렇기 때문에 유형자산과 마찬가지로 체계적이고 합리적인 방법을 이용해 내용연수에 걸쳐 취득원가를 감가상각해야 한다. 무형자산의 공정가액 및 회수가능가액이 증가하더라도 감가상각은 취득원가에 기초한다. 무형자산의 감가상각이 다른 자산의 제조와 관련된 경우에는 관련 자산의 제조원가로, 그 밖의 경우에는 판매비와 관리비로 계상한다. 예를 들어 제조공정에서 무형자산이 사용되었다면, 사용된 무형자산의 감가상각비는 재고자산의 원가를 구성한다.

무형자산의 상각은 합리적인 방법으로

무형자산을 감가상각하는 방법은 자산의 경제적 효익이 소비되는 형태를 반영해 합리적이어야 한다. 무형자산의 감가상각대상금액을 내용연수 동안 합리적으로 배분하기 위해 다양한 방법을 사용할 수 있다. 이러한 감가상각 방법에는 정액법, 체감잔액법(정률법 등), 연수합계법, 생산량비례법이 있다. 합리적인 감가상각 방법을 정할 수 없는 경우에는 정액법을 사용한다.

무형자산 중 컴퓨터 소프트웨어처럼 기술적 진부화에 영향을 받아 경제적 효익이 매우 단기로 예상되는 경우에는 경제적 실질이 가장 충실히 반영되는 내용연수 동안에만 감가상각을 한다. 무형자산의 추정 내용연수를 결정하기 위해서는 다음과 같은 요인을 종합적으로 고려해야 한다.

① 예상되는 자산의 사용방식과 자산의 효율적 관리 여부

② 해당 자산의 제품수명주기 및 유사한 자산의 추정 내용연수에 관한 정보

③ 기술적, 공학적 또는 기타 유형의 진부화

④ 산업의 안전성 및 제품시장의 수요변화

⑤ 기존 또는 잠재적인 경쟁자의 예상 전략

⑥ 예상되는 미래 경제적 효익을 획득하는 데 필요한 자산 유지 비용의 수준과 그 수준의 비용을 부담할 수 있는 능력과 의도

⑦ 자산의 통제가능기간 및 자산사용에 대한 법적 제한이나 유사한 제한

⑧ 해당 자산의 내용연수와 다른 자산의 내용연수와의 상관 여부

예외적으로 무형자산의 내용연수가 법적 또는 계약상 20년을 초과한다는 명백한 증거가 있는 경우에는 다음과 같이 처리한다.

① 자산은 최적 추정 내용연수 동안 상각한다.

② 자산의 감액손실이 발생하는지를 확인하기 위해 최소한 매 회계연도에 무형자산의 회수가능가액을 추정한다.

③ 자산의 내용연수가 법적 또는 계약상 20년을 초과한다는 명백한 증거와 내용연수를 결정하는 데 중요한 역할을 한 요인들을 공시한다.

내용연수는 경제적·법적 요인의 영향을 받는다

무형자산의 내용연수는 경제적 요인과 법적 요인의 영향을 받는다. 경제적 요인은 자산의 미래 경제적 효익이 획득되는 기간을 결정하고, 법적 요인은 기업이 그 효익에 대한 제삼자의 접근을 통제할 수 있는 기간을 제한한다. 내용연수는 이러한 요인에 따라 결정된 기간 중에 짧은 기간으로 한다.

일정 기간 동안 보장된 법적 권리를 통해 무형자산의 미래 경제적 효익에 대한 통제를 획득했을 때는 법적 권리가 갱신되고, 갱신이 실질적으로 거의 확실한 경우를 제외하고는 내용연수가 그 법적 권리의 기간을 초과할 수 없다. 기업회계기준서에서는 다음의 조건을 모두 만족할 때 법적 권리의 갱신이 실질적으로 확실한 것으로 본다.

① 무형자산의 공정가액이 최초로 설정된 만기일이 되어도 감소하지 않거나, 감소한 금액이 갱신에 필요한 비용을 초과하지 않는다.
② 과거 경험 등에 비추어 법적 권리가 갱신될 것이라는 객관적인 증거가 있다.
③ 법적 권리 갱신을 위해 필요한 조건들이 충족될 것이라는 증거가 있다.

참고로 법인세법상에서 무형자산의 내용연수는 〈도표 3-9〉와

도표 3-9 ▼ 법인세법상 무형자산의 내용연수표

내용연수	무형자산
5년	실용신안권, 상표권, 영업권 등
7년	특허권
10년	어업권, 전기가스공급시설이용권 등
20년	광업권, 전신전화전용시설이용권 등
50년	댐사용권

같이 네 가지로 구분해 법정내용연수를 규정하고 있다. 당연히 기업회계기준상의 내용연수와 차이가 나는 경우가 발생할 수 있으며 이는 세무회계상에서 비용에 대한 조정이 필요하게 된다.

무형자산의 잔존가액은 영(零, 0)으로 하는 것이 원칙이다. 다만 경제적 내용연수보다 짧은 상각기간을 정한 경우에 상각기간이 종료될 때 제삼자가 자산을 구입하는 약정이 있거나, 그 자산에 대한 거래시장이 존재해 상각기간이 종료되는 시점에 자산의 잔존가액이 거래시장에서 결정될 가능성이 매우 크다면 잔존가액을 인식할 수 있다.

무형자산의 잔존가액은 유사한 환경에서 사용하다가 매각된 동종 무형자산의 매각가격을 이용해 추정할 수 있다. 잔존가액을 결정한 후에는 가격이나 가치의 변동에 따라 증가시키지 않는다.

무형자산 중 법률에 의해 권리가 주어지는 것, 즉 어업권·특허권·실용신안권·디자인권 또는 상표권에 대해서는 그 존속기간이 법률로 정해져 있다. 그러므로 당해 무형자산을 사용수익에 제공한 때부터가 아니라, 그 취득일부터 사업용으로 제공했다고 봐 상각한다.

무형자산의 감가상각이 다른 자산의 제조와 관련된 경우에는 관련 제조원가로 기재하고, 그 외의 경우에는 손익계산서에서 판매비 및 관리비항목의 무형자산상각비로 기재한다.

 직접법에 따른 무형자산의 상각

무형자산은 그 상각액을 당해 자산에서 직접 차감한 잔액으로 기재한다.

1. 특허권을 1억 원에 취득할 때

(차변) 무형자산   100,000,000   (대변) 현금   100,000,000
     (특허권)

2. 무형자산 상각(10년 내용연수, 잔존가액 1천만 원 가정)

(차변) 무형자산상각비 9,000,000   (대변) 무형자산   9,000,000
     (판매관리비 또는 제조원가)

3. 차기에 무형자산을 다시 1억 원에 처분할 때

(차변) 현금   100,000,000   (대변) 무형자산   91,000,000
                              무형자산처분이익 9,000,000
                                  (영업외수익)

재고자산은 중점을 두고
관리해야 한다

재고자산의 매입원가는 매입금액에 취득과정에서 정상적으로 발생한 부대비용을 가
산한 금액으로, 회계감사, 세무조사에서 매우 중요한 체크 사항이다.

재고자산(inventory)은 기업이 정상적인 영업활동 과정에서 판매를
목적으로 보유하고 있는 자산(상품, 제품 등), 판매를 위해 현재 생산
중인 자산(재공품), 판매할 자산을 생산하는 데 사용되거나 소모될
자산(원재료, 저장품 등)을 말한다. 다시 말하면 정상적인 영업순환 과
정에서 판매를 목적으로 보유하거나, 판매할 제품의 생산 또는 서비
스 제공과정에 사용하거나 소비할 자산을 총칭한 것이다.

재고자산은 회계적인 측면이나 기업경영의 측면에서 중요하다.
왜냐하면 재고자산은 기업의 기본적인 자원으로 현금화할 수 있는
금액을 알 수 있고, 기업 영업활동의 주요대상이며 이윤창출의 원천

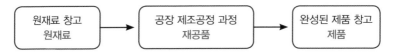

이기 때문이다. 또한 재고자산 평가방법에 따라 장부가액과 이익규모가 달라질 수 있고, 적정 재고규모의 결정에 따라 기업의 생산계획이나 자금조달 계획이 수립되기 때문이다.

재고자산으로 분류되기 위해서는 정상적인 영업활동 과정과 관련이 있어야 하며, 동일한 자산이라 하더라도 소유하고 있는 회사의 정상적인 영업활동의 내용에 따라 달리 분류한다. 예를 들면 부동산 매매업인 경우 판매 목적으로 보유하고 있는 토지는 재고자산(상품)이지만, 일반제조업인 경우 판매 목적 이외의 사유로 보유하고 있는 토지는 유형자산(토지) 또는 투자자산(투자부동산)으로 분류된다.

재고자산의 구분과 업종별 예시

재고자산에는 외부에서 매입해 보유하는 상품·미착상품·적송품 및 기타 자산을 포함한다. 또한 재고자산은 판매 목적으로 제조한 제품과 반제품 및 생산 중인 재공품을 포함하며, 생산과정이나 서비스를 제공하는 데 투입된 원재료와 부분품, 소모품, 소모공구기구, 비품 및 수선용 부분품 등의 저장품을 포함한다.

재고자산은 취득원가를 재무상태표가액으로 한다. 다만 시가가

도표 3-11 ▼ **재고자산의 구분 및 업종별 예시**

구분	제조업·도소매업	건설업
정상 영업과정에서 판매 목적으로 보유 중인 자산	제품, 상품, 시송품, 미착상품, 적송품, 부산물	완성주택, 완성공사
정상 영업과정에서 판매 목적으로 생산 중인 자산	재공품, 반제품	미성공사, 미완성주택
생산이나 용역제공에 사용될 자산	원재료, 소모품	원자재, 가설재, 저장품

취득원가보다 낮은 경우에는 시가를 재무상태표가액으로 한다(저가법, 저가주의). 즉 재고자산은 살 때보다 가격이 오른다고 시가로 평가하지는 않지만, 가격이 하락하면 떨어진 가격으로 평가해야 한다. 왜 그럴까? 만약 재고자산의 가격이 오른다고 시가를 반영한다면, 기업의 가치는 재고자산을 매입하는 것만으로 올라갈 수 있다. 이는 판매할 목적의 자산을 보유하는 것만으로도 기업가치가 오를 수 있다는 것이니 말이 되지 않는다. 참고로 회계감사에서 재고자산에 대해 가장 중요하게 체크하는 부분은 바로 가치의 하락 반영 여부와, 장부상 재고금액과 실제 재고금액의 일치 여부다.

취득원가는 매입원가 또는 제조원가를 말한다. 재고자산의 매입원가는 매입가액에 매입운임, 하역료 및 보험료 등 취득과정에서 정상적으로 발생한 부대비용을 가산한 금액이다. 매입과 관련된 할인, 에누리 및 기타 유사한 항목은 매입원가에서 차감한다. 성격이 상이한 재고자산을 일괄해 구입한 경우에는 총매입원가를 각 재고자산의 공정가액 비율에 따라 배분해 개별 재고자산의 매입원가를 결정한다.

제품·반제품 및 재공품 등 재고자산의 제조원가는 재무상태표일까지 제조과정에서 발생한 직접재료비·직접노무비·제조와 관련된 변동 및 고정제조간접비의 체계적인 배부액을 포함한다. 여기서 고정제조간접비는 생산설비의 정상조업도에 기초해 제품에 배부하며, 실제 생산수준이 정상조업도와 유사한 경우에는 실제조업도를 사용할 수 있다.

단위당 고정제조간접비 배부액은 비정상적으로 낮은 조업도나 유휴설비로 인해 증가해서는 안 된다. 하지만 실제조업도가 정상조업도보다 높은 경우에는 실제조업도에 기초해 고정제조간접비를 배부함으로써 재고자산이 실제원가를 반영하도록 한다. 변동제조간접비는 실제생산량에 기초한 합리적인 배부기준에 따라 각 생산단위에 배부한다.

단일 생산공정을 통해 여러 가지 제품을 생산하거나 주산물과 부산물을 동시에 생산하는 경우에 발생한 공통원가는 각 제품을 분리해 식별할 수 있는 시점이나 완성한 시점에서 개별 제품의 상대적인 판매가치를 기준으로 해 배부한다.

다만 경우에 따라 생산량을 기준으로 적용하는 것이 더 합리적이라고 판단될 때는 그 방법을 적용할 수 있다. 중요하지 않은 부산물은 순실현가능가치를 측정해 동 금액을 주요제품의 원가에서 차감해 처리할 수 있다.

재고자산의 평가방법에 대해 알아보자

슈퍼마켓처럼 많은 상품을 거래하는 곳에서는 각 상품의 종류와 가격이 다르기 때문에 일정 시점에서 재고자산의 금액을 일정한 기준과 방법으로 파악한다.

판매업에서 매출원가는 기초상품재고액과 당기상품매입액을 합한 금액에서 기말상품재고액을 차감하는 형식으로 기재하기 때문에 재고자산의 가액은 매출원가에 영향을 주어 결과적으로 당기순이익에 영향을 미친다. 즉 재고자산의 과대계상은 상대적으로 동액만큼의 매출원가를 감소시켜 당기순이익이 증가하고, 반대로 재고자산의 과소계상은 상대적으로 동액만큼의 매출원가를 증가시켜 당기순이익이 감소한다. 따라서 재고자산의 가액이 얼마인지에 따라 회계상의 당기순이익과 세법상의 과세소득에 막대한 영향을 미친다. 이처럼 재고자산의 금액은 매우 중요한 것이다. 그런데 재고자산의 판매는 대량으로 반복적으로 이뤄지기 때문에, 일일이 재고자산을 평가하고 그 원가를 따져서 매출원가를 기록한다는 것은 불가능하다. 따라서 일정한 방법으로 일정 시점의 기말재고자산을 평가해 역으로 팔려나간 재고자산의 원가를 계산한다.

재고자산의 금액은 재고자산의 '수량×단가'로 산출하기 때문에 재고자산의 가액을 결정하는 요소는 수량과 단가다. 재고자산의 수량은 계속기록법과 실지재고조사법으로 계산하고, 재고자산의 단가는 개별법, 선입선출법, 후입선출법, 이동평균법, 총평균법으로 계산한다.

도표 3-12 ▼ 매출원가 도출과정

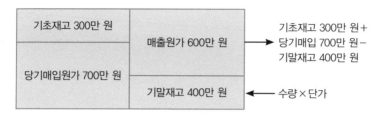

도표 3-13 ▼ 기말재고자산 평가

	기말재고 수량	구입단가
산정방법	계속기록법, 실지재고조사법(실사법)	개별법, 선입선출법, 후입선출법, 이동평균법, 총평균법

- 기말재고자산＝기말재고 수량×구입단가
- 계속기록법: 기초재고 수량＋당기매입 수량－당기판매 수량＝장부상 기말재고 수량
- 실지재고조사법: 기초재고 수량＋당기매입 수량－실제 기말재고 수량＝단기판매 수량

기말재고 수량을 파악하는 방법

상품의 기말재고 수량이나 기중에 판매된 수량을 파악하는 방법은 크게 두 가지로 나눌 수 있다. 첫 번째는 장부의 기록을 이용해 파악하는 방법으로, 상품의 매입 또는 매출이 있을 때마다 그 종류별 내역(수량·단가·금액)을 장부에 기록함으로써, 장부상에서 당기의 매출 수량과 기말재고 수량을 결정한다. 이 방법을 계속기록법 또는 장부기록법이라고 한다. 상품재고장을 계속기록법을 사용해 정확히 작성하면 상품의 기초재고 수량을 알 수 있고, 입고란을 합계해 당기

매입 수량을 알 수 있다. 또한 출고란을 합계해 기중매출 수량을 파악할 수 있다. 따라서 기초재고 수량과 당기매입 수량을 합계한 수치에서 기중매출 수량을 차감하면 기말재고 수량이 계산된다.

이 방법은 항상 재고자산과 매출원가 계정의 잔액을 알 수 있기 때문에 재고자산을 계속 통제·관리할 수 있다는 장점이 있다. 하지만 도난, 분실, 증발, 감손 등으로 인한 감소량이 기말의 재고 수량에 포함되어 이익이 과대계상 된다는 단점이 있기 때문에 이를 보완하기 위해서는 실지재고조사법을 병용해야 한다.

기말재고 수량을 구하는 두 번째 방법은 실제재고를 조사해 파악하는 방법이다. 상품의 매입이 있을 때마다 종류별로 그 내역을 상품재고장에 기록하지만, 상품의 매출에 대해서는 별도로 기록하지 않는다. 회계 기말에 직접 재고를 조사해서 기말재고 수량을 파악하기 때문에 이를 재고조사법 또는 실사법이라고 한다.

이 방법은 먼저 회계 기말에 기말재고 수량을 실제 조사해 파악하고, 이를 기초재고 수량과 당기매입 수량의 합계에서 차감해 기중의 매출 수량을 구한다. 재고자산의 종류·규격·수량이 많을 경우에는 입고·출고 시마다 이를 기록하는 번잡함을 피할 수 있다는 장점이 있으나, 도난·분실·증발·감손 등으로 인한 감소량이 당기 출고량에 포함되어 재고가 부족한 원인을 판명할 수 없어 통제·관리를 할 수 없다는 단점이 있다. 또한 기말에 정기적으로 재고실사를 하려면 많은 비용과 시간이 소비될 뿐만 아니라 재고실사를 하는 기간 중기업의 정상적인 영업활동에 지장을 줄 수 있다.

이같이 기말재고액을 실사에만 의존해 평가하는 경우에는 보관

중의 감모손실을 파악할 수 없는 등 여러 단점이 있으므로, 계속기록법과 병행해 사용하며 실제 실무에서도 병행법으로 재고자산의 수량을 파악한다.

기말재고 단가를 파악하는 방법

기말재고 수량을 계산 후 상품의 기말재고액을 산정하기 위해서는 상품의 단위당 원가(단가)를 파악해야 한다. 상품을 항상 같은 원가로 구입한다면 재고상품의 단가를 구하기 어렵지 않다. 하지만 일반적으로 같은 상품이어도 구입하는 시점에 따라 단가가 다르다. 따라서 기말재고상품의 단가가 얼마인지 파악해야 하는 문제가 생긴다.

예를 들어 어떤 주유소에서 한 달 동안 3차례에 걸쳐 휘발유를 매입했다고 가정해보자. 첫 번째에는 1천 리터를 리터당 600원으로 총 60만 원에 매입했고, 두 번째에는 1,500리터를 리터당 620원으로 총 93만 원에 매입했다. 마지막으로 2천 리터를 리터당 630원으로 총 126만 원에 매입했다고 하자. 같은 기간 동안 주유소가 이 휘발유 중 2,500리터를 판매하고 나머지 2천 리터를 기말재고로 저장탱크에 보유하고 있다면, 월중 판매한 2,500리터와 월말재고로 남아 있는 2천 리터 휘발유의 리터당 단위원가는 각각 얼마인가?

이 경우는 단위원가가 서로 다른 휘발유를 혼합해 판매했기에 기말재고 휘발유의 단위원가를 별도로 파악하는 것은 사실상 불가능하다. 이러한 상황은 입고와 출고가 빈번한 모든 종류의 재고자산에 발생한다. 결국 재고자산의 단위원가를 결정하려면 먼저 재고자산이 어떤 흐름에 따라 들어오고 나가는지를 가정해야 한다.

단위원가는 재고자산의 흐름에 달려 있다

재고자산의 흐름을 어떻게 가정하느냐에 따라 상품의 단위원가를 결정하는 방법이 달라진다. 출고단가를 결정하는 방법에는 선입선출법, 후입선출법, 이동평균법, 총평균법을 많이 쓴다.

선입선출법(first-in first-out method)이란 계산상 먼저 매입한 재고자산을 먼저 출고한다는 가정으로 출고단가를 정하는 방법이다.

도표 3-14 ▼ 원가흐름의 가정

구분		가정	기말재고
선입선출법		먼저 구입한 상품을 먼저 판매	나중에 구입한 상품
후입선출법		나중에 구입한 상품을 먼저 판매	먼저 구입한 상품
개별법		상품을 판매할 때마다 해당 상품의 구입가격을 원가로 적용	미판매된 상품
가중평균법	총평균법	구입 시기 구분 없이 상품을 골고루 판매	연간 총 구입한 상품의 평균
	이동평균법	판매할 때마다 그때까지 구입한 상품을 골고루 판매	미판매상품과 새로 구입한 상품의 평균

그러므로 이 방법에서는 출고재고자산에 대해 과거의 입고단가가 적용되는 반면에, 기말재고자산은 최근의 입고단가로 평가한다.

후입선출법(last-in first-out method)은 최근에 매입한 재고자산을 먼저 출고한다는 가정으로 출고단가를 정하는 방법이다. 그러므로 이 방법에서는 출고재고자산에 대해 최근의 입고단가가 적용되는 반면에, 기말재고자산은 과거의 입고단가로 평가한다.

이동평균법(moving average method)이란 단가가 다른 재고자산을 구입할 때마다 잔액란의 금액과 매입금액의 합계액을 잔액란의

 선입선출법, 후입선출법, 이동평균법, 총평균법 사례

다음은 상품의 매입·매출에 대한 기록이다. 선입선출법, 후입선출법, 이동평균법, 총평균법에 따라 3일에 판매된 상품의 매입단가와 4일에 남은 재고상품 2개의 매입단가를 계산해보자.

1일: 매입 1개, 매입단가 100원   2일: 매입 1개, 매입단가 140원
3일: 매출 1개, 판매단가 200원   4일: 매입 1개, 매입단가 150원

[선입선출법] 매출상품 단가: 100원
　　　　　　　　기말재고상품 단가: (140+150)÷2＝145원
[후입선출법] 매출상품 단가: 140원
　　　　　　　　기말재고상품 단가: (100+150)÷2＝125원
[이동평균법] 매출상품 단가: (100+140)÷2＝120원
　　　　　　　　기말재고상품 단가: (120+150)÷2＝135원
[총평균법]　 총매입원가: (100+140+150)÷3＝130원
　　　　　　　　매출상품 단가: 130원
　　　　　　　　기말재고상품 단가: 130원

수량과 매입 수량의 합계 수량으로 나누어 평균단가를 구해 그 금액을 출고단가로 하는 방법이다. 즉 재고자산이 입고될 때마다 재고자산의 가중평균단가를 수정해나가는 방법이다.

총평균법(gross average method)은 재고자산을 출고할 때는 단지 수량만을 기입해두고, 기말에 기간 중 총입고액을 총입고 수량으로 나누어 총가중평균단가를 구해 그것을 그 기간 중의 출고단가로 적용하는 방법이다.

재고자산의 평가와 저가법

재고자산의 품질이나 가격은 시간이 지날수록 변한다. 예를 들어 스타벅스 같은 기업이 해외에서 원두를 수입했다면, 일정 시간이 지남에 따라 보관하던 원두의 가치가 일부 하락할 것이다. 이 부분은 보수주의에 의한 가치 변동을 반영해야 한다.

앞에서 설명하였듯이 재고자산의 평가와 관련해 기업회계기준에서는 시가가 취득원가보다 하락한 경우 시가를 재무상태표 가액으로 한다. 여기서 시가란 순현실가능가치를 말하며 추정 판매가치에서 판매 시까지 정상적으로 발생하는 추정비용(판매비용 등)을 차감한 가액으로 한다. 그리고 재고자산을 저가 기준으로 평가하면 발생하는 평가손실은 매출원가에 가산하고 재고자산평가충당금을 해당 재고자산에서 차감하는 형식으로 표시한다.

저가법이란 무엇인가?

1. **WHY**: 재고자산은 가치의 하락만 반영하며, 가치가 오르는 경우에는 그대로 둔다. 왜 그럴까? 재고자산은 가치가 오른다고 재평가를 해 오른 가치를 반영하게 되면 기업 입장에서 원재료를 사서 제품으로 만들어 놓는 순간 가치가 올라가서 판매도 되지 않은 상태에서 기업가치가 올라가는 이상한 상황이 되기 때문이다.

연말에 원두의 가치가 오를 거 같다고 스타벅스에서 원두를 100억 원어치 사왔다. 그런데 기말에 재고자산을 평가해보니 150억 원이 되었다고 하자. 그럼 순식간에 팔리지도 않은 원두 때문에 기업가치에 50억 원의 평가이익이 발생한 것이다. 이는 기업가치를 왜곡할 수 있기에 이러한 평가를 하지 않는다.

2. **HOW**: 저가법은 재고자산 평가손실을 인식해 매출원가로 인식한다.
   ① 저가법 인식

매출원가	×××	재고자산평가충당금	×××

   ② 재고자산 판매 시

현금	×××	매출	×××
재고자산평가충당금	×××	재고자산	×××
매출원가	×××		

부동산을 인식하는 방법과
그 기준을 알아보자

부동산이란 토지와 건물 및 수목과 같이 그 토지에 정착되어 있으며, 또한 계속적으로
정착된 상태에서 사용되는 자산을 의미한다.

기업이 소유하고 있는 부동산 중 본래의 영업활동을 위해 사용하는
것이 아니라, 타인이 사용하는 부동산 또는 투자를 목적으로 취득한
부동산을 처리하는 계정을 알아보자. 기업이 소유한 부동산 중 사업
용으로 사용하는 부동산은 유형자산이고, 임대 목적으로 소유하는
부동산이나 가격 상승을 예상하고 투자 목적으로 소유하고 있는 부
동산은 투자부동산에 속한다. 즉 영업 목적으로 사용하는 유형자산
이외의 부동산(비업무용 부동산)은 모두 투자부동산에 해당한다.

그런데 어떤 부동산이 투자 목적이고 비영업용인지 실무상 구분
하기가 어려워 통상 법인세법의 규정을 따르고 있다. 예를 들면 장

래 사업확장을 위해 보유하는 부동산이나 유휴설비로 곧 폐기될 부동산 또는 채권확보로 취득한 부동산 등은 투자부동산의 범주에 포함한다.

사용 목적과 이용가치에 따라 다르다

부동산은 토지와 건물 및 수목과 같이 그 토지에 정착되어 있으며, 계속적으로 정착된 상태에서 사용되는 자산을 의미한다. 기업 소유의 부동산으로 직접 사용하는 것을 목적으로 한 것, 또는 자기의 영업(부동산임대업 등)과 직접 연관된 목적으로 타인이 사용토록 하는 부동산은 사업 목적 이용가치로 인한 유형자산으로 취급한다.

투자부동산 중 건물과 같이 경제가치가 감소하는 것은 회계상 원가배분의 대상이 된다. 즉 자산의 원가(지출액)가 발생주의의 원칙에 따라 비용으로 인식되어 원가배분의 원칙(감가상각 계산 절차)에 따라 측정되고, 수익비용 대응의 원칙에 따라 기간비용으로 계상된다. 이 경우 수입은 영업외수익, 비용(감가상각비 포함)은 영업외비용으로 처리한다.

예를 들어 임대 목적으로 건물 1동을 1억 원에 취득하고, 그 즉시 C회사에 임대해 1개월분 임대료 500만 원을 받았다. 이때 분개에 대해 검토해보면 차변에 투자부동산 1억 원과 대변에 현금 및 현금성자산 1억 원, 차변에 현금 및 현금성자산 500만 원과 대변에 임대료 500만 원이 계상되게 된다. 결산을 맞이해 상기의 건물에 대해 감가상각비 150만 원을 계상했다면, 차변에 감가상각비 150만 원과 대변에 감가상각누계액 150만 원이 나타난다.

(차변) 건물	100,000,000	(대변) 현금	100,000,000
현금	5,000,000	임대수익	5,000,000
(차변) 감가상각비	1,500,000	(대변) 감가상각누계액	1,500,000

동일한 자산의 일부는 영업용으로 사용하고, 다른 일부는 타인에게 임대하고 있는 경우에는 적정하게 구분해 계상함으로써 당해 자산의 용도에 따라 유형자산과 투자자산으로 구별해야 한다. 하지만 만일 영업용으로 사용하는 부분이 매우 근소한 경우에는 그 전부를 투자자산으로 처리해도 무방하다.

여기에서 말하는 투자부동산에는 자사의 종업원 사택으로 사용하고 그 소요경비를 부담시키기 위해 임대료를 징수하는 것 등이 포함되지 않는다. 전형적인 투자부동산은 임대료 수익을 올리는 것을 목적으로 소유하는 건물이나 또는 장래의 가격 상승을 예상한 투기적인 소유토지 등을 말한다.

차량운반구 자산을
회계처리 해보자

차량운반구는 유형자산의 일종이며 철도차량·자동차·기타의 육상운반구를 총칭한다.
즉 기업이 경영 목적으로 사용하기 위해 소유하고 있는 운반구다.

차량운반구는 기업의 경영활동에 필요한 자산규모를 표시하기 위해 유형자산에 포함하며, 철도차량·자동차·기타의 육상운반구를 총칭한다. 즉 기업이 경영 목적으로 사용하기 위해 소유하고 있는 운반구로, 사람 또는 물건을 육상에서 견인·운반하는 기구를 처리하는 계정이다. 차량운반구에는 철도용·궤도용차, 특수자동차(탱크차·트럭 등), 운송사업용 차량, 자동차 운전면허학원의 교습용 차량, 일반용의 자동차·2륜차·3륜차 등이 해당된다.

경영 목적을 위해 사용되고 있는 것은 구체적으로 자기사업에 사용 중인 차량운반구, 자기사업에 사용할 차량운반구, 자기사업의 경영활동과 관련해 타인이 사용하는 것을 목적으로 하는 차량운반구 등이 있다. 자기영업의 경영활동과 관련이 없는 타인이 사용 중인 차량운반구는 투자자산으로 구별해야 한다.

차량운반구의 회계상 특징과 회계처리 방법

차량운반구의 회계상 특징은 다음과 같이 두 가지로 정리된다. 첫째, 경영을 위해 장기로 사용하는 것을 목적으로 한 자산, 즉 사용목적자산이다. 둘째, 본래의 경영 목적을 위해 투하된 자금운용형태인 비화폐성자산이며, 사용함으로써 비용으로 전환되는 비용성 자산이기 때문에 원가배분의 원칙이 적용된다. 그 원가배분은 감가상각에 따라 실시한다. 따라서 차량운반구의 구체적인 자기 경영 목적을 위한 장기사용 목적에 대한 이용가치로서 인식되며, 그 지출액에 의해 측정되고 사용정도와 시간의 경과(사용할 수 있는 기간)에 따라 원가배분(감가상각) 하는 것이 일반적이다.

회계처리 방법에 대해 구체적으로 알아보면 취득가액은 각 취득형태에 따라 그 취득원가가 결정된다. 차량운반구의 취득원가에는 차량운반구의 구입대금과 그 구입에 소요된 일체의 부대비용이 포함된다. 차량운반구를 할부로 매입한 경우 당해 할부기간분의 이자 및 대금회수비용 등의 금액이 계약상 명백하게 구별되고 있을 때는 이 할부기간분의 이자를 취득원가에서 제외한다.

차량운반구 계정의 대변에 감가상각을 직접법으로 기재할 때는 매기의 감가상각비가 기입되지만, 감가상각을 간접법으로 기장할 때는 매각처분 또는 폐기 시까지는 아무런 기입도 하지 않는다. 또한 차량운반구를 증여 및 기타 무상으로 받은 경우나 주식의 발행으로 취득한 경우, 취득가액은 건물계정에 준해 취급된다.

차량운반구를 타인에게 무상으로 제공받았을 때, 취득원가는 당해 자산을 받은 날에 그것을 타인에게 구입하는 경우에 소요될 정상가액(시가)을 따른다. 또한 차량운반구의 취득에서 그 시가에 비추어 현저하게 고가로 매입해 기부했다고 인정되는 경우, 기부에 해당하는 금액은 그 차량운반구의 취득원가가 될 수 없다.

시가 5천만 원의 차량운반구를 7천만 원에 매입해 차익 2천만 원을 기부했다고 인정된다면, 차변에 차량운반구 5천만 원과 기부금 2천만 원이, 대변에 현금 및 현금성자산 7천만 원이 계상된다.

(차변) 차량운반구	50,000,000	(대변) 현금 70,000,000
기부금	20,000,000	

반대로 정상가액보다 저렴하게 매입한 경우에도 세법상의 정상가액을 그 취득원가로 본다. 정상가액 9천만 원의 차량운반구를 5천만 원에 취득했다면, 차변에 차량운반구 9천만 원이, 대변에 현금 및 현금성자산 5천만 원과 자산수증이익 4천만 원이 계상된다.

(차변) 차량운반구	90,000,000	(대변) 현금 50,000,000
		자산수증이익 40,000,000

임직원에게 빌려준 자산,
이렇게 처리하자

세법상 임원에게 빌려준 자산에 대해 통상적으로 취득할 이자율에 따른 이자와 실제
징수한 이자와 차이가 있는 경우, 그 차액을 보수 또는 상여로 취급한다.

가지급금이란 기업내부자인 임원 또는 종업원에 대한 대여금 중 1년
이내에 변제기한이 도래되는 것을 처리하는 계정이다. 실질적으로
가지급금 계정은 회사의 자금이 지출되었으나 결산일까지 지출내
역이 확정되지 않은 금액을 임시로 처리하는 계정이다. 즉 임시계
정이다.

　임원·종업원 단기대여금은 영리를 목적으로 하는 일반 대여금과
다르며, 기업내부자의 개인적인 소비생활자금의 성질이 있다. 즉 영
리를 목적으로 한 내부투자 또는 외부투자로 이루어진 기업 본래의
경영활동에 대한 자금운용형태와는 그 성질이 다르다. 따라서 기업

의 경영내용을 판단할 때는 이를 일반의 대여금과 명확하게 구별하지 않으면 안 된다. 임원·종업원 단기대여금의 회계론적 성질은 본래 영업 목적을 위한 자금순환 밖에 존재하는 형태지만, 종업원에 대한 복지의 성격을 띠고 있으며, 또 단기간 내에 회수되는 화폐적 자산에 속한다.

단기대여금에 준한다

회계처리 방법에 대해 검토해보면 임원·종업원 단기대여금 계정의 회계처리는 단기대여금에 준한다. 다만 주의할 것은 세법상 임원 등에 대한 대여금(장기를 포함)의 통상적으로 취득할 이자율에 따른 이자액과 실제 징수한 이자액과 차이가 있는 경우에는 원칙적으로 그 차액을 경제적인 이익의 공여로 해 보수 또는 상여로 취급한다.

기업이 금전을 출자자 등에게 무상 또는 저금리로 대여한 경우에 통상의 이자수익액에 미달하는 금액은 부당행위계산부인의 적용 대상이 되는 것이며, 이때 통상의 이자수익은 금전을 대여한 기간의 적수를 계산해 그에 따라 계산한다. 하지만 이 경우에 동일인이 기업에서 금전을 무상 또는 저금리로 사용하고 있으면서 반대로 그 기업에 대해 금전을 무상 또는 저금리로 사용하게 하고 있는 때, 즉 동일인에 대해 대여금과 차입금이 동시에 있다면, 두 가지의 적수를 각각 계산해 대여금의 적수가 많으면 그 많은 부분에 대한 이자상당액을 익금에 가산하고, 그 사람에 대한 상여 등으로 취급한다. 적수에 적용할 이율은 다음에 따른다.

첫째로 금융기관 이외에서 차입한 것이 있는 경우에는 당해 이율, 둘째로 금융기관에서 차입한 경우에는 금융기관의 당좌대월이자율이다. 하지만 금융기관에서 차입한 금액이 연체되어 연체이자를 지급하는 경우에는 그 범위 내의 연체대부이자율, 마지막으로 금융기관과 기타의 차입금이 각각 있는 경우에는 높은 이자율의 차입금에 대한 적수에 해당하는 부분부터 차례로 적용해 계산한다.

바꾸어 말하면 대여금에 대한 총적수 중 기업이 차입한 차입금의 종류에 따라 금융기관 이외에서 차입한 차입금에 대한 이자가 있는 경우에는, 그 이자에 상당하는 금액에 대한 대여금의 적수를 기업이 지급한 고율의 사채이자율에 따라 계상한다. 나머지 대여금의 적수는 금융기관의 당좌대월이자율에 따라 계산한다.

예를 들어 A회사는 종업원 갑에게 현금 100만 원을 대여하고, 익월 급료에서 공제하기로 했다고 하자. 그러면 차변에는 임원·종업원 단기대여금 100만 원이, 대변에는 현금 및 현금성자산 100만 원이 계상된다.

(차변) 대여금   1,000,000   (대변) 현금   1,000,000

A회사는 종업원 갑에게 급료 200만 원을 지급할 때 상기의 단기채권 100만 원과 그 이자 2만 원 및 갑종근로소득세 1만 원을 공제한 잔액을 현금으로 지급했다면, 차변에 급여 200만 원과 대변에 임원·종업원 단기대여금 100만 원과 이자수익 2만 원, 소득세예수금

1만 원, 그리고 현금 97만 원이 계상된다.

(차변) 급여	2,000,000	(대변) 대여금	1,000,000
		이자수익	20,000
		소득세예수금	10,000
		현금	970,000

산업재산권과 영업권에는
무엇이 있는가?

특허권의 평가는 일반 고정자산과 마찬가지로 취득원가를 기준으로 한다. 특허권의 원가는 타인에게 유상으로 양수했을 때 그 매수가격과 취득에 소요된 제비용을 포함한다.

산업재산권(industrial property)은 기술 발전을 장려하고 촉진하기 위해, 기술적 방법이나 작업 등에 대해 일정 기간 법적으로 부여받은 독점적·배타적 사용권을 말한다. 산업재산권에는 특허권, 실용신안권, 디자인권, 상표권, 상호권 등이 있다.

　이러한 권리들은 특허청에서 등록·관리하게 된다. 관련 법률로는 특허법, 실용신안법, 디자인법, 상표법 등이 있으며, 이러한 산업재산권은 등록을 한 나라에 한해 권리가 보호된다. 권리에 대한 구체적인 사항은 특허청 홈페이지(www.kipo.go.kr)를 방문하면 자세히 나와 있다.

특허권이란?

특허권(patent right)은 정부가 특수한 기술적인 발명이나 사실에 대해, 그 발명인과 소유자를 보호하려는 취지에서 일정한 기간 동안 그 발명품의 제조와 판매에 관해 부여하는 특권이다. 이것은 하나의 독점권이라 할 수 있는데, 이 특권은 등록으로 그 효력이 발생한다. 특허권자는 이 권리를 제삼자에게 양도하고 보상을 받을 수도 있다. 또한 이는 일반적인 독점권이므로 이에 따른 초과수익력이 발생한다. 회계적으로 보면 특허권을 장부상에 얼마로 계상하는지가 중요한 논점이다.

특허권의 평가는 일반 고정자산과 마찬가지로 취득원가를 기준으로 해야 한다. 특허권의 원가는 타인에게 유상으로 양수했을 때 그 매수가격과 취득에 소요된 제비용을 포함한 것이어야 한다. 또 원시취득, 즉 자신의 창의적 발명으로 취득했을 때는 이에 소요된 시험연구비가 이들 특허권 자산의 대가로 계상된다. 다만 이들 비용이 이미 경비로 처리된 다음의 연도에 특허권을 얻게 되었을 때는 특허권 자산으로 계상하지 않는다.

특허권은 창작된 기술적 사상만을 대상으로 하며, 그 결과물에 대한 공간적 표현이 필요하지 않다. 따라서 공간적 표현이 필요한 실용신안권과는 다르다.

특허권의 회계상 성질은 본래의 경영 목적을 위해 투하된 현금흐름형태인 비화폐성자산이며, 그 수익효과의 존속기간이 결정되어 있으므로 비용성 자산으로 원가배분의 원칙이 적용된다. 법률의 보

154

도표 3-15 ▼ **산업재산권의 종류와 내용**

종류	내용
특허권	특정한 발명을 특허법에 따라 등록해 일정 기간 독점적·배타적으로 사용할 수 있는 권리
실용신안권	특정한 고안(물품의 모양, 구조 개선 등)을 실용신안법에 따라 등록해 보호받는 권리
디자인권	특정한 디자인을 디자인보호법에 따라 등록해 보호받는 권리
상표권	특정한 상표를 상표법에 따라 등록해 보호받는 권리
상호권	특정한 상호를 등기함으로써 보호받는 권리

호를 받으며, 경영활동을 유리하게 전개함으로써 수익에 공헌하는 배타적 권리가 그 구체적인 자산성으로 인식된다. 또 경제가치의 존속기간에 따라 원가배분(상각)을 실시한다.

특허권의 회계처리 방법은 취득유형에 따라 취득원가를 다음과 같이 구별할 수 있다. 법인이 자신이 실시한 시험연구로 인해 취득한 때는 출원료·등록비용 등의 부대비용으로, 타인에게 특허권을 매수한 경우에는 매수를 위해 소요된 일체의 비용으로, 타인에게 출원권을 취득해 출원을 등록한 경우에는 당해 출원권의 미상각잔액과 특허권을 취득하기 위해 소요된 비용을 합친 금액으로 결정된다.

또한 증여 등 기타 무상으로 취득한 경우에는 공정한 평가액과 등록 등 부대비용의 합으로 결정된다. 특허권은 법률에 따라 보호되는 권리이므로, 원칙적으로는 그 존속기간 내(출원공고일로부터 20년)에 취득원가를 원가배분 할 필요가 있다. 하지만 기술이 급속하게 혁신되는 오늘날에는 경제적 감가원인, 즉 진부화현상이 생기므로 상각연수를 결정할 때 그 점을 충분히 고려해야 한다.

　따라서 가령 법정상의 유효기간은 20년이라 할지라도, 기업의 재무적 기초를 공고히 하기 위해서 될수록 단기간 내 감가상각할 필요가 있다. 현행 법인세법은 특허권의 내용연수를 7년으로 규정하고 있다.

영업권이란?

영업권(good will)은 미래 초과수익력의 원천이 되는 경제적 가치를 처리하는 계정이다. 기업의 초과수익력이란 우수한 인적자원, 노하우, 고도화된 판매조직 등을 바탕으로 동종업계의 평균 이상으로 이익을 창출하는 능력을 말한다.

　영업권은 기업 내외적 요인이 복합적으로 결합해서 발생하며, 매일매일의 경영활동을 통해 서서히 창출된다. 하지만 하루하루 이루어지는 경영활동에서 어떤 부분이 초과수익력의 원천이 된다고 딱 꼬집어 말하기는 어렵다. 그러므로 기업 내부에서 창출된 자가창설 영업권은 취득원가를 신뢰성 있게 측정할 수 없을 뿐만 아니라 기업이 통제하고 있는 식별 가능한 자산도 아니기 때문에 자산으로 계상하지 않는다.

　현행 기업회계기준 또는 상법에서는 유상으로 양수·합병한 영업권에 한해 자산계상을 인정하고 있다. 영업권의 회계상 성질은 본래의 경영 목적을 위해 투하된 현금흐름형태인 비화폐성자산이며, 그 수익효과의 존속기간에는 한계가 있으므로 원가배분의 원칙이 적용된다. 또한 영업권 자체가 개별적으로는 양도성이 없지만, 기업신용이 상호나 상품명칭 등에 표상되어 간접적으로 매매대상이 되는 경우가 있다.

영업권은 어디까지나 기업을 전체로 평가해 구체적인 자산의 합계액을 초과하는 금액에 따라 계산한다. 매수영업권(purchased goodwill)은 형식적으로 식별할 수 있는 순자산의 공정가액을 초과하는 지출액으로 계산하지만, 현실적인 기업의 합병과정에서는 개별 자산가액을 과대평가함으로써 구체적인 자산의 합계액과 지급액이 동일한 것처럼 표시해 영업권을 계상하지 않는 경우도 있다. 이 경우에는 영업권의 계상이 은폐될 뿐만 아니라, 그것이 현실자산으로 전환하는 과정(과대평가된 자산을 비용화해 현실자산으로 전환하는 과정)까지도 감추게 된다.

영업권은 영업의 양수·합병에서 순자산의 공정가액보다 양수대가 또는 합병에 따른 피합병회사의 주주에게 교부한 주식 및 금액(합병교부금)이 큰 경우에 발생하는 것이다. 따라서 영업권은 재무상태표의 차변 차액으로 계상되지만, 차변 차액 그 자체가 언제나 영업권으로서의 자산성을 인정받는다고 볼 수 없다.

STEP 4

부채와 자본의
개념을 알아보자

부채란 과거 사건으로 발생했고 경제적 효익을 내재한 자산이 기업에서 유출됨으로써 기대되는 현재의 의무를 의미한다. 또한 자본은 한마디로 사업의 원천이 되는 사업의 창업자금 중에서 소유주의 지분이다. 4장에서는 부채와 자본의 기초적인 개념을 파악할 수 있도록 서술했다. 처음에는 자본조정과 기타포괄손익누계액 등의 개념이 어렵게 느껴질 수도 있지만 이 부분은 가볍게 이해하고 넘어가도 좋을 듯하다.

부채를 이해하고
구분해보자

부채란 단순히 빌린 돈이 아니다. 회계학상의 다양한 거래에 따라 나타나는 것으로 여러 종류가 있다. 회계학상의 부채 개념에 대해 넓게 생각하고 알아보자.

부채(liabilities)란 과거 사건으로 발생했고 경제적 효익을 내재한 자산이 기업에서 유출됨으로써 기대되는 현재의 의무를 의미한다. 다시 말하면 재화나 용역의 차입을 전제로 부담한 금전상의 상환의무다. 일반적으로 사용되는 채무와 같은 말이다. 하지만 부채는 회계학상으로 개념구성이 채무보다 훨씬 넓어 타인자본, 소극재산, 채권자지분 등으로도 해석된다. 구체적으로 말하자면, 부채는 재무상태표의 대변에 기재되는 항목으로 자본 이외의 것이다. 회계학상으로 재무상태표에 인식되기 위해서는 현재 의무의 이행에 따라 경제적 효익이 내재된 자산 유출의 가능성이 크고, 그 유출될 자산의 가치

도표 4-1 ▼ 채무와 부채

구분	일반적인 채무	회계학상의 부채
채권자	확정된 사람이어야 한다	불특정인일 수도 있다
금액	확정된 금액이어야 한다	추정일 수도 있다
변제시기	확정되어야 한다	확정되지 않아도 된다

를 신뢰성 있게 측정할 수 있어야 한다.

부채는 기업이 상품이나 원재료를 외상으로 구매하거나 금전을 차입했을 경우, 기업이 소비한 전력이나 용수의 대가를 지불하지 않았거나 종업원에게 임금을 지불하지 않았을 경우 발생하며, 상환 또는 의무의 이행시기에 따라 크게 유동부채와 비유동부채로 나눈다. 유동부채는 통상 상환기일이 1년 이내인 것을 말하며, 비유동부채는 상환기일이 1년 이상인 것을 말한다. 유동부채에는 단기차입금, 지불어음 등이 있으며 비유동부채에는 장기차입금, 사채 등이 있다. 이 밖에도 특정인에 대한 채무와는 전혀 다른 충당금이 있다. 충당금은 장래의 특정한 지불에 대한 준비액으로 상여충당금, 퇴직충당금 등이 있는데, 회계학상으로는 하나의 부채로 보고 있다.

유동부채와 금융부채

유동부채 중에서 대표적인 것은 매입채무다. 매입채무는 일반적인 상거래에서 발생한 외상매입금을 말한다. 만약 주된 영업활동 이외의 거래에서 발생한 채무일 때는 미지급금으로 구분해 표시한다. 예를 들어 슈퍼마켓이 여러 제과업체에서 물건을 외상으로 납품받았다면 매입채무 계정으로 해당 금액을 기록해야 하고, 슈퍼마켓에서 사용하기 위해 진열대 등을 외상으로 구입했다면 미지급금 계정을 사용해야 한다.

부채에는 선수금이라는 계정도 있는데 이는 수주공사 등에서 발생하는 계정이다. 보통 건설업 등을 영위하는 경우에 나타나며, 미리 계약금 형식으로 돈을 받을 때는 선수금계정으로 기록한다. 즉 수익은 아니지만 계약이행 등을 위한 보증금 형식으로 돈을 받을 때 발생하는 계정이다.

이번에는 금융부채에 대해 알아보자. 금융부채란 부채의 정의를 충족하는 일정한 계약상의 의무로 현금 등 금융자산으로 결제되는 부채다. 대표적으로 매입채무, 미지급금, 차입금, 사채 등을 말한다. 금융부채가 아닌 항목을 비금융부채라고 하는데, 그 예로는 판매된 제품에 대한 품질보증의무 등이 있다. 앞서 3장에서 설명했던 금융상품은 어느 한쪽에게는 금융자산으로 인식되지만 동시에 다른 거래당사자에게는 금융부채로 인식되는 계약이다.

거래 상대방에게 현금을 지급하기로 한 계약상 의무는 금융부채의 가장 대표적인 형태다. 금융부채는 금융상품의 계약당사자가 되는 경우에만 재무상태표에 인식한다. 이때 최초 인식되는 때의 공정가치로 계상되는데, 금융부채와 직접 관련되는 거래원가는 당기손익인식금융부채가 아닌 경우에 최초 인식하는 공정가치에서 차감해 측정한다. 다시 설명하면 금융상품 발행과 직접 관련된 수수료, 증권거래소·금융기관 등의 부과금, 세금 등은 손익계산서상의 당기비용으로 처리하고, 당기손익인식금융부채가 아닌 경우 당해 금융부채의 발행과 직접 관련된 거래원가는 최초 인식하는 공정가치에서 차감한다.

부채는 확정부채와 충당부채로 구분하기도 한다. 확정부채는 재무상태표일 현재 부채의 존재가 확실하며 지급할 금액도 확정되어 있는 부채를 말한다. 충당부채는 재무상태표일 현재 부채의 존재가 불확실하거나 지출의 시기 또는 금액이 불확실한 부채를 말한다.

무엇을
충당부채라고 하는가?

충당부채로 인식하기 위해서는 과거 사건의 결과로 인해 현재의무가 존재해야 할 뿐만 아니라 그 의무의 이행을 위한 자원의 유출 가능성이 매우 커야 한다.

충당부채(provisions, estimated liabilities)란 과거의 사건이나 거래결과에 따른 현재의무로, 지출시기나 금액은 불확실하지만 그 의무를 이행하기 위해 자원이 유출될 가능성이 매우 크고, 또한 당해 금액을 신뢰성 있게 추정할 수 있는 부채를 말한다. 다시 말하면 기업이 지출해야 하는데 그 금액이나 시기가 불확실한 부채를 뜻한다.

가장 대표적인 충당부채로는 퇴직급여충당부채가 있다. 근로자가 한 기업에서 1년 이상 근무했다면, 해당 기업에서는 퇴직금을 지급해야 할 법적 의무가 있다. 그러므로 자산(현금)이 유출될 가능성이 매우 크고, 퇴직금은 퇴직 전 3개월 동안의 임금총액을 기준으로

도표 4-2 ▼ **충당부채의 예시**

구분	내용
퇴직급여충당부채	재무제표 기준일 현재 모든 임직원이 퇴직할 경우 지급해야 하는 퇴직금 상당액
제품보증충당부채	판매된 제품에 대한 보증의무로서 1년 이후에 상환해야 하는 충당부채. 예를 들어 제조업체 등에서 제품을 납품하고, 이에 대해 일정 기간 A/S 의무가 있는 경우다.

 퇴직급여충당부채에 대한 회계처리

1. **결산분개(보통 12월 31일 재무제표에 계상)**

   (차변) 퇴직급여   ×××   (대변) 퇴직급여충당부채 ×××

   　　　(손익계산서상의 판관비)　　　　　　　　(재무상태표상의 부채)

2. **임직원이 퇴직할 때**

   (차변) 퇴직급여충당부채 ×××   (대변) 현금   ×××

지급하므로 신뢰성 있게 측정할 수 있다.

충당부채로 인식하기 위해서는 현재의무가 존재할 뿐만 아니라, 그 의무를 이행하기 위한 자원의 유출 가능성이 매우 커야 한다. 제품의 보증판매와 같이 다수의 유사한 의무가 있는 경우, 그 의무의 이행에 필요한 자원의 유출 가능성을 판단할 때는 그 유사한 의무 전체에 대해 판단해야 한다.

비록 개별 항목의 의무이행에 필요한 자원이 유출될 가능성은 아주 크지 않더라도, 전체적인 의무이행에 대해 판단하면 자원이 유출될 가능성은 매우 클 수 있다. 또한 재무제표를 작성할 때는 추정치를 사용하게 되는데, 이런 추정치가 재무제표의 신뢰성을 훼손하지는 않는다.

대부분의 경우에는 현재의무를 이행하기 위해 필요한 금액을 신뢰성 있게 추정할 수 있으므로 충당부채로 인식한다. 그러나 금액을 신뢰성 있게 추정할 수 없는 아주 드문 경우에는 부채로 인식하지 않고 우발부채로 주석에 기재한다.

우발부채란 무엇일까?

기업이 통제할 수 없는 불확실한 미래 사건이 발생해야 부채의 존재가 확인되는 경우에는 재무제표에 부채로 인식할 수 없으며, 이를 우발부채(contingent liability)라고 한다. 다시 말해 과거 사건으로 발생했지만 기업이 통제할 수 없는 하나 이상의 불확실한 미래 사건이 발생했을 때만 존재가 확인되는 의무나, 당해 의무를 이행하기 위해 경제적 효익을 갖는 자원이 유출될 가능성이 크지 않은 경우 등을 우발부채라고 한다.

도표 4-3 ▼ 충당부채와 우발부채

구분	충당부채	우발부채
과거 사건의 결과	현재의 의무	잠재적 의무
자원의 유출 가능성	크다	크지 않다
금액의 추정	신뢰성 있는 추정 가능	신뢰성 있는 추정 불가능

계약에 따라 제삼자와 연대해 의무를 지게 되면, 이행할 의무 중 제삼자가 이행해야 할 것으로 기대되는 부분은 우발부채로 처리한다. 또한 회사가 이행해야 하는 부분은 충당부채로 인식한다. 예를 들어 A법인과 B법인이 C법인의 건설계약 이행과 관련해 연대보증을 해줬으나 C법인이 이행하지 못한 경우 A법인에서는 건설계약 이행과 관련한 지출의 50%를 충당부채로 인식하고, 50%는 우발부채로 공시한다.

이러한 우발부채는 기업 인수과정에서 매우 중요한 이슈다. 예상하기 어렵기에 M&A 또는 회계감사에서도 발견하지 못한 우발부채가 후에 나타나서 회사가 파산하는 경우를 뉴스에서 종종 볼 수 있다. 우발부채는 실무에서 변호사를 통해 해당 기업에 재판 중인 내용은 없는지 구체적 인터뷰 등으로 체크하게 된다.

회사의 자금을 조달하는 방법, 사채

사채할인발행차금은 사채의 차감계정으로 사채에서 차감하는 형식으로 계상하고, 사채할증발행차금은 사채의 부가계정으로 사채에 가산하는 형식으로 계상된다.

회사에서 자금을 조달하는 방법에는 주식을 발행하는 방법(지분투자)과 사채를 발행하는 방법이 있다. 사채란 회사가 장기간에 걸쳐 자금조달을 위해 일반적으로 외부의 일반투자자에게서 공개적으로 일정한 계약에 따라 차용하고, 그 증거로서 발행하는 유가증권이다. 사채는 발행자가 약정에 따라 일정 기간 동안 표시이자를 지급하고 만기일에 원금을 상환하기로 한 채무상품으로, 금융부채에 해당한다. 사채는 당기손익인식금융부채로 분류되는 경우가 아니라면 상각후원가로 측정한다.

　사채의 발행금액은 사채의 미래현금흐름을 발행일의 시장이자율

(단위: %)

신용등급	1년	2년	3년
AAA	1.293	1.322	1.360
AA+	1.319	1.344	1.386
AA	1.357	1.386	1.423
AA−	1.391	1.413	1.451
A+	1.459	1.486	1.638
A	1.627	1.665	1.901
A−	1.880	1.957	2.317
BBB+	3.364	4.254	4.911
BBB	4.037	5.194	5.958
BBB−	5.047	6.367	7.332

자료: 한국자산평가(주), 2020년 3월 10일 기준

로 할인한 현재가치로 결정된다. 사채 발행일의 시장이자율은 당해 사채에 대해 투자자들이 요구하는 수익률로, 무위험이자율에 위험 프리미엄을 가산해 결정한다. 무위험이자율은 경제의 전반적인 요인에 따라 결정되며, 위험프리미엄은 사채를 발행한 기업 자체의 요인에 따라 결정된다.

발행일의 시장이자율(채권수익률)=무위험이자율＋위험프리미엄

회사는 자신의 위험프리미엄을 산정하기 위해 신용평가기관에

사채의 신용등급 평가를 의뢰한다. 그래서 보통 회사가 은행에서 대출을 받기 위해서는 먼저 기술보증기금이나 신용보증기금에 재무제표를 제출해 등급을 평가받고, 그다음 평가받은 등급을 기준으로 금융기관에서 대출을 받는 것이다.

이자율이 중요하다

동일한 일자에 사채를 발행한다면 어느 회사든지 모두 동일한 무위험이자율을 부담하지만, 위험프리미엄은 회사마다 다르므로 시장이자율은 회사에 따라 다르게 결정된다. 따라서 동일한 일자에 동일한 조건으로 사채를 발행해도 당해 사채를 발행하는 회사의 사채 신용등급에 따라 발행금액이 다르다.

사채의 발행금액은 사채의 미래현금흐름에 시장이자율과 반비례 관계인 현재가치계수를 곱한 금액으로 계산한다. 현재가치계수는 이자율이 증가할수록 감소하므로, 시장이자율이 증가하면 사채의 발행금액인 현재가치는 감소하게 된다.

시장이자율은 사채의 수익률이다. 시장이자율과 표시이자율이 동일한 경우, 사채의 미래현금흐름을 시장이자율로 할인한 현재가치는 사채의 액면금액과 일치한다. 시장이자율이 표시이자율보다 높은 경우, 투자자는 사채 상환기간 동안 시장이자보다 덜 받게 되는 표시이자를 발행일에 덜 지급하려고 한다. 사채발행자는 발행일에 사채의 미래현금흐름을 시장이자율로 할인한 현재가치에 해당하

도표 4-5 ▼ 시장이자율과 사채의 발행금액

구분	이자율 간의 관계	비고
액면발행	시장이자율＝표시이자율	발행가액＝액면가액
할인발행	시장이자율＞표시이자율	발행가액＜액면가액 시장에서 표시이자율보다 높은 수익률을 요구하므로 할인해 발행
할증발행	시장이자율＜표시이자율	발행가액＞액면가액 시장에서 표시이자율보다 낮은 수익률을 요구하므로 할증해 발행

는 금액을 차감한 잔액만을 수령한다. 따라서 사채의 발행금액은 액면금액에 미달하게 되며, 이러한 경우를 할인발행이라고 한다. 이때 시장이자율과 표시이자율의 차액을 시장이자율로 할인한 현재가치는 사채할인발행차금이 된다.

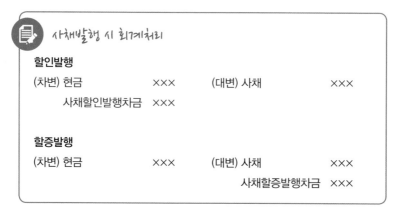

사채발행 시 회계처리

할인발행

(차변) 현금 ×××　　　(대변) 사채 ×××
　　　사채할인발행차금 ×××

할증발행

(차변) 현금 ×××　　　(대변) 사채 ×××
　　　　　　　　　　　　　사채할증발행차금 ×××

사채의 발행금액과 액면금액의 차액은 사채할인발행차금이나 사채할증발행차금의 계정과목으로 나타낸다. 사채할인발행차금은 사채의 차감계정으로 사채에서 차감하는 형식으로 계상하고, 사채할 증발행차금은 사채의 부가계정으로 사채에 가산하는 형식으로 계상한다. 이는 차후에 이자를 지급하는 시점에서 상계되는데, 할인발행은 사채할인발행차금만큼 현금을 덜 지급한다. 분개로 설명하면 차변에는 이자비용이 대변에는 현금과 사채할인발행차금이 계상된다.

자본의 개념에 대해
익혀두자

자본은 독립적으로 측정하는 것이 아니라, 자본이 발생하는 과정에서 증가하거나 감소한 순자산 장부금액으로 측정한다.

자본(capital)이란 소유주지분 또는 주주지분이라고도 하는 것으로, 자산에서 부채를 차감한 잔여지분이다. 기업회계기준상 자본은 납입자본, 이익잉여금, 기타 자본구성요소로 나타난다. 자본은 지분의 일부를 구성하는 것으로 소유주의 지분을 가리키고, 투자자지분으로 채권자지분과 함께 지분을 구성한다. 소유주지분은 주주지분이라고도 하는데, 이는 소유주의 소유권을 나타낸다. 또한 자본은 자산에서 부채를 차감한 잔액으로 잔여지분을 나타내는데, 이는 기업 소유의 자산에서 기업이 당연히 변제해야 할 부채를 차감한 잔액이다. 이 잔여지분만이 주주가 청구할 수 있는 권리다. 오늘날의 대표

자산(경제적 자원)	자본(소유자 청구권)
= 총지분 = 채권자지분 + 소유자지분 = 부채 + 자본	= 자산 − 부채 = 순자산 장부금액 ≠ 순자산 공정가치 ≠ 발행주식의 주가총액

적인 기업형태는 주식회사이므로 이를 주주지분이라고도 한다.

이런 자본은 독립적으로 측정하는 것이 아니라 자본이 발생하는 과정에서 증가하거나 감소한 순자산 장부금액으로 측정한다. 따라서 자본의 크기는 결과적으로 순자산 장부금액의 크기와 동일하다. 이때 순자산 장부금액은 순자산 공정가치와 다르다는 것을 염두에 두어야 한다. 순자산 장부금액이란 회계원칙을 근거로 자산과 부채를 측정해 재무상태표에 표시한 금액을 말하는데, 한국채택국제회계기준은 모든 자산과 부채를 보고기간 말 현재의 공정가치로 측정하도록 규정하지 않기 때문이다. 순자산 장부금액 또는 순자산 공정가치는 기업이 발행한 주식의 주가총액과 일치하지 않는다. 왜냐하면 주가는 회사보유 순자산의 현재 공정가치뿐만 아니라 미래가치나 성장 가능성 등을 반영해 결정되기 때문이다.

자본거래와 손익거래

자본은 순자산의 변동원칙을 기준으로 자본거래와 손익거래로 나눌 수 있다. 자본거래란 기업이 기업의 주주와 기업발행주식을 대상으로 수행하는 거래다. 즉 거래 상대방은 기업의 주주(잠재적 주주)이며, 거래대상 또는 거래 관련 항목은 기업발행주식이 되는 거래다. 이러한 소유자 원천의 자본거래에서 발생하는 자본항목은 자본금, 자본잉여금, 자본조정으로 구분한다.

손익거래는 기업의 순자산 변동분 중 주주와의 자본거래를 제외한 나머지 거래에서 발생한 순자산의 변동액을 의미하며, 총포괄손익이라 한다. 이러한 총포괄손익은 실현 여부에 따라 당기순손익과 기타포괄손익으로 구분한다. 총포괄손익 중 실현된 것으로 판단하는 당기순손익은 이익잉여금으로 누적하고, 미실현된 것으로 판단하는 기타포괄손익을 기타포괄손익누계액으로 누적해 재무상태표에 표시한다. 즉 손익거래에서 발생하는 자본항목은 이익잉여금과 기타포괄손익누계액으로 구분된다.

순자산의 변동이 기업 실체에 영향을 미치는 거래는 다음 세 가지 유형으로 나눠볼 수 있다. 첫째, 순자산 구성만을 변화시키는 거래로 순자산을 변동시키지 않는다. 구성만을 변화시키는 거래는 일반적으로 자산과 부채의 교환거래다.

둘째, 순자산을 변동시키는 거래는 반드시 순자산(자산과 부채)과 순자산 이외 요소 간의 결합거래로 발생한다. 이는 반드시 자본의 증감을 가져온다. 이러한 거래는 발생 원천에 따라 재무제표에 공시하는 방법이 다르다. 수익과 비용 및 기타포괄손익은 성과보고를 위해 포괄손익계산서에 일차적으로 공시하고, 궁극적으로 재무상태표의 이익잉여금과 기타포괄손익누계액으로 누적된다. 반면에 자본거

도표 4-7 ▼ **자본변동액의 구분표시**

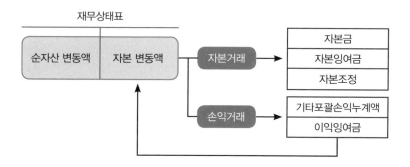

도표 4-8 ▼ **자본의 표시**

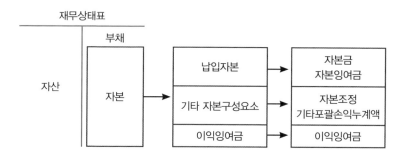

래에서 발생한 항목은 직접적으로 재무상태표에 누적해 공시한다.

셋째, 자본구성만을 변화시키는 거래다. 이는 순자산총액에는 아무런 영향을 미치지 않고 자본의 구성항목에만 영향을 미친다. 한국채택국제회계기준은 자본을 납입자본, 이익잉여금, 기타 자본구성요소로 구분해 표시하도록 규정하고 있다. 납입자본은 자본금과 자본잉여금을 말하며, 기타 자본구성요소란 자본조정과 기타포괄손익누계액을 말한다.

자본금에 대해
구체적으로 알아보자

자본금은 주식수와 액면가액으로 계산되며, 결국 주식과 밀접한 연관이 있다. 주식의
종류 또한 다양하므로 이에 대한 기초지식은 필수다.

자본금(capital stock)이란 주주가 납입한 자본 중 상법의 규정에 따라 자본금으로 계상한 부분을 말한다. 자본금은 회사가 발행한 주식의 총수에 주당 액면가액을 곱한 금액이다. 이는 채권자를 위해 회사가 보유해야 할 최소한의 담보액을 의미하며, 상법에서는 이를 자본으로 표현한다.

회사가 발행하는 주식에는 액면주식과 무액면주식이 있다. 액면주식은 정관 및 주권에 1주당 금액이 정해져 주권의 표면에 금액이 기재되어 있다. 반면에 무액면주식은 주권에 액면가액이 기재되어 있지 않고 주식수만 기재하므로, 주식을 발행할 때 임의로 발행가액을 결정해 발행한다. 대한민국 상법에서는 액면주식만을 인정하며, 1주당 금액은 100원 이상으로 균일해야 한다.

현재 상법에서 자본금에 대해 어떻게 다루고 있고, 회사가 보유한 자본금에 따라 무엇이 달라지는지 상법에서 다루는 관련 규정을 살펴보자.

 상법에서의 자본금에 대한 규정

상법

• **제329조(자본금의 구성)**

① 회사는 정관으로 정한 경우에는 주식의 전부를 무액면주식으로 발행할 수 있다. 다만, 무액면주식을 발행하는 경우에는 액면주식을 발행할 수 없다.

② 액면주식의 금액은 균일하여야 한다.

③ 액면주식 1주의 금액은 100원 이상으로 하여야 한다.

④ 회사는 정관으로 정하는 바에 따라 발행된 액면주식을 무액면주식으로 전환하거나 무액면주식을 액면주식으로 전환할 수 있다.

• **제451조(자본금)**

① 회사의 자본금은 이 법에서 달리 규정한 경우 외에는 발행주식의 액면총액으로 한다.

② 회사가 무액면주식을 발행하는 경우 회사의 자본금은 주식 발행가액의 2분의 1 이상의 금액으로서 이사회(제416조 단서에서 정한 주식발행의 경우에는 주주총회를 말한다)에서 자본금으로 계상하기로 한 금액의 총액으로 한다. 이 경우 주식의 발행가액 중 자본금으로 계상하지 아니하는 금액은 자본준비금으로 계상하여야 한다.

③ 회사의 자본금은 액면주식을 무액면주식으로 전환하거나 무액면주식을 액면주식으로 전환함으로써 변경할 수 없다.

자본금은 회사의 중요한 법적 틀, 형식을 만들게 된다. 법인설립 때 자본금을 얼마로 해야 하는지부터, 매출과 직원이 늘고 그에 따라 증자를 통해 자본금이 늘게 되면 규제도 강화된다. 즉 자본금은 회사를 운영하는 데 여러 가지 규제의 기준으로도 활용된다.

예를 들면 상법에서는 회사에 대해 아래와 같이 자본금 10억 원을 기준으로 여러 완화 규정을 두고 있다. 반대로 보면 자본금이 10억 원 이상인 회사는 좀 더 까다로운 절차 규정을 두고 있다는 것이다.

1. 회사 설립 시 정관 및 의사록에 대해 공증 면제: 시간, 비용 절감
- **상법 제292조**(정관의 효력발생)

정관은 공증인의 인증을 받음으로써 효력이 생긴다. 다만, 자본금 총액이 10억원 미만인 회사를 제295조제1항에 따라 발기설립(發起設立)하는 경우에는 제289조제1항에 따라 각 발기인이 정관에 기명날인 또는 서명함으로써 효력이 생긴다.

2. 주주총회 소집 통지 완화
- **상법 제363조**(소집의 통지)

① 주주총회를 소집할 때에는 주주총회일의 2주 전에 각 주주에게 서면으로 통지를 발송하거나 각 주주의 동의를 받아 전자문서로 통지를 발송하여야 한다.

③ 제1항에도 불구하고 자본금 총액이 10억원 미만인 회사가 주주총회를 소집하는 경우에는 주주총회일의 10일 전에 각 주주에게 서면으로 통지를 발송하거나 각 주주의 동의를 받아 전자문서로 통지를 발송할 수 있다.

④ 자본금 총액이 10억원 미만인 회사는 주주 전원의 동의가 있을 경우에는 소집절차 없이 주주총회를 개최할 수 있고, 서면에 의한 결의로써 주주총회의 결의를 갈음할 수 있다. 결의의 목적사항에 대하여 주주 전원이 서면으로 동의를 한 때에는 서면에 의한 결의가 있는 것으로 본다.

3. 이사의 수
- **상법 제383조**(원수, 임기)

자본금 가장납입에 주의해야 한다

자본금계정을 볼 때는 주식발행 시 자본금이 회사에 실제 납입되어
야 한다. 자본금 납입시점과 법인통장 거래내역, 이사회 의사록 등
으로 이를 확인할 수 있다. 또한 사채업자 등을 통해 자본금을 일시
적으로 빌려서 통장에 하루 정도만 놔두다가 바로 인출하는 방법으
로 가장납입을 했는지도 주의해서 봐야 한다. 왜냐하면 장부상에는
자본금이 있지만, 차변 자산에 계상될 부분이 예금이 아닌 현금이나
가지급금으로 되어 있어 채권자나 다른 주주에게 피해가 갈 수 있기
때문이다.

가장납입은 중대한 범죄에 해당해 예전에 비해 많이 줄어들었지
만 아직도 이루어지고 있는 것이 사실이다. 예를 들어 5천만 원의
자본금으로 법인설립을 원하는 사람에게는 하루 50만 원 정도를 받

고 통장에 5천만 원을 가장납입해주는 방식이다. 이는 연(年)으로 따지면 엄청난 고리이지만, 목돈이 없는 사람이 당장 법인을 설립하기 위해 이용하곤 한다. 하지만 요즘에는 최저자본금제도가 폐지되었기 때문에 100만 원 정도로도 법인을 설립할 수 있다. 따라서 예전에 비해 가장납입을 활용한 법인설립이 많이 줄었다.

주식의 종류

자본금은 결국 주식으로 표현되는데, 이 주식의 종류에 대해 구체적으로 알아보자.

주주는 보유주식수에 비례해 배당과 잔여재산을 분배받을 수 있는 권리가 있는데, 이를 주주평등의 원칙이라고 한다. 이때 기준이 되는 주식은 보통주이며, 정관의 규정에 따라 이익의 배당 등에서 우선적·열등적 지위에 있는 주식 등을 발행할 수 있다.

일반적으로 주식은 배당과 잔여재산 분배를 기준으로 구분하는데, 주식의 종류에는 보통주와 우선주, 후배주 등이 있다. 보통주는 이익의 배당과 잔여재산 분배에서 다른 주식의 기준이 되는 주식을 말한다. 따라서 주식이 한 종류만 발행된 경우에는 발행된 모든 주식이 보통주가 된다.

일반적인 우선주는 이익배당우선주다. 이익배당우선주는 이익의 배당과 잔여재산 분배에서 보통주식보다 우선적인 권리를 가진 주식을 말한다. 우선주는 우선권의 내용에 따라 누적적과 비누적적,

그리고 참가적과 비참가적으로 나뉜다.

　누적적 우선주는 특정연도에 약정배당금을 받지 못하거나 미달한 경우 차후연도 이익에서 이를 우선적으로 받을 수 있는 권리가 부여된 우선주다. 이러한 권리가 부여되지 않은 우선주를 비누적적 우선주라고 한다. 이때 누적적 우선주에 대한 약정배당 부족액을 연체배당금이라 하는데, 이는 주주총회에서 배당결의가 있기 전까지는 회사의 부채로 인식하지 않음에 주의해야 한다.

 주식발행과 관련한 회계처리

1. 설립 시 주식발행 또는 유상증자

　(차변) 현금　　　　×××　　　　(대변) 자본금　　　　×××
　　　　주식할인발행차금　×××　　　　　　　주식발행초과금　×××

• 주식할인발행차금과 주식발행초과금: 주식의 액면금액보다 발행금액이 크면 주식발행초과금(자본잉여금)이 계상되고, 그 반대면 주식할인발행차금(자본조정)이 계상된다. 둘 다 동시에 계상될 수 없다.

2. 무상증자 또는 주식배당

　(차변) 자본잉여금 등　×××　　　　(대변) 자본금　　　　×××
　　　　이익잉여금 등　×××

　참가적 우선주는 당해연도의 우선배당을 받은 후, 보통주와 같이 잔여이익에 참가할 수 있는 우선주를 말한다. 잔여이익에 대한 참가 형태에 따라 완전참가적 우선주와 부분참가적 우선주로 구분한다. 완전참가적 우선주는 보통주와 완전히 동등한 자격으로 참가하며, 부분참가적 우선주는 잔여이익에 대해 제한적으로 참가(보통주와 동

률 이하의 금액)한다. 비참가적 우선주는 잔여이익에는 참가할 수 없고, 당해연도의 약정배당만 우선적으로 받을 수 있다. 이 경우 잔여이익은 모두 보통주에 귀속된다.

후배주란 이익의 배당과 잔여재산 분배에서 보통주보다 열등한 권리를 가진 주식을 말한다.

상환주식은 이익배당우선주에 한정되며, 발행할 때부터 발행회사에 의해 이익소각이 예정되어 있는 주식이다. 회사가 일시적으로 자금이 어려울 경우 이러한 상환우선주를 발행해 주주들에게 자금을 조달하고, 이후에 상황이 호전될 경우 이를 상환할 수 있다. 이에 따라 배당압력의 계속성과 경영권에 대한 영향력을 회피할 수 있다.

전환주식이란 우선주주의 청구에 따라 보통주로 전환할 수 있는 권리가 부여된 우선주를 말한다. 따라서 전환주식은 전환우선주를 의미하며, 보통주를 우선주로 전환하는 것은 허용되지 않는다.

자본잉여금에 대해
확실히 파악하자

자본잉여금은 자본거래에서 발생한 이익을 나타내며, 자본금으로 전입하거나 결손보전 이외의 목적으로는 사용할 수 없다.

자본잉여금(additional paid-in capital)이란 회사의 영업이익 이외의 원천에서 발생하는 잉여금을 의미하는데, 회사가 주주와 자본거래를 하면서 발생한 이익금액을 말한다. 상법에서는 자본준비금이라고도 한다.

자본잉여금에는 주식발행초과금, 감자차익, 자기주식처분이익, 전환권대가, 신주인수권대가 등이 있다. 이러한 자본잉여금은 자본금으로 전입(무상증자)하거나 결손보전 이외의 목적으로는 사용할 수 없다. 즉 자본잉여금은 어느 경우든 배당의 재원으로 사용할 수 없다.

상법

- **제459조(자본준비금)**

① 회사는 자본거래에서 발생한 잉여금을 대통령령으로 정하는 바에 따라 자본준비금으로 적립하여야 한다.

② 합병이나 제530조의2에 따른 분할 또는 분할합병의 경우 소멸 또는 분할 되는 회사의 이익준비금이나 그 밖의 법정준비금은 합병·분할·분할합병 후 존속되거나 새로 설립되는 회사가 승계할 수 있다.

- **제460조(법정준비금의 사용)**

제458조 및 제459조의 준비금(이익준비금 및 자본준비금)은 자본금의 결손 보전에 충당하는 경우 외에는 처분하지 못한다.

자본잉여금을 구체적으로 나누어보자

주식발행초과금은 주식발행가액이 액면가액을 초과하는 경우 그 초과액을 말하고, 반대 상황에서의 미달액은 주식할인발행차금이라 한다. 주식발행가액이란 주식발행대금에서 신주발행비를 차감한 금액을 의미한다. 즉 신주발행 과정에서 이루어진 지출은 비용으로 인식하는 것이 아니라, 주식발행가액에서 차감해 자본항목을 측정하는 데 반영한다. 왜냐하면 자본거래 과정에서 발생한 지출을 손익거래 항목인 비용으로 처리할 수 없기 때문이다. 주식발행초과금은 재무상태표에 주식할인발행차금과 상계한 후의 금액으로 표시한다.

감자차익이란 감자 시의 주금반환액(상환가액)이 액면가액(자본

도표 4-9 ▼ 자본잉여금 재무상태표

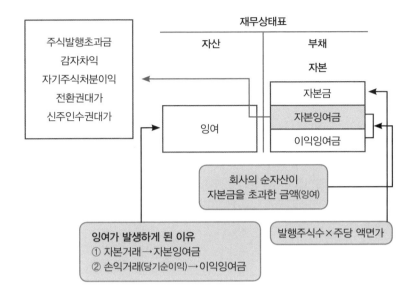

금감소액)에 미달하는 경우 그 미달액을 말한다. 이는 당해 주식발행 시 자본금으로 계산된 금액 중에서 주식소각 시 주주에게 환급되지 않은 부분이므로 납입자본의 성격이다. 그 반대의 경우에는 감자차손이 발생한다. 감자차손이 있는 경우에는 동 금액과 상계한 후의 금액으로 표시한다. 감자는 뒤에서 더 자세히 알아보자.

자기주식처분이익이란 자기주식의 처분대가가 취득원가를 초과하는 경우, 그 초과액을 말한다. 자기주식처분이익만큼 주주에게서 순자산이 유입되었으므로 납입자본의 성격이다. 자기주식처분손실이 존재하는 경우에는 동 금액과 상계한 후의 금액으로 표시한다.

전환권대가란 전환사채를 발행한 경우 전환권이라는 옵션의 가치를 구분해 표시한 금액을 말한다. 동 금액 중에서 권리행사분에 해당하는 전환권대가는 결과적으로 주식발행의 대가로 현금을 납입받은 것이므로 주식발행초과금으로 대체한다. 권리미행사분에 해당하는 전환권대가는 자본잉여금으로 표시한다.

신주인수권대가란 신주인수권부사채를 발행한 경우 신주인수권이라는 옵션의 가치를 구분해 표시한 금액이다. 동 금액 중에서 권리행사분에 해당하는 신주인수권대가는 결과적으로 주식발행 대가로 현금을 납입받은 것이므로 주식발행초과금으로 대체한다. 권리미행사분에 해당하는 신주인수권대가는 자본잉여금으로 표시한다.

자본조정이란
어떤 것을 의미하나?

자본조정은 임시로 사용되는 계정이라고 볼 수 있으며, 자본거래를 통해 발생된 순자산의 증감을 일정한 계정으로 나누기 위한 항목이다.

자본조정(capital adjustment)이란 소유자 원천의 자본거래에서 순자산의 증감을 가져오는 거래가 발생했으나, 자본금과 자본잉여금으로 분류할 수 없는 자본항목을 말한다. 즉 자본조정은 일시적으로 자본에 가산되거나 차감되는 성격의 자본항목을 임시로 모아놓기 위해 사용되는 계정으로, 미처분이익잉여금과 상계되거나 관련 자본거래가 완결되는 시점에서 자본금 또는 자본잉여금으로 대체된다. 자본조정은 초보자가 한번에 이해하기에 조금 어려울 수 있으므로 처음에는 어떤 종류가 있는지 자본조정의 용어 위주로 접근하도록 하자.

자본조정의 여러 모습들

자본조정에는 자기주식, 주식할인발행차금, 출자전환채무, 주식매수
선택권(스톡옵션), 자기주식처분손실, 감자차손 등이 있다.

자기주식이란 회사가 이미 발행한 주식을 일정한 사유나 특정 목
적으로 재취득해 보유하고 있는 것을 말한다. 회사가 자기주식을 취
득하는 목적에는 현실적으로 기업의 주가관리, 경영활동의 축소, 대
주주의 경영권 방어, 배당금 지급의 감소 등이 있다.

이러한 자기주식의 본질은 미발행주식으로 보는 관점과 자산으
로 보는 관점으로 구분된다. 미발행주식설(자본감소설)이란 자기주식
은 처음부터 주식을 발행하지 않은 것과 같다는 주장이다. 반면에 자
산설은 자기주식을 처분할 경우 미래현금유입(미래 경제적 효익)이 예
상되므로 자기주식은 자산이라는 주장이다. 그런데 자산설은 기업이
기업 자체를 소유하게 되는 논리적인 모순이 있다. 따라서 상법과 한
국채택국제회계기준은 미발행주식설에 입각하고 있으며, 자기주식
에 대해서는 이익배당청구권, 의결권 등의 주주권이 제한된다.

주식할인발행차금이란 주식발행가액이 액면가액에 미달하는 미
달액을 말하며, 주식발행초과금이 존재하는 경우에는 동 금액을 상
계한 후의 금액으로 표시한다. 주식할인발행차금은 상법에 근거할
경우 주식발행연도(증자연도)부터 3년 이내의 기간에 매기 균등액
을 상각한다. 이때 주식할인발행차금은 이익잉여금 처분으로 상각
한다. 다만 처분할 이익잉여금이 부족한 경우에는 차기 이후 연도로
이월해 상각할 수 있다.

감자차손이란 감자 시의 주금반환액(상환가액)이 액면가액(자본금 감소액)을 초과하는 경우 그 초과액을 말한다. 감자차익이 존재하는 경우에는 동 금액을 상계한 후의 금액으로 표시한다. 감자차손은 결손금 보전처리 순서에 준해 처리한다. 즉 이익잉여금의 처분으로 우선적으로 상각하고, 남은 잔액은 결손금 보전방법으로 처리하거나 이월해 상각할 수 있다.

자기주식처분손실이란 자기주식을 처분할 때 처분대가가 취득원가보다 적을 경우 그 차액을 말한다. 자기주식처분이익이 존재하는 경우 동 금액을 상계한 후의 금액으로 표시한다. 자기주식처분손실은 결손금 보전처리 순서에 준해 처리한다. 즉 이익잉여금의 처분으로 우선적으로 상각하고, 남은 잔액은 결손금 보전방법으로 처리하거나 이월해 상각할 수 있다.

배당건설이자란 사업의 특성상 회사 성립 후 2년 이상은 그 영업의 전부를 개시하기가 불가능하다고 인정될 때, 법원의 인가를 얻어 연 5%를 초과하지 않는 범위 내에서 개업 전 일정한 기간 동안 주주에게 배당한 것을 말한다. 배당건설이자는 개업 후 연 6% 이상을 이익배당하는 경우, 6%를 초과하는 금액과 동액 이상을 상각하고 이를 이익잉여금의 처분으로 처리한다.

미교부주식배당금은 주주총회에서 주식배당을 결의한 경우 실제로 주식배당이 이루어지기 전까지 계상되는 자본항목이다. 동 금액은 실제로 주식배당이 이루어지면 자본금으로 대체한다.

신주청약증거금은 청약을 거쳐 주식을 발행하는 경우, 청약시점에 계약금의 성격으로 수취하는 금액을 말한다. 동 금액은 나머지

도표 4-10 ▼ 자본에 차감·가산할 항목

구분	내용
차감 항목	자기주식, 주식할인발행차금, 감자차손, 자기주식처분손실, 배당건설이자 등
가산 항목	미교부주식배당금, 신주청약증거금, 주식매수선택권 등

주식발행대금을 수취해 주식을 발행하는 시점에서 주식발행가액으로 대체한다.

주식매수선택권(stock option)은 언론을 통해 많이 들어봤을 것이다. 삼성전자 임원들이 스톡옵션을 행사해 수억 원대의 이익을 얻었다는 뉴스가 많이 나왔다. 주식매수선택권이란 회사의 임직원 또는 기타 외부인이 미래의 일정 시점에 사전에 정해진 행사가격으로 주식을 매입하거나 보상기준 가격과 행사가격의 차액을 주식 또는 현금으로 받을 수 있는 권리를 말한다. 임직원이나 그 외 사람이 회사에 공헌하도록 하는 일종의 인센티브로, 일정 기간 동안 회사의 가치가 상승함에 따라 지분가치도 상승해 그에 대한 열매를 서로 나눠 가질 수 있는 제도다.

주식매수선택권의 회계처리는 주식결제형인지 현금결제형인지에 따라 달라진다. 주식결제형이란 주식매수선택권을 행사할 때 해당 권리자에게 주식으로 결제하는 것이고, 현금결제형이란 지분상품의 가치와 행사가격의 차액을 현금으로 지급하는 것이다. 주식으로 결제할 때는 결국 자본이 증가하므로 자본조정에 포함하고, 현금으로 지급할 때는 미래에 지급해야 할 의무가 발생하므로 장기미지급비용으로 계상한다.

자본거래에서 나타나는 증자와 감자를 알아보자

증자는 주식회사의 자본금을 늘리는 것이고, 감자는 자본금을 줄이는 것을 말한다. 증자에는 유상증자와 무상증자가 있고, 감자에는 유상감자와 무상감자가 있다.

증자란 회사가 자금이 필요할 때 자금을 조달하기 위해 실시하는 것으로, 유상증자와 무상증자가 있다.

유상증자란 회사가 주식을 발행해 교부하는 대가로 자산의 유입이 발생하는 거래를 말하며, 실질적 증자라고 한다. 주식발행의 대가로 유입되는 자산은 현금과 현물자산으로 구분한다. 주식의 발행대가와 액면가액과의 관계에 따라 액면발행, 할증발행, 할인발행으로 구분된다. 이때 주식을 발행해 교부하는 대가로 현금을 받는 자금조달 방법을 현금출자라고 한다. 주식발행가액 중 발행주식의 액면가액만큼은 자본금으로 계시하고, 발행가액과 액면가액과의 차이는 주식발행초과금(자본잉여금) 또는 주식할인발행차금(자본조정)으로 처리한다. 주권인쇄비나 증권회사 수수료 등 주식발행 관련 비용은 주식발행가액에서 차감처리 한다. 즉 주식발생초과금을 차감하거나 주식발행초과금이 없는 경우에는 주식할인발행차금으로 처리하며, 평가전문기관의 취득자산에 대한 감정가액으로 측정한다.

 유상증자 회계처리 예시

유상증자를 통해 2만 주(액면가 5천 원)를 주당 7천 원에 발행했다. 신주발행비용은 1천만 원이 발생되었다. 이에 대한 회계처리는 아래와 같다.

(차변) 현금 130,000,000 (대변) 자본금 100,000,000
주식발행초과금 30,000,000

- 현금 1억 3천만 원=2만 주×7천 원−1천만 원
- 자본금 1억 원=2만 주×5천 원(액면가)

무상증자란 주식을 발행한 대가로 자산이 유입되지 않는 자본거래를 말하며 형식적 증자라고 한다. 이는 이사회결의에 따라 자본잉여금이나 이익잉여금 중 법정적립금을 재원으로 해 무상으로 주식을 발행하는 거래다. 무상증자 시 재원이 되는 자본잉여금 등을 차감하고 이를 자본금으로 대체한다. 이때 무상증자로 발행되는 주식은 액면가액을 기준으로 회계처리 한다.

감자란 기업의 규모를 축소하거나 합병할 때 회사를 분할하거나 자본금을 정리하기 위해 자본금을 줄이는 것으로, 유상감자와 무상감자가 있다.

유상감자란 발행주식을 법적으로 소멸시키고 이에 대한 대가를 별도로 지급하는 자본거래로, 실질적 감자라고 한다. 유상감자 시에 소각되는 주식의 액면가액(자본금)을 감소시키고, 자본금과 주식상환가액(재취득가액)의 차이를 감자차익 또는 감자차손으로 처리한다.

무상감자란 결손보전 등의 목적으로 상환대가를 지급하지 않고 무상으로 주식을 상환해 소각시키는 자본거래를 말하며, 형식적 감자라고 한다. 무상감자 시 소각되는 주식의 액면가액(자본금)은 감소시키고 감자차익으로 대체한다. 결손보전의 목적으로 무상감자가 이루어질 때는 감소되는 자본금과 보전되는 결손금과의 차이를 감자차익으로 처리한다. 무상감자의 경우 감자차손은 발생하지 않음에 주의해야 한다.

그 외에 자기주식도 자본거래에 해당한다. 자기주식은 회사가 발행한 주식을 회사가 재취득하는 자본거래다. 회사가 자기주식을 유상으로 취득하는 경우에 취득원가로 계상하고 자본차감 항목으로 재무상태표에 표시한다.

자기주식처분은 회사가 취득한 자기주식을 외부로 처분하는 자본거래를 말한다. 자기주식을 처분할 때 처분대가와 처분된 자기주식의 취득원가와의 차이를 자기주식처분이익(자본잉여금) 또는 자기주식처분손실(자본조정)로 처리한다.

자기주식소각은 회사가 취득한 자기주식을 소각시키는 자본거래로, 결과적으로 자본금을 감소시키는 감자거래가 된다. 소각되는 주식의 자본금을 감소시키고, 자기주식 취득원가와의 차이를 감자차

익(자본잉여금) 또는 감자차손(자본조정)으로 처리한다.

　주식의 분할과 병합도 종종 발생하는데, 주식분할은 주식 하나의 액면가액을 감소시켜 여러 개의 주식으로 세분하는 자본거래를 말한다. 반면에 주식병합은 여러 개의 주식을 통합해 액면가액을 증가시키는 자본거래를 말한다.

　〈도표 4-11〉을 보면 주식분할의 경우 발행주식수는 증가하나 주당 액면가액은 감소하므로 실제로는 자본금의 변동이 없다. 주식병합도 발행주식수는 감소하나 주당액면가액이 증가하므로 자본금의 변동이 없다. 따라서 주식의 분할과 병합에 따른 별도의 회계처리는 없다. 다만 이러한 내용을 주석으로 기재한다.

무상증자, 주식배당, 주식분할의 차이점은?

무상증자 등은 법인이 주식을 발행하는 방법 중 하나다. 하지만 주식을 발행한다고 법인으로 자산이 들어오지는 않는다. 즉 유상증자와 법인설립 시 자본납입과는 차이가 있다.

주식배당은 회사에 이익잉여금이 있을 때 현금으로 배당하지 않고, 주식으로 기존 주주의 지분을 증가시켜주는 것을 말한다.

무상증자는 이사회나 주주총회 결의에 따라 이익잉여금이나 자본잉여금을 자본에 전입하고, 기존 주주들에게 신주를 교부하는 것을 말한다. 주식배당과 유사하나 그 목적이 잉여금의 자본전입에 있다는 점에서 다르다.

주식분할은 1주의 주식을 수 주의 주식으로 분할하는 것이다. 주식분할을 하면 자본금의 변동 없이 주식수만 늘어난다. 그럼에도 주식분할을 하는 이유는 주가가 높아서 유통성이 떨어질 때 1주당 금액을 낮춰서 거래량을 높이기 위해서다. 예를 들어 2000년대 초반 황금주로 불리던 SK텔레콤은 한때 주가가 400만 원을 넘어선 적이 있었는데, SK텔레콤은 주가가 고가이고 유통주식수를 확보할 필요가 있다는 이유로 액면가 5천 원을 500원으로 분할한 적이 있다.

이익잉여금의 처분, 배당·적립·상각·이입이 있다

회사를 운영하며 발생한 이익은 사외로 유출하거나 내부에 그대로 보유하게 되는데, 이러한 절차는 상식적으로도 중요한 부분이므로 구체적으로 알아보자.

이익잉여금이란 회사의 당기순이익 중에서 배당하지 않고 사내에 유보해놓는 금액이다. 이익잉여금은 이익준비금과 기타법정적립금, 임의적립금, 미처분이익잉여금으로 나눌 수 있다.

여기서 이익준비금은 법정적립금이라고도 하며, 상법에 따라 적립한다. 회사는 이익준비금을 자본금의 50%에 달할 때까지 매년 현금배당액의 10% 이상 적립하도록 강제하고 있다. 또한 이러한 이익준비금은 이월결손금을 보전할 목적이나 자본전입 외에 사용하는 것이 제한된다. 이는 법인을 건실화하기 위한 목적 때문이다. 이익잉여금의 처분에는 배당·적립·상각·이입이 있다.

도표 4-12 ▼ **이익잉여금**

배당이란?

배당에는 현금배당과 주식배당이 있다.

현금배당은 회사가 창출한 이익을 주주들에게 현금으로 지급하는 자본거래다. 이러한 현금배당은 이사회결의로 중간배당으로 실시할 수도 있고, 주주총회결의로 정기배당(결산배당, 연차배당)으로 실시할 수도 있다.

배당기준일에는 배당 대상 주식이 결정되지만 회계처리는 없다. 이때 자기주식은 배당 대상 주식에서 제외된다. 즉 배당기준일 현재

도표 4-13 ▼ **정기배당과 중간배당**

구분	정기배당	중간배당
승인기관	주주총회	이사회
배당종류	현금배당, 주식배당	현금배당
배당기준일	보고기간 말	이사회가 결정한 날
배당결의일	주주총회일	이사회결의일
배당지급일	주주총회일로부터 2개월 이내	이사회결의일로부터 1개월 이내

도표 4-14 ▼ 주식배당

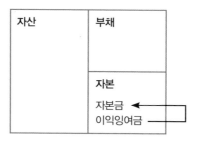

발행주식에서 자기주식을 차감한 유통주식이 배당 대상 주식이 된다. 배당결의일에는 배당재원인 미처분이익잉여금을 차감하고, 배당금을 미지급배당금(유동부채)으로 계상한다. 배당지급일에는 현금을 지급하고, 미지급배당금을 차감처리 한다. 현금배당을 하는 경우 이를 공시하는데, 〈도표 4-15〉는 삼성전자의 2020년 1월 현금배당 관련 공시 내용이다.

주식배당이란 회사가 창출한 이익을 대상으로 주식을 발행해 교부하는 자본거래를 말한다. 주식배당은 정기배당으로만 실시할 수 있고, 중간배당으로는 이루어질 수 없다. 또한 주식배당은 이익배당 총액의 1/2에 상당하는 금액을 초과하지 못한다. 배당 대상 주주가 확정되는 배당기준일에는 회계처리가 없다. 배당결의일에 배당재원인 미처분이익잉여금을 차감하고, 배당금을 미교부주식배당금(자본조정)으로 계상한다. 이때 배당금액은 주식의 액면가액을 기준으로 결정한다. 배당지급일에는 주식을 발행해 교부하고, 미교부주식배당금을 차감처리 한다. 이러한 주식배당을 통해 자본금과 주식수는 증가하지만, 자본총계는 일정하다.

도표 4-15 ▼ 2020년 1월 삼성전자의 현금배당 결정 공시

1. 배당구분		결산배당
2. 배당종류		현금배당
－ 현물자산의 상세내역		－
3. 1주당 배당금(원)	보통주식	354
	종류주식	355
－ 차등배당 여부		미해당
4. 시가배당률(%)	보통주식	0.6
	종류주식	0.8
5. 배당금총액(원)		2,405,427,801,200
6. 배당기준일		2019년 12월 31일
7. 배당금지급 예정일자		－
8. 주주총회 개최 여부		개최
9. 주주총회 예정일자		－
10. 이사회결의일(결정일)		2020년 1월 30일
－ 사외이사 참석 여부	참석(명)	6
	불참(명)	0
－ 감사(감사위원) 참석 여부		참석
11. 기타 투자판단과 관련한 중요사항		－ 상기 내용은 외부감사인의 감사결과 및 주주총회 승인과정에서 변경될 수 있음 － 상기 3, 4항의 종류주식은 우선주를 의미함 － 상기 4항의 시가배당률은 배당기준일 전전 거래일(배당부 종가일)부터 과거 1주일간의 거래소시장에서 형성된 최종가격의 산술평균가격에 대한 1주당 배당금의 비율임 － 상기 7, 9항의 주주총회 예정일자는 미정이며, 배당금지급 예정일자는 상법 제464조의 2에 의거, 주주총회일로부터 1개월 이내에 지급 예정임 － 상기 10항의 감사는 감사위원회 위원을 의미함

배당결의일(주주총회승인일)

(차변) 미처분이익잉여금   ×××   (대변) 미교부주식배당금   ×××

배당지급일(주권교부 때)

(차변) 미교부주식배당금   ×××   (대변) 자본금   ×××

 상법에서의 배당 관련 규정

상법

- **제462조**(이익의 배당)

① 회사는 대차대조표의 순자산액으로부터 다음의 금액을 공제한 액을 한도로 하여 이익배당을 할 수 있다.

  1. 자본금의 액

  2. 그 결산기까지 적립된 자본준비금과 이익준비금의 합계액

  3. 그 결산기에 적립하여야 할 이익준비금의 액

  4. 대통령령으로 정하는 미실현이익

② 이익배당은 주주총회의 결의로 정한다. 다만, 제449조의2제1항에 따라 재무제표를 이사회가 승인하는 경우에는 이사회의 결의로 정한다.

③ 제1항을 위반하여 이익을 배당한 경우에 회사채권자는 배당한 이익을 회사에 반환할 것을 청구할 수 있다.

- **제462조의2**(주식배당)

① 회사는 주주총회의 결의에 의하여 이익의 배당을 새로이 발행하는 주식으로써 할 수 있다. 그러나 주식에 의한 배당은 이익배당총액의 2분의 1에 상당하는 금액을 초과하지 못한다.

② 제1항의 배당은 주식의 권면액으로 하며, 회사가 종류주식을 발행한 때에는 각각 그와 같은 종류의 주식으로 할 수 있다.

- **제462조의3(중간배당)**
① 년 1회의 결산기를 정한 회사는 영업년도중 1회에 한하여 이사회의 결의로 일정한 날을 정하여 그 날의 주주에 대하여 이익을 배당(이하 이 條에서 "中間配當"이라 한다)할 수 있음을 정관으로 정할 수 있다.
② 중간배당은 직전 결산기의 대차대조표상의 순자산액에서 다음 각 호의 금액을 공제한 액을 한도로 한다.
  1. 직전 결산기의 자본금의 액
  2. 직전 결산기까지 적립된 자본준비금과 이익준비금의 합계액
  3. 직전 결산기의 정기총회에서 이익으로 배당하거나 또는 지급하기로 정한 금액
  4. 중간배당에 따라 당해 결산기에 적립하여야 할 이익준비금
③ 회사는 당해 결산기의 대차대조표상의 순자산액이 제462조제1항 각 호의 금액의 합계액에 미치지 못할 우려가 있는 때에는 중간배당을 하여서는 아니된다.

- **제462조의4(현물배당)**
① 회사는 정관으로 금전 외의 재산으로 배당을 할 수 있음을 정할 수 있다.

적립과 상각 그리고 이입

이익잉여금의 적립은 회사가 창출한 이익 중 일부를 관련 법률이나 회사의 정책에 따라 강제적·선택적으로 내부적립에 사용하는 것을 말한다. 이는 주주총회의 승인을 거쳐 이루어지며, 배당으로 인한 과도한 순자산의 사외유출을 방지하기 위한 조치다. 주주총회 승인 시점에서 적립액에 해당하는 미처분이익잉여금을 이익준비금 등으로 대체한다. 이는 이익잉여금 간의 대체거래에 불과하므로 자본총계와 이익잉여금총계에는 아무런 영향이 없다.

자본조정 항목에는 감가상각 대상 자본조정 항목이 있는데, 이익잉여금을 처분할 때 이를 우선적으로 상각해야 한다. 이런 감가상각 대상 자본조정 항목에는 주식할인발행차금, 자기주식처분손실, 감자차손, 배당건설이자 등이 있다. 미처분이익잉여금의 처분을 통해 감가상각 대상인 자본조정 항목을 상계처리 한다. 이러한 회계처리는 이익잉여금의 감소와 자본조정의 증가를 가져오므로 자본총계에는 아무런 영향이 없다.

임의적립금 이입이란 임의적립금이 사용 목적을 달성하거나 처분가능이익이 부족한 경우, 당기 이전에 적립했던 임의적립금을 미처분이익잉여금으로 대체하는 것을 말한다.

자본에 관한 정보를 제공하는 자본변동표

자본변동표는 다른 재무제표와 달리 전기와 당기의 상태가 표로 집계되며, 두 회계기간의 자본변동 내역을 위에서 아래로 나타낸다.

자본변동표는 자본의 크기와 그 변동에 관한 정보를 제공하는 재무보고서다. 납입자본·이익잉여금, 기타 자본구성요소의 변동에 대한 포괄적인 정보를 제공한다. 이러한 자본변동표는 재무상태표에 표시되어 있는 자본의 기초 잔액과 기말잔액을 모두 제시해 재무상태표와의 연계성을 유지한다. 또한 자본의 변동내용은 포괄손익계산서와 현금흐름표에 나타난 정보와 연결할 수 있어 더욱 명확히 재무제표 간의 관계를 파악할 수 있다. 특히 자본변동표는 포괄손익계산서를 거치지 않고 재무상태표의 자본에 직접 가감되는 항목에 대한 정보를 제공한다.

자본변동표를 좀 더 쉽게 파악할 수 없을까?

자본변동표는 매우 복잡하다고 생각할 수 있지만, 기본 뼈대를 먼저 파악해보면 그리 복잡하지 않다. 자본변동표는 다른 재무제표와 달리 전기와 당기의 상태가 표로 집계되며, 두 회계기간의 자본변동 내역을 위에서 아래로 나타낸다. 자본변동표의 행은 자본의 구성요소인 자본금, 자본잉여금, 자본조정, 기타포괄손익누계액, 이익잉여금을 나타내고 맨 마지막 행은 자본의 합계를 표시한다. 먼저 이러한 구조를 크게 보고 나서 다른 재무제표와 비교해보자.

자본변동표는 재무상태표상에서 자본항목의 변동명세서이고, 동시에 이익잉여금 처분계산서의 내용을 포함하고 있다. 구체적으로 파악하면, 핵심은 자본의 크기와 변동내역이다. 우선 기초와 기말을 비교하고 어디서 그 차이가 나타났는지를 알아보자. 자본금이 증가되었다면 그 이유가 유상증자인지, 주식배당인지, 전환권 행사 때문인지 등을 파악하면 된다. 만약 투자자 입장에서 배당을 중요하게 여긴다면 배당 관련 내용을 중심으로 파악할 수 있다.

자본변동표를 작성하는 요령을 간단히 알아보면 다음과 같다.

첫째, 각 자본항목별 당 회계연도 기초금액을 먼저 기입한다. 이는 소급 적용되는 회계정책변경의 누적효과와 전기오류수정손익을 반영하기 전 최초로 공시된 금액임을 주의한다. 회계정책변경의 누적효과와 전기오류수정손익을 표시하고 이를 가감해 수정 후 자본을 표시한다.

둘째, 연차배당(결산배당)이 있을 경우 이를 먼저 차감표시 한다.

도표 4-16 ▼ 자본변동표 양식

구분	납입자본	기타 자본요소	이익잉여금	총계
20X1. 1. 1(보고금액)	×××	×××	×××	×××
회계정책변경누적효과			×××	×××
전기오류수정			×××	×××
수정 후 자본	×××	×××	×××	×××
연차배당			(×××)	(×××)
중간배당			(×××)	(×××)
유상증자(감자)	×××			
당기순이익(손실)			×××	×××
자기주식 취득		(×××)		
재평가잉여금		×××		
20X1. 12. 31	×××	×××	×××	×××

구분	납입자본	기타 자본요소	이익잉여금	총계
20X2. 1. 1(보고금액)	×××	×××	×××	×××
회계정책변경누적효과			×××	×××
전기오류수정			×××	×××
수정 후 자본	×××	×××	×××	×××
연차배당			(×××)	(×××)
중간배당			(×××)	(×××)
유상증자(감자)	×××			
당기순이익(손실)			×××	×××
자기주식 취득		(×××)		
재평가잉여금		×××		
20X2. 12. 31	×××	×××	×××	×××

- 자본변동표에서 전기에 이미 보고된 전기이월이익잉여금(또는 결손금)의 금액이 당기에 발생한 회계정책의 변경이나 전기오류수정의 회계처리로 인해 변동된 경우에는 전기에 이미 보고된 금액을 그대로 표시하고, 회계정책변경이나 오류수정의 회계처리가 매 회계연도에 미치는 영향을 가감해 수정 후 금액을 별도로 표시한다.

연차배당을 먼저 차감하는 이유는 전기분 이익에 대한 배분을 당기에 지급하기 때문이다.

셋째, 중간배당·유상증자 등의 자본거래와 당기순이익·기타포괄손익의 발생 등 손익거래로 인한 자본의 변동내용을 기입한다. 이때 당기순손익으로 실현처리 되는 손익거래 항목은 개별적으로 표시하지 않고 당기순손익으로 통합해 하나의 금액으로 표시한다. 왜냐하면 실현처리 되는 손익거래에 대한 내용은 포괄손익계산서에 구체적으로 공시되기 때문이다.

넷째, 회계연도 중 자본항목이 증가(대변 발생)하면 자본변동표의 해당 자본항목에 가산으로 표시하고, 자본항목이 감소(차변 발생)하면 자본변동표의 해당 자본항목에 차감으로 표시한다. 자본거래와 손익거래로 인한 개별 자본항목의 변동을 표시하고, 이에 대한 합계액을 오른쪽 총계란에 기재한다.

마지막으로 각 자본항목의 기초금액(최초 보고금액)에서 회계연도 중의 자본변동을 가감해 자본항목별 기말금액을 계산한다. 이는 당기말 현재의 재무상태표상 자본항목별 잔액과 일치해야 한다.

이익잉여금처분계산서와
결손금처리계산서를 배우자

손익계산서는 당기순손익만을 표시하므로 이익잉여금과 결손금의 처분·경과를 표시할 자료가 필요하며, 이는 이익잉여금처분계산서, 결손금처리계산서에 나타난다.

이익잉여금과 결손금은 손익계산서에 보고된 손익과 다른 자본항목에서 이입된 금액의 합계액에서 주주에 대한 배당 또는 자본금으로의 전입 및 자본조정 항목의 상각 등으로 처분된 금액을 차감한 잔액이다.

이렇게 이루어진 이익잉여금과 결손금에 관한 사후적 관리 등을 위해 이익잉여금처분계산서 또는 결손금처리계산서가 존재한다. 즉 사후적 관리 측면에서 작성되는 부분으로 보면 되는데, 이익이 날 때는 이익을 사용하는 내역, 결손이 날 때는 결손금의 처리내역을 확인할 수가 있다.

이익잉여금처분계산서란?

이익잉여금처분계산서는 일정 기간 동안에 미처분이익잉여금이 변동한 내용을 설명해주는 동적 재무보고서다. 당기순손실이 발생한 경우에도 미처분이익잉여금이 존재하는데, 이를 처분하게 되면 이익잉여금처분계산서를 작성한다. 이익잉여금처분계산서의 작성방법에 대해 간단히 알아보면 다음과 같다.

첫째, 미처분이익잉여금은 재무상태표상 미처분이익잉여금과 일치하도록 한다. 왜냐하면 임의적립금이입액과 이익잉여금처분액에 대한 회계처리는 당기말이 아닌 차기에 개최되는 주주총회에서 승인한 시점에서 이루어지기 때문이다. 이때 회계정책변경의 누적효과와 전기오류수정손익은 기초시점에서 반영할 이익잉여금수정액을 기입한다. 하지만 전기 재무제표가 재작성될 경우에는 수정된 전기이월미처분이익잉여금이 계상되므로 별도로 반영하지 않는다.

 이익잉여금처분액(appropriations of retained earnings)
미처분이익잉여금과 임의적립금이입액의 범위 내에서 여러 가지 명목으로 처분한 이익잉여금 명세를 보여주는 항목이다. 기업회계기준은 이러한 이익잉여금의 처분을 이사회에서 결의하고 주주총회에 상정해 확정하도록 하고 있기에, 주주총회에서 변경될 수도 있다. 다만 일정 요건을 갖추면 정관에 따라 재무제표 승인과 이익배당을 이사회결의로 할 수 있다. 해당 요건으로는 첫째, 재무제표 등 각 서류가 법령 및 정관에 따라 회사의 재무상태 및 경영상태를 적정하게 표시하고 있다는 외부감사인의 의견이 있어야 하고, 둘째, 감사 전원의 동의가 있어야 한다.

둘째, 임의적립금이입액과 이익잉여금처분액은 당기말 현재 이사회에서 결정한 내용을 예상안의 성격으로 기입한다. 이러한 내용이 차기 주주총회에서 그대로 승인될 경우에는 최초 작성한 이익잉여금처분계산서는 그대로 공시하고, 장부에 회계처리만 하면 된다. 하지만 주주총회에서 해당 내용이 수정될 경우에는 주주총회에서 승인한 내용을 회계처리 하고, 이익잉여금처분계산서는 내용을 수정해 공시한다.

도표 4-17 ▼ 이익잉여금처분계산서 양식

이익잉여금처분계산서

20X1. 1. 1~12. 31
처분확정일: 20X2. 3. 10

Ⅰ.	미처분이익잉여금		×××*
	전기이월미처분이익잉여금	×××	
	회계정책변경누적효과	×××	
	전기오류수정	×××	
	중간배당액	(×××)	
	당기순이익	×××	
Ⅱ.	임의적립금이입액		×××
	××× 적립금	×××	
Ⅲ.	이익잉여금처분액		(×××)
	이익준비금	×××	
	주식할인발행차금 등 상각액	×××	
	배당금	×××	
	임의적립금	×××	
Ⅳ.	차기이월미처분이익잉여금		×××

*당기말(20X1년 말) 재무상태표상의 미처분이익잉여금

결손금처리계산서란?

이익잉여금처분계산서는 기업의 이익이 나야만 할 수 있는 업무인데, 만약 법인이 적자인 경우에는 어떻게 할까? 결손법인은 결손금처리계산서를 작성한다. 결손금처리계산서는 일정 기간 동안 미처리결손금의 보전내용을 설명해주는 동적 재무보고서다. 당기순이익이 발생하더라도 결손이 누적되어 처리할 결손금이 있는 경우에는 결손금처리계산서를 작성한다.

결손금처리계산서의 작성방법은 다음과 같다. 첫째, 미처리결손금은 재무상태표상의 미처리결손금과 일치하도록 한다. 이후 차기주주총회에서 결손금처리 내용이 승인되면 장부에 회계처리를 해

도표 4-18 ▼ **결손금처리계산서 양식**

결손금처리계산서		
20X1. 1. 1~12. 31		
처리확정일: 20X2. 3. 10		
Ⅰ. 미처리결손금		×××
전기이월미처리결손금	×××	
회계정책변경누적효과	×××	
전기오류수정	×××	
중간배당액	(×××)	
당기순손실	(×××)	
Ⅱ. 결손금처리액		(×××)
임의적립금이입액	×××	
법정적립금이입액	×××	
자본잉여금이입액	×××	
Ⅲ. 차기이월미처리결손금		×××

반영한다. 둘째, 결손금처리액은 당기말 현재 이사회에서 결정한 내용을 예상안의 성격으로 기입한다. 이러한 내용이 차기 주주총회에서 그대로 승인될 경우에는 최초 작성한 결손금처리계산서는 그대로 공시하고, 장부에 회계처리만 하면 된다. 하지만 주주총회에서 해당 내용이 수정될 경우에는 주주총회에서 승인한 내용을 회계처리 하고, 결손금처리계산서는 내용을 수정해 공시한다.

STEP 5

수익으로 경영활동의 자원흐름을 읽자

수익은 기업의 경영활동에서 나타나는 자원의 흐름으로, 기업의 경영활동 전 과정을 통해서 발생한다. 또한 일정 기간 동안에 발생한 수익을 인식하면, 자산이 증가하거나 부채가 감소함에 따라 자본이 증가하게 된다. 5장에서는 수익의 개념부터 인식의 방법, 그리고 여러 종류의 수익에 대한 회계처리에 대해서 서술한다.

수익이란
무엇인가?

수익이란 기업의 생산적 활동에 따른 가치의 형성·증식을 뜻하며 생산적 급부(재화 또는 용역)를 제공해 기업이 받는 대가(매출액)로 측정한다.

수익이란 자본참여자의 출자 관련 증가분을 제외한 자본의 증가를 수반하는 것으로, 회계기간의 정상적인 활동에서 발생하는 경제적 효익의 총유입이다. 이를 세 가지로 정의하면 다음과 같다.

첫째, 수익은 기업의 경영활동에서 나타나는 자원의 흐름으로, 기업의 경영활동 전 과정에서 발생한다. 둘째, 일정 기간 동안에 발생한 수익을 인식하면, 자산이 증가하거나 부채가 감소함에 따라 자본이 증가하게 된다. 셋째, 수익은 기업의 계속적·중심적 영업활동 과정에서 발생한다.

정의가 좀 어려울 수도 있으나 회계적인 마인드를 키울 수 있다고 생각하고 용어에 익숙해지자. 수익의 개념을 다시 설명하면 생산적 활동에 따른 가치의 형성 또는 증식을 뜻하며, 생산적 급부(재화 또는 용역)의 제공에 따라 기업이 받는 대가(매출액)로 측정한다.

기업의 이익은 수익을 근원으로 한다

이익은 '수익-비용=이익'의 산식에 따라 산정된다. 즉 기업의 이익은 수익에서 비롯된다. 한 기간에 획득한 수익 중에서 그 기간에 소속되는 수익은 손익계산서의 대변에 기재되고, 이것은 영업수익(operating revenue)과 영업외수익(non-operating income)으로 구분할 수 있다. 영업수익은 기업의 경상적인 제조·판매활동, 용역의 제공활동에서 얻어지는 수익이다. 영업외수익이란 그 밖의 원천에서 생기는 수익을 뜻하며, 주로 자본의 소유관계 같은 금융상의 원천에서 생기는 수익이다.

수익은 기간귀속을 기준으로 해 기간외수익과 기간수익으로 구분하기도 한다. 기간외수익은 당기업적주의에서 잉여금계산서에는 계상되나, 손익계산서에는 계상되지 않는다.

전통적으로 수익을 인식하는 개념에는 현금주의와 발생주의(accrual basis)가 있다. 이 개념은 회계에서 수익을 인식할 때 현금기준과 발생기준으로 적용된다. 현행 회계에서는 발생기준에 따라 수익을 인식한다. 발생기준이란 거래 등으로 발생한 현금이나 현금성자산의 수취나 지급시점이 아닌 당해 거래 또는 사건이 발생한 기간에 인식해, 해당 기간의 장부에 기록하고 표시하는 것을 말한다. 발생기준은 기간별로 관련된 수익과 비용을 적절히 대응시켜 현금기준보다 정확하게 재무성과를 평가할 수 있다.

예를 들어보자. 12월 31일에 장동건 씨가 회사 직원들을 위해 연말파티를 열면서 출장뷔페를 불렀다. 계약내용은 30인분의 음식과 음료를 총 100만 원에 제공하는 것이고, 대금은 일주일 후에 지급하기로 했다. 그렇다면 출장뷔페 입장에서는 100만 원의 매출을 언제로 인식해야 할까? 만약 발생기준이라면 실제로 출장뷔페 서비스를 제공한 12월 31일로 인식하게 된다. 반면에 현금기준이라면 다음 해의 매출로 잡아야 하는 것이다.

기업의 경영활동에서 수익은 매우 다양하게 나타난다. 이렇게 다양한 형태로 나타나는 수익을 발생기준에 따라 인식하기 위해서는 수익획득과정별로 증가된 가치를 구분해 그 크기를 측정해야 하는데, 이러한 측정과정에서 객관성을 확보하기가 어려울 수 있다. 따라서 일정한 요건을 충족한 시점에서 수익을 인식하도록 하고 있다. 이를 실현주의(realization basis), 즉 실현기준이라고 한다.

실현기준의 요건에는 실현요건(측정요건)과 가득요건(발생요건)이 있다. 실현요건은 실현되었거나 실현할 수 있어야 한다. 즉 수익금액을 신뢰성 있게 측정할 수 있고, 경제적 효익의 유입 가능성이 커야 한다. 가득요건은 수익획득과정과 관련한 경제적 의무를 완료해서 수익 획득을 인식한다는 의미로서, 경제적 효익을 주장하기에 충분한 정도의 활동을 한 경우를 말한다. 예를 들면 회계법인에서 회계감사 용역을 완료해 수익을 얻기 위해서는 며칠 동안 회계사들이 여러 가지 노력을 해야 한다. 이 경우에서 가득요건은 여러 회계사들이 며칠 동안 시간, 노력을 모두 투입한 상태를 말한다고 이해하면 된다. 수익획득과정은 기업마다 다양하지만 일반적으로 원재료를 취득해 제품을 생산하고 판매해서 대금을 회수하는 과정을 거친다. 수익은 이러한 수익획득과정에서 실현요건과 가득요건을 충족시키는 시점에 인식한다.

수익인식기준은 크게 세 가지로 나뉜다. 생산이 완료된 경우 인식하는 생산완료기준, 제품이 인도되는 시점에서 인식하는 인도기준, 대금을 회수해야 인식하는 회수기준이 바로 그것이다. 수익의 인식과 측정은 매우 중요한 회계학적 마인드이며, 이에 대해서는 주제를 달리해 좀 더 자세하게 알아보고자 한다.

수익을 인식하고
측정해보자

수익은 미래 경제적 효익의 유입 가능성이 크고 신뢰성 있게 측정할 수 있을 때 인식한다. 즉 인식은 기업이 생산한 제품 등의 유출과 그로 인한 자산의 유입이 있어야 한다.

수익은 회계기간에 자산의 유입이나 성능향상 또는 부채감소의 형태로 나타나는 경제적 효익의 증가로 정의된다. 또한 수익은 미래 경제적 효익의 유입 가능성이 크고, 그 효익을 신뢰성 있게 측정할 수 있을 때 인식한다. 좀 더 구체적으로 알아보면, 수익을 인식하기 위해서는 기업이 생산한 제품의 유출과 그 결과로 인한 자산의 유입이 있어야 한다. 기업이 제품을 고객에게 제공하는 것은 의무의 측면이고, 자산의 유입은 기업이 고객에게 그 대가를 받는 권리의 측면이다. 대가를 받을 권리가 확정되었을 때 실현되었거나 실현이 가능하다고 하며, 기업이 해야 할 의무의 이행을 완료했을 때 가득되었다고 한다. 수익은 이 두 가지 기준이 모두 충족되었을 때 인식하는데, 이러한 수익의 인식기준을 실현기준이라고 한다.

쉽게 예를 들어보자. A전자 기업이 장동건 씨에게 에어컨을 팔았다. 장동건 씨는 에어컨을 구입하기로 결정하고 대금 100만 원을 결제했다. A전자는 100만 원이라는 금액이 확정되어 수령할 수 있으므로 실현되었거나 실현이 가능하다는 것이고, 에어컨을 집까지 배달해주고 설치해줌으로써 가득되었다고 할 수 있다.

회계학적 마인드로 접근하자

수익의 실현기준에 대해 다시 구체적으로 설명하면, 수익의 발생과정에서 수취하거나 보유한 자산이 일정액의 현금 등으로 즉시 전환될 수 있음을 의미한다. 이는 채권금액이 확정되었거나 합리적으로 측정할 수 있는 경우를 의미하는데, 앞서 든 예에서 장동건 씨가 계약을 하던 중 갑자기 집에 있는 5% 할인쿠폰이 생각이 나서 쿠폰을 찾아보고 다시 오겠다고 한다면, 아직 실현기준을 만족하지 못했으므로 수익으로 인식할 수 없다.

수익으로 인식하기 위해서는 관련된 원가도 측정할 수 있어야 한다. 수익과 관련된 원가는 채권을 회수하지 못하게 되거나, 반품이 되는 경우 발생할 수 있는 추가비용이나 고장이 있을 때 무상으로 보증수리를 해야 하는 경우에 드는 추가비용을 말한다.

발생주의 회계에서는 수익창출과정이 진행될 때마다 각각의 단

도표 5-1 ▼ 수익의 인식

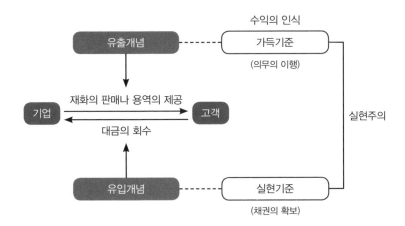

계별로 수익을 인식해야 한다. 수익을 재화가치나 용역가치의 증가에 따라 순차적으로 인식하기 위해서는 각각의 측정시점에서 증가한 가치를 객관적으로 측정할 수 있어야 한다. 하지만 가치증가는 객관적으로 측정하기 어려우며, 객관적으로 측정할 수 있다 하더라도 그 과정이 힘들 수밖에 없다.

따라서 재무회계상 수익창출과정에서 수익획득에 '가장 결정적인 사건이 완료된 시점'을 가득시점으로 본다. 가득시점이 종료되면 모든 수익창출과정이 종료되었다고 가정하고 수익금 전액을 수익으로 인식한다. 수익창출과정에서 가장 결정적인 사건은 보통 생산의 진행, 생산의 완료, 제품의 인도, 판매대금의 회수로 나누고, 이들 각 시점에서 수익으로 인식한다.

가장 결정적인 사건에 대한 기준은 회사마다 다를 것이다. 대형할인점은 보통 고객들이 상품을 결제할 때로 인식할 것이고, 주문자

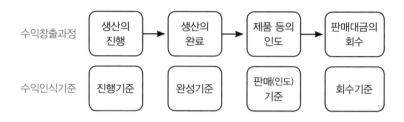

생산 방식의 기계 제조업체는 생산을 완료해 인도하는 시점으로 인식할 것이다.

수익의 측정은 받았거나 받을 대가의 공정가치로 측정한다. 수익금액은 일반적으로 판매자와 구매자의 합의에 따라 결정된다. 이때 할인받은 금액은 제외하고, 부가가치세같이 제삼자를 대신해 받은 금액도 제외한다. 또한 대리관계에서 대리인이 대신해 받은 금액은 수익이 아니며, 이 경우에는 대리인이 받기로 한 수수료금액만 수익으로 본다. 예를 들어 여행사 대리점에서는 여행상품을 판매하고 고객에게 비행기티켓과 호텔비용까지 포함한 여행비용을 수령하지만, 이 모두를 수익으로 보지 않는다. 순수하게 여행사 대리점이 갖는 수수료만을 수익으로 잡는다.

재화판매의
수익인식과 회계처리

재화는 일반적으로 고객에게 인도하는 시점에서 수익인식요건을 모두 충족하게 되는데, 이를 판매기준 또는 인도기준이라고 한다.

재화는 판매할 목적으로 생산한 제품과 재판매하기 위해 매입한 상품 등을 말한다. 보통 제조업에서는 제품이라고 하고 도소매에서는 상품이라고 한다. 재화는 일반적으로 고객에게 인도하는 시점에서 수익인식요건을 모두 충족하는데, 이를 판매기준 또는 인도기준이라고 한다.

이를 좀 더 구체적으로 보면 재화의 판매로 인한 수익은 다음 다섯 가지 조건이 모두 충족할 때 인식한다. 첫째로 재화의 소유에 따른 유의적인 위험과 보상이 구매자에게 이전될 때, 둘째로 판매자는 판매한 재화에 대해, 통상적으로 행사할 수 있는 소유권과 관련된 지속적인 관리나 효과적인 통제를 할 수 없을 때, 셋째로 수익금액을 신뢰성 있게 측정할 수 있을 때, 넷째로 경제적 효익의 유입 가능성이 매우 클 때, 마지막으로 거래와 관련해 발생했거나 발생할 원가를 신뢰성 있게 측정할 수 있을 때 인식한다.

구체적인 사례로 배우자

일반적으로 수익은 다양한 형태로 나타난다. 그렇기 때문에 회계학적 마인드를 갖기 위해서는 기본적인 기준과 사례를 자주 접해야 하는 것이다.

왜 이런 내용이 중요할까? 일반적으로 소액인 상품은 상품을 인도하는 시점에 결제해 제품인도기준을 적용할 수 있다. 하지만 백화점에 위탁해서 판매하는 기업은 언제 수익을 인식할까? 백화점에서 물건이 팔렸을 때? 또는 백화점에서 고객이 12개월 할부로 결제를 했다면 기업은 언제 수익을 인식해야 할까?

위탁판매는 상품의 판매를 다른 기업에게 맡기고 그 대가로 수수료를 지급하는 형태의 판매를 말한다. 이때 상품의 판매를 위탁한 자는 상품을 수탁자(위 예시에서는 백화점)에게 발송하고 적송품계정에 대체해 관리한다. 위탁자가 수탁자에게 발송하는 행위는 단순히 상품의 보관장소만을 이전한 것에 불과하다. 위탁판매는 수탁자가 최종소비자에게 재화를 판매한 시점에 수익을 인식한다. 하지만 실제로 백화점과 납품회사와의 관계는 이처럼 이루어지지 않는다.

왜냐하면 위탁판매 외에도 여러 가지 판매계약 방식이 있으며, 모든 백화점 납품업체들이 무조건 최종소비자에게 재화가 판매된 시점에 수익을 인식하지는 않기 때문이다.

할부판매는 재화를 고객에게 판매하고, 판매대금을 일정 기간에 걸쳐 회수하는 형태의 판매를 말한다. 일반적으로 단기할부판매는 명목금액과 현재가치의 차이가 중요하지 않으므로, 장기할부판매인 경우에만 현재가치로 평가한 금액을 수익으로 인식해 이자부분을 수익인식액에서 제외한다.

보통 백화점에서 3개월 할부로 결제했을 때는 단기할부판매라고 보고, 자동차를 3년 할부로 팔았을 때는 장기할부판매라고 본다. 장기할부판매의 경우 판매가격은 대가의 현재가치로서 수취할 할부금액을 내재이자율로 할인한 금액이다. 이때 내재이자율은 할부판매로 인해 미래에 수령하게 될 총금액의 현재가치와 판매시점의 공정가치를 일치시켜주는 이자율을 말한다.

장기할부판매에서 구분된 이자는 유효이자율법을 사용해 가득하는 시점에 수익으로 인식한다. 이때 현재가치할인차금은 채권의 회수기간에 걸쳐 이자수익을 인식한다.

만약 신문이나 잡지를 월간 구독으로 판매한 경우에는 수익을 어떻게 인식할까? 해당 품목의 금액이 매기 비슷할 때는 발송기간에 걸쳐 정액기준으로 수익을 인식한다. 하지만 품목의 금액이 기간별로 다를 때는 발송된 품목의 판매금액이 구독신청을 받은 모든 품목의 추정 총판매금액에서 차지하는 비율에 따라 수익을 인식한다. 예를 들어 A잡지사가 1월에 장동건 씨에게 잡지를 2년 정기구독으로

24만 원에 팔았다면, 당해 연도에는 12만 원만 수익으로 인식하는 것이다. 나머지는 선수금 등의 계정을 통해 재무상태표상의 부채로 인식해야 한다.

용역제공의
수익인식과 회계처리

용역제공거래의 성과를 신뢰성 있게 추정할 수 없고, 발생한 원가를 회수할 가능성이
낮은 경우에는 수익을 인식하지 않고 발생한 원가를 비용으로 인식한다.

용역의 제공이란 일반적으로 계약에 따라 일정한 과업에 대해 일정
기간 수행하는 것을 말한다. 따라서 용역은 같은 회계기간 내에 제
공될 수도 있지만, 둘 이상의 회계기간에 걸쳐 이루어질 수도 있다.
용역의 제공으로 인한 수익은 용역제공거래의 성과를 신뢰성 있게
추정할 수 있을 때 진행기준에 따라 인식한다.

　우선 용역제공거래의 성과를 신뢰성 있게 추정하는 조건을 알아
보자. 다음 네 가지 조건이 모두 충족되는 경우에는 용역제공거래의
성과를 신뢰성 있게 추정할 수 있다고 본다. 첫째로 거래 전체의 수
익금액을 신뢰성 있게 측정할 수 있고, 둘째로 경제적 효익의 유입

가능성이 매우 크고, 셋째로 진행률을 신뢰성 있게 측정할 수 있고, 넷째로 이미 발생한 원가 및 거래의 완료를 위해 투입해야 할 원가를 신뢰성 있게 측정할 수 있을 때다.

만약 용역제공거래에서 이미 발생한 원가와 그 거래를 완료하기 위해 추가로 발생할 것으로 추정되는 원가(비용)의 합계액이 해당 용역거래의 총수익을 초과하는 경우에는 그 초과액과 이미 인식한 이익의 합계액을 전액 당기손실로 인식한다.

또한 용역제공거래의 성과를 신뢰성 있게 추정할 수 없는 경우에는 상황에 따라 수익의 인식방법이 달라진다. 먼저 용역제공거래의 성과를 신뢰성 있게 추정할 수 없다면 발생한 비용의 범위 내에서 회수 가능한 금액을 수익으로 인식한다. 용역제공거래의 성과를 신뢰성 있게 추정할 수 없음과 동시에 발생한 원가의 회수 가능성이 낮은 경우에는, 수익을 인식하지 않고 발생한 원가를 비용으로 인식한다.

거래의 진행률은 다양한 방법으로 결정할 수 있으나, 기업은 수행된 용역을 신뢰성 있게 측정할 수 있는 방법을 사용해야 한다. 진행률은 거래의 성격, 작업수행정도, 총예상용역량 대비 현재까지 수행한 누적용역량의 비율 등으로 측정할 수 있다. 하지만 고객에게 받은 중도금이나 선수금은 용역수행정도를 반영하지 못하는 경우가 많으므로 진행률로 사용하는 것이 적절하지 않다. 용역제공이 특정 기간 내에 불특정 다수의 활동으로 수행되는 경우 그 진행률을 더 잘 나타낼 수 있는 다른 방법이 없다면, 실무적 편의를 위해 정액기준으로 수익을 인식할 수도 있다.

다양한 용역제공 관련 사례를 파악하자

설치수수료는 재화가 판매되는 시점에서 수익을 인식하는 재화의 판매에 부수되는 설치의 경우를 제외하고는 설치의 진행률에 따라 수익으로 인식한다.

제품의 판매가격에 판매 후 제공할 용역(소프트웨어 판매인 경우 판매 후 지원 및 제품개선 용역)에 대한 식별 가능한 금액이 포함되어 있을 때는 그 금액을 이연해 용역수행기간에 걸쳐 수익으로 인식한다. 이연되는 금액은 약정에 따라 제공될 용역의 예상원가에 용역에 대한 합리적인 이윤을 가산한 금액이다.

광고매체수수료는 광고 또는 상업방송이 대중에게 전달될 때 인식하고, 광고제작수수료는 광고제작의 진행률에 따라 인식한다.

보험대리수수료는 대리인이 추가로 용역을 제공할 필요가 없는 경우, 해당 보험의 효과적인 개시일 또는 갱신일에 수익으로 인식한다. 하지만 대리인이 보험계약기간에 추가로 용역을 제공할 가능성이 매우 큰 경우에는 수수료의 일부 또는 전부를 이연해 보험계약기간에 걸쳐 수익으로 인식한다.

프랜차이즈 수수료는 창업지원용역과 운영지원용역 등 노하우 제공에 대한 대가와 설비의 납품 등으로, 본사에서 수익으로 인식한다. 따라서 프랜차이즈 수수료는 몇 가지로 구분해 수익을 인식할 수 있다. 설비의 납품과 설치에 대한 수수료인 경우에는 자산을 인도하거나 소유권을 이전하는 시점에 수익으로 인식하고, 창업지원 용역은 실질적으로 용역과 의무를 이행한 시점에서 인식한다.

도표 5-3 ▼ **용역의 수익인식**

구분		수익인식시점
프랜차이즈	설비와 기타 유형자산	해당 자산을 인도하거나 소유권을 이전할 때
	창업지원용역	① 모든 창업지원용역과 의무를 실질적으로 이행한 시점 ② 회수에 유의적인 불확실성이 존재하는 경우에는 현금수취시점
	운영지원용역	용역이 제공됨에 따라 인식
설치수수료		재화판매에 부수적으로 제공되지 않는 경우 진행률에 따라 인식
재화판매금액에 포함된 용역수수료		식별할 수 있는 경우, 이연처리 하고 용역의 제공기간 동안 수익으로 인식(이연처리 할 금액은 원가에 이윤을 가산한 금액)
광고	방송매체수수료	대중에게 전달되는 시점에 인식
	광고제작수수료	광고제작의 진행률에 따라 인식
주문형 소프트웨어의 개발수수료		진행기준에 따라 수익인식(진행률은 소프트웨어의 개발과 소프트웨어 인도 후 제공하는 지원용역을 모두 포함해 결정)
보험대리수수료		① 추가용역을 제공할 필요가 없다면 해당 보험의 개시일(갱신일)에 수익으로 인식 ② 추가용역을 제공할 가능성이 크면 수수료의 일부 또는 전부를 이연해 보험계약기간 동안 수익으로 인식
입장료		행사가 개최되는 시점
수강료		강의기간 동안 발생기준 적용
입회비와 회원가입비	회원자격유지	회수에 유의적인 불확실성이 없는 시점
	재화 등의 저가구매	효익이 제공되는 시기, 성격, 가치를 반영하는 기준으로 수익인식

이자·배당금·로열티 등의
회계처리

거래유형별로 수익을 인식하는 방법이 각각 다르다. 따라서 대표적인 거래에 대해 구체적으로 언제 수익으로 인식할지 알아보자.

이자수익은 원칙적으로 유효이자율을 적용해 발생기준에 따라 인식한다. 유효이자율법은 금융자산이나 금융부채의 상각 후 원가를 계산하고 관련 기간에 걸쳐 이자수익이나 이자비용을 배분하는 방법이다. 이때 유효이자율은 미래에 예상되는 현금 유출과 유입의 현재가치를 금융자산 또는 부채의 순장부가액과 정확히 일치시킨 이자율을 말한다. 즉 현재가치를 평가할 때 적용하는 이자율이다. 유효이자율법은 유효이자율을 이용해 실질이자를 계산하고, 표시이자와의 차액을 현재가치할인차금 상각액으로 계산하는 방법이다.

일반적으로 은행에서 예금자의 통장으로 이자를 지급할 때는

도표 5-4 ▼ 이자와 배당의 원천징수세율

소득의 종류	내용	소득세 원천징수세율
이자	일반적인 이자소득	14%
	비영업대금이익	25%
배당	일반적인 배당소득	14%

- 소득세의 10%를 추가로 주민소득세로 원천징수해야 한다.

15.4%의 세금을 차감하고 입금한다. 이는 이자를 지급하는 곳에서 이자소득세 14%와 그에 대한 주민소득세 1.4%를 원천징수하고 지급하기 때문이다. 주의해야 하는 점은 바로 은행뿐만 아니라 모든 기업이 이자를 지급할 때 이자소득에 대한 세금을 원천징수 후 신고·납부해야 한다는 것이다. 정확히 말하자면, 법적으로 국내 거주자·비거주자에게 이자소득 또는 배당소득을 지급하는 자는 소득세를 원천징수해 그 징수일이 속하는 달의 다음 달 10일까지 정부에 납부해야 한다.

배당금수익은 배당금을 받을 권리와 금액이 확정되는 시점에 인식한다. 배당수익은 지분상품의 보유자가 특정 종류의 자본을 보유한 비율에 비례해 받는 이익의 분배금을 말한다. 이는 주식발행 회사가 배당금의 지급을 선언하기 전까지는 알 수 없으므로, 보통 주주로 배당을 받을 권리와 금액이 확정되는 시점인 정기주주총회일에 인식하게 된다.

로열티수익은 관련된 계약의 경제적 실질을 반영해 발생기준에 따라 인식한다. 로열티수익은 특허권이나 소프트웨어, 음악저작권,

영화필름 등과 같은 자산을 보유한 기업에서 발생한다. 이러한 자산의 거래와 관련된 경제적 효익의 유입 가능성이 크고 수익금액을 신뢰성 있게 측정할 수 있을 때 수익으로 인식한다.

라이선스수수료와 로열티수익은 기업의 자산(상표권, 특허권, 소프트웨어, 음악저작권, 녹화권, 영화필름 등)을 사용하는 대가로 지급하는데, 보통 계약의 실질에 따라 수익으로 인식한다. 실무적으로는 정액기준으로 인식할 수 있다. 다시 말해 라이선스 사용자가 특정 기간 동안 특정 기술을 사용할 권리를 갖는 경우에는 약정기간 동안 정액기준으로 수익을 인식한다.

왜냐하면 우선 라이선스 제공자는 라이선스 제공 이후에 수행할 추가적인 의무가 없다. 사용자에게 라이선스를 자유롭게 사용하도록 허용하는 해지불능계약에 따라 권리를 양도하고 대가로 일정한 사용료나 환급불능 보증금을 받는 것은 실질적인 판매이기 때문이다. 예를 들어 라이선스 제공자가 소프트웨어를 인도한 후 후속 의무가 없는 소프트웨어 사용에 대한 라이선스 계약이 이에 해당된다. 또 다른 예로는 영화 라이선스 제공자가 배급업자를 통제할 수 없고 추가적인 흥행수익을 수취할 것으로 기대하지 않는 시장에서 영화를 상영할 권리를 배급업자에게 부여하는 경우가 있다. 이런 경우에는 판매시점에 수익을 인식한다.

어떤 경우에 라이선스수수료나 로열티수익의 수취 여부는 미래의 특정 사건의 발생 여부에 따라 달라진다. 이러한 경우에는 수수료나 로열티수익을 받을 가능성이 매우 클 때만 수익으로 인식하는데, 보통 그 특정 사건이 실제로 발생하는 시점이다.

다양한 회계처리, 노하우를 익히자

그 외의 기타 수익은 다음 조건을 모두 충족할 때 발생기준에 따라 합리적인 방법으로 인식한다. 수익가득과정이 완료되었거나 실질적으로 거의 완료되고, 수익금액을 신뢰성 있게 측정할 수 있으며, 경제적 효익의 유입 가능성이 매우 클 때다.

마지막으로 상품권의 수익인식에 대해 간단히 알아보자. 상품권의 수익은 물품 등을 제공·판매해 상품권을 회수한 때 인식하며, 상품권판매 시는 선수금(상품권선수금 계정 등)으로 처리한다. 상품권을 할인해서 판매할 때는 액면가 전액을 선수금으로 인식하고, 할인액은 상품권할인액 계정으로서 선수금의 차감계정으로 표시하며, 할인액은 추후 물품 등을 제공·판매할 때 매출에누리로 대체한다.

상품권의 잔액환급 시 회계처리는 물품상품권·용역상품권의 물품 또는 용역이 제공 불가능하거나 지체되어 현금으로 상환해주거나, 금액상품권의 물품 등을 판매한 후 잔액을 환급하는 경우에는 현금을 상환하는 때 또는 물품판매 후 잔액을 환급해주는 때 선수금과 상계한다. 상품권의 유효기간이 경과했으나 상법상의 소멸시효가 완성되지 않은 경우에는 유효기간이 경과한 시점에 상품권에 명시된 비율에 따라 영업외수익으로 인식함을 원칙으로 한다. 상법상의 소멸시효가 완성된 경우에는 소멸시효가 완성된 시점에 잔액을 영업외수익으로 인식해야 한다.

도표 5-5 ▼ **거래유형별 수익인식 방법**

구분	내용
할부판매	할부매출은 할부기간의 장·단기 구분 없이 상품 등을 인도한 날에 수익으로 인식한다. 다만 장기할부판매는 이자수익에 해당하는 부분을 제외한 판매가액을 재화가 인도되는 시점에 수익으로 인식하고, 이자상당액은 기간의 경과에 따라 수익으로 인식한다. 판매가액은 할부금의 현재가치이며, 이자수익은 유효이자율법을 적용해 계상한다.
위탁판매	수탁자가 해당 재화를 제삼자에게 판매한 시점
시용판매	매입자에게 매입의사표시가 있는 날
상품권판매	상품권을 회수한 시점(상품권판매 시는 선수금으로 처리)
설치 및 검사 조건부판매	설치와 검사가 완료되었을 때
부동산판매	법적 소유권의 이전시점(다만 법적 소유권 이전 전이라도 위험과 효익이 이전되고 판매자의 중요한 추가의무가 없다면 수익으로 인식)
반품조건부판매	매입자가 인수를 수락한 시점 또는 반품기간 종료일
방송사광고 수익	광고를 대중에게 전달할 때
광고제작용역 수익	진행기준
보험대리인이 수취하는 수수료	해당 보험의 개시일 또는 갱신일(추가용역을 제공할 것이 거의 확실한 경우에는 수수료의 일부 또는 전부를 이연해 보험계약기간 동안 수익으로 인식)
입장료 수익	행사가 개최되는 시점

건설계약으로 인한 수익과 비용을 인식해보자

건설계약의 결과를 신뢰성 있게 추정할 수 있을 때 건설계약 관련 계약수익과 계약원가는 보고기간 말 현재 계약활동의 진행률을 기준으로 각각 수익과 비용으로 인식한다.

건설계약이란 단일 자산의 건설이나 설계 등에 대해 서로 약정해 협의한 계약을 말한다. 건설계약은 일반적으로 도급공사를 대상으로 체결한다. 도급공사란 건설사업자가 건설공사의 완성을 약정하고, 발주자가 그 결과에 대한 대가의 지급을 약정한 계약에 따라 수행하는 공사를 말한다.

이런 건설계약의 수익은 수령했거나 수령할 대가의 공정가치로 측정한다. 구체적으로 설명하면 최초에 합의한 계약금액 또는 수익으로 귀결될 가능성이 크며, 금액을 신뢰성 있게 측정할 수 있는 공사변경, 보상금·장려금에 따라 추가되는 금액을 수익으로 인식한다.

건설계약의 수익인식 방법은 건설공사기간에 수익을 인식하는 진행기준과 건설공사 완성시점에 수익을 인식하는 완성기준이 있다. 한국채택국제회계기준에서는 건설계약의 결과에 대해 신뢰성 있게 추정할 수 있는지를 기준으로 수익인식 방법을 달리 규정한다.

수익과 비용으로 인식하는 기준은?

건설계약의 결과를 신뢰성 있게 추정할 수 있는 경우에 건설계약과 관련한 계약수익과 계약원가는 보고기간 말 현재 계약활동의 진행률을 기준으로 각각 수익과 비용으로 인식한다. 그런데 건설계약의 결과를 신뢰성 있게 추정할 수 없는 경우라면, 수익은 회수 가능성이 큰 계약원가의 범위 내에서만 인식해야 한다. 또한 계약원가는 발생한 기간의 비용으로 인식한다.

전자가 통상적으로 발생되므로 이를 중심으로 좀 더 구체적으로 알아보고자 한다. 이 경우에는 계약진행률의 산정방법이 핵심이다. 진행기준에 따라 수익과 비용을 인식하기 위해서는 진행된 정도를 반영할 계약진행률을 산정해야 한다. 계약진행률의 산정방법에는 몇 가지가 있으나 가장 일반적으로 누적발생원가를 기준으로 산정한다. 누적발생원가에서 제외되는 원가의 예로는 현장에 인도되었거나 계약상 사용하기 위해 준비했지만 아직 계약공사에 설치·사용되지 않은 재료의 원가, 하도급계약에 따라 수행될 공사에 대해 하도급자에게 선급한 금액 등이 있다.

누적계약진행률과 당기계약수익의 계산식

- 누적계약진행률 = ① 누적발생원가 ÷ ② 총공사예정원가
  ① 전기누적발생원가 + 당기발생원가
  ② 당기누적발생원가 + 추가예정원가
- 당기계약수익 = ① 당기말 누적계약수익 − ② 전기말 누적계약수익
  ① 당기말 총계약금액 × 당기말 누적진행률
  ② 전기말 총계약금액 × 전기말 누적진행률

계약진행률의 산정에서는 수행한 공사를 반영하는 계약원가만 누적발생원가에 포함한다. 따라서 공사의 진행된 정도와 관계가 없는 경우에는 계약진행률을 산정할 때 누적발생원가에 포함하지 않는다. 그 대표적인 예로 수주원가, 토지의 취득원가, 하자보수원가 등이 있다. 이러한 원가는 계약진행률을 산정할 때 누적발생원가에 포함하지 않는다는 뜻이지, 계약원가가 될 수 없다는 뜻은 아니다. 수주비용이나 하자보수비는 당연히 계약진행률에 따라 계약원가로 비용처리가 된다.

계약수익은 누적계산법으로 측정해 인식한다. 당기계약수익은 당기말 현재의 누적계약수익에서 전기말까지 계상한 누적계약수익을 차감해 측정한다. 계약수익을 누적으로 측정하는 이유는 장기간에 걸쳐 진행되는 건설계약에서 계약금액이나 계약원가가 변경되는 경우, 보고기간 말 현재 재무상태와 일정 기간의 수익을 최선의 추정치로 표시하기 위해서다.

회계처리 예시

1. 공사원가 발생 시

(차변) 미성공사   ×××   (대변) 현금   ×××

2. 공사원가 청구 시

(차변) 공사미수금   ×××   (대변) 진행청구액   ×××

3. 공사대금 회수 시

(차변) 현금   ×××   (대변) 공사미수금   ×××

4. 기말결산 시

(차변) 공사원가   ×××   (대변) 공사수익   ×××

        미성공사   ×××

5. 공사완료 시

(차변) 미성공사(하자보수비) ×××   (대변) 하자보수충당부채 ×××

        진행청구액   ×××   미성공사   ×××

기업에 자원을 이전하는 정부보조금

정부보조금이나 정부지원금을 받아서 사업을 수행하는 경우, 회계처리가 약간 다르므로 해당 지원금의 성격 등을 파악해 관련 업무를 처리해야 한다.

정부보조금은 기업의 영업활동과 관련해 과거나 미래에 일정한 조건을 충족할 경우, 기업에 자원을 이전하는 형식의 정부지원을 말한다. 정부보조금에 부수되는 조건의 준수와 보조금 수취에 대한 합리적인 확신이 있을 경우에만 정부보조금을 인식하는데, 보조금의 수취 자체가 보조금에 부수되는 조건이 이행되었거나 이행될 것이라는 결정적인 증거를 제공하지는 않는다.

여기서 '인식'이란 기업회계기준에서 거래나 사건의 경제적 효과를 자산, 부채, 수익, 비용 등으로 재무제표에 표시하는 것을 말한다. 이것은 결국 장부상의 회계처리를 의미한다.

정부보조금의 인식기준은 정부보조금을 장부에 반영하는 기준을 의미한다. 따라서 정부보조금에 부수되는 조건의 준수와 보조금 수취에 대한 합리적인 확신이 있을 때까지는 정부보조금으로 장부에 반영하지 않는다.

정부보조금으로 보전하는 관련 원가를 비용으로 인식하는 기간에 걸쳐 체계적인 기준에 따라 정부보조금을 당기손익으로 인식한다. 예를 들어 자산 관련 보조금은 해당 자산의 감가상각비 등이 발생하는 시기에 해당 감가상각비를 정부보조금과 상계하는 회계처리를 함으로써, 관련 원가를 비용으로 인식하는 기간에 정부보조금을 당기수익으로 인식한다.

정부보조금의 종류

정부보조금은 크게 두 가지로 나눌 수 있다. 바로 자산 관련 보조금과 수익 관련 보조금이다.

자산 관련 보조금은 정부지원의 요건을 충족하는 기업이 장기성 자산을 매입해 건설하거나 다른 방법으로 취득해야 하는 일차적 조건이 있는 정부보조금을 의미한다. 부수조건으로 해당 자산의 유형이나 위치, 또는 자산의 취득기간이나 보유기간을 제한할 수 있다. 자산 관련 보조금은 기본적으로 자산취득을 조건으로 지원해주는 정부보조금을 의미한다.

세법에서는 자산 관련 보조금에 대해 일정한 요건을 두고 있고,

정부보조금의 회계처리 예시

A회사는 정부에서 기술장려를 위한 정부보조금 1억 원을 받아 연구개발을 위해 2억 원짜리 기계장치를 구입하는 데 사용했다. 이에 대한 회계처리는 다음과 같다.

(차변) 현금   100,000,000   (대변) 정부보조금   100,000,000
                                          (현금 차감계정)

(차변) 기계장치   200,000,000   (대변) 현금   200,000,000
      정부보조금 100,000,000   정부보조금   100,000,000
      (현금 차감계정)   (기계장치 차감계정)

재무상태표

기계장치 2억 원
(정부보조금 1억 원)

1년이 지난 후 당해 기계장치에 대해 감가상각을 하게 되었다. 감가상각비는 2천만 원이다.

(차변) 감가상각비   20,000,000   (대변) 감가상각누계액   20,000,000
      정부보조금   20,000,000   감가상각비   20,000,000
      (기계장치 차감계정)

재무상태표

기계장치 2억 원
(정부보조금 8천만 원)
(감가상각누계액 2천만 원)

사후관리를 적용한다. 자산 관련 보조금(공정가치로 측정하는 비화폐성 보조금 포함)을 받는 경우에는 관련 자산을 취득하기 전까지 받은 자산과 받은 자산을 일시적으로 운용하기 위해 취득하는 다른 자산의 차감계정으로 회계처리를 하고, 관련 자산을 취득하는 시점에서 관련 자산의 차감계정으로 회계처리 한다.

수익 관련 보조금은 당기의 손익에 반영해 회계처리 한다. 다만 수익 관련 보조금을 사용하기 위해 특정의 조건을 충족해야 하는 경우에는 그 조건을 충족하기 전에 받은 수익 관련 보조금은 선수수익으로 회계처리 한다.

수익 관련 보조금은 대응되는 비용이 없는 경우, 기업의 주된 영업활동과 직접적인 관련성이 있다면 영업수익으로, 그렇지 않다면 영업외수익으로 회계처리 한다. 반면에 수익 관련 보조금이 특정의 비용을 보전할 목적으로 지급되는 경우에는 당기손익에 반영하지 않고 특정의 비용과 상계처리 한다.

STEP 6

비용의 회계처리와
기타 회계

비용에 대한 회계처리가 처음에는 잘 와닿지 않을 것이다. 계정의 종류가
무엇인지 정도만 눈에 들어올지도 모른다. 하지만 비용에 대한 회계처리는
항상 세법상의 제재사항과 연관해서 생각해야 한다. 6장에서는 이런 세무
상의 이슈도 살짝 언급했으며, 비용에 대한 관심항목을 위주로 설명했다.

급여의 핵심을
정확히 파악하자

급여는 기업을 운영하면서 발생하는 주된 고정비 성격의 지출이다. 급여의 회계처리는
세금 및 4대보험과 직접적으로 연관되어 있으므로 관련 지식도 함께 파악해야 한다.

인건비란 사용자와 근로자의 고용관계에서 근로의 대가로 지급하는
제반비용을 말한다. 근로자는 급여, 봉급, 상여, 수당이라는 명목으
로 받게 된다. 인건비와 복리후생비의 다른 점은 복리후생비가 실비
변상적 성격의 급여로서 비과세라는 것이다. 즉 복리후생비는 근로
소득으로 잡히지 않는 지출을 말하며, 직원들을 위한 회식비나 야유
회 등을 위한 지출이 이에 해당한다. 급여와 관련한 계정과목은 여
러 가지가 복합적으로 관련되는데, 이는 근로소득세와 4대보험료를
기업에서 계상해야 하기 때문이다.

급여를 지급할 때의 계정과목에 대해 알아보자. 국민연금보험료

기업부담금은 세금과공과금으로 처리하고, 건강보험료와 고용보험료 기업부담금은 복리후생비로 계상한다. 또한 산재보험료는 보통 보험료 계정과목을 사용한다. 하지만 이는 기준이 될 뿐이며, 실익은 크지 않다. 다만 계정과목은 한번 정하면 통일되게 계속 사용하는 것이 더 중요하다.

급여와 함께 잡급이라는 계정도 있다. 이는 근로기간이 3개월 미만인 일용근로자에 대해 일당 개념의 지출이 있을 때 사용하는 계정으로, 세무상 신고와 4대보험 등에서 정규직 근로자와는 차이가 있다. 관리적 측면에서도 당연히 별도로 계상해야 한다. 잡급을 지급할 때는 지출증빙으로 일용노무비 지급명세서를 작성해야 하며, 일용근로자의 신분증 사본 등을 보관해야 한다.

급여와 관련된 회계처리는 간단하게 다음의 두 가지 경우로 나눠서 설명할 수 있다.

첫째, 급여를 해당 월에 지급하는 경우다. 보통의 기업이 대부분 이에 해당할 것이다. 예를 들어 기업이 1월 25일에 급여를 지급한다고 가정하면 근로자에게 급여를 이체하는 날인 1월 25일에 회계처리를 해야 한다. 만약 근로자 A에게 급여 200만 원을 지급해야 한다고 가정하면, 예수금으로 근로소득세 등과 보험료에 해당하는 금액은 제외하고 지급한다. 이는 기업이 차감한 후 국세청에 납부해야 하는 것이다.

둘째, 급여를 해당 월에 지급하지 않고 다음 달에 지급하는 경우다. 보통 서비스업이 여기에 해당하는데, 이는 해당 월에 일정한 성과 측정이나 상여 등의 정산, 또는 이직이 너무 잦은 경우에 주로 나타난다. 이 경우에는 1월 근무자의 급여에 대한 회계처리를 1월 31일에 해야 하고, 그 대신 아직 지급하지 않은 급여는 미지급급여로 부채로 인식해둔다. 미지급급여는 다음 달에 실제로 이체할 때 상계처리를 하게 된다.

원천징수에 대해 구체적으로 알아보자

원천징수란 열거된 일정한 소득에 대해 해당 소득을 지급하는 자(원천징수의무자)가 원천징수세율을 적용해 계산한 소득세를 차감하는 것을 말한다. 차감한 소득세는 일정 기간 안에 국세청에 신고하고 납부해야 한다.

예를 들어 회사에서 특강을 하기 위해 외부강사를 초빙했을 때 강의료를 50만 원으로 책정했다면, 이에 대해 사업소득으로 소득세 3%와 주민세 0.3%를 합해 총 3.3%인 1만 6,500원을 제외하고

도표 6-1 ▼ 원천징수

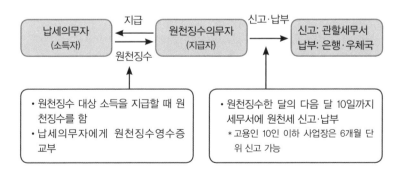

도표 6-2 ▼ 대표적인 원천징수 대상 소득과 세율

원천징수 대상 소득	세율
이자소득	일반 이자소득 14%, 비영업대금이익 25%
배당소득	일반 배당소득 14%
근로소득	종합소득세율에 따름(일용근로자 6%)
사업소득	지급금액의 3%
봉사료	지급금액의 5%

도표 6-3 ▼ 원천징수 대상 소득과 대상 제외 소득의 과정

구분		대상 소득	대상 제외 소득
세금부담자(담세자)		소득자	소득자
세금납부자		소득을 지급하는 자	소득자
세금납부 절차	세액계산	소득을 지급하는 자	소득자
	신고서 제출	소득을 지급하는 자	소득자
	납부시기	소득지급 시마다 납부 (분납효과 발생)	신고시기에 납부 (일시납부에 따른 부담 발생)

48만 3,500원만 지급한다. 1만 6,500원은 다음 달 10일까지 국세청에 신고하고 납부해야 한다. 회사에서는 그렇게 함으로써 50만 원에 대한 비용(교육훈련비)처리가 가능하다.

(차변) 교육훈련비 500,000   (대변) 현금   483,500

　　　　　　　　　　　　　　　　　예수금   16,500

급여와 관련된 회계처리 예시

1. 급여 미지급금 계상

(주)유진세무법인은 직원의 급여를 급여귀속일이 속한 달의 다음 달 5일에 지급한다. 1월분 급여 300만 원을 1월 31일 결산시점에 계상한다.

(차변) 직원급여　　3,000,000　　　　(대변) 미지급비용　　3,000,000

2. 급여지급 시 예수금을 징수한 경우

(주)유진세무법인은 직원의 1월분 급여를 2월 5일에 지급했다. 1월분 급여는 300만 원이며, 급여지급 시 각종 공제사항은 갑근세 8만 4,850원, 주민세 8,480원과 직원부담분 국민연금 13만 5천 원, 직원부담분 건강보험료(장기요양보험료 포함) 11만 300원, 직원부담분 고용보험료 2만 4천 원이다.

- 고용보험은 사용자와 종업원이 나눠 부담하지만, 산재보험료는 회사만 부담한다.
- 고용보험과 산재보험은 연초나 분기에 개산보험료를 산출해 회사가 미리 납부하고 급여지급 시 고용보험은 공제한다. 산재보험료는 회사만 부담하므로 급여에서 공제할 필요가 없다.

(차변) 직원급여　3,000,000　　　(대변) 미지급비용　　　　　　　2,637,370
　　　　　　　　　　　　　　　　　　　　(갑근세+주민세)예수금　93,330
　　　　　　　　　　　　　　　　　　　　(국민연금)예수금　　　　135,000
　　　　　　　　　　　　　　　　　　　　(건강보험)예수금　　　　110,300
　　　　　　　　　　　　　　　　　　　　(고용보험)예수금　　　　24,000

3. 갑근세 납부 시

3월 10일에 1월분 급여에 대한 갑근세 및 주민세 9만 3,330원을 보통예금에서 인출해 납부했다.

(차변) (갑근세+주민세)예수금　93,330　　　(대변) 보통예금　　　93,330

- 갑근세는 급여지급일(1월분을 2월 5일에 지급)의 다음 달 10일까지 납부해야

하므로, 이 경우 1월분 급여지급 시 원천징수한 금액을 3월 10일까지 납부해야 한다.

- 근무월: 1월
- 급여지급일: 2월 5일, 갑근세 및 주민세 징수
- 갑근세 납부일: 급여지급월(2월 5일)의 다음 달 10일(3월 10일)

4. 국민연금, 건강보험료 납부 시

3월 10일에 1월분 국민연금 27만 원(종업원부담금 13만 5천 원, 회사부담금 13만 5천 원)과 건강보험료 22만 600원(종업원부담금 11만 300원, 회사부담금 11만 300원)을 보통예금통장에서 인출해 납부했다. 고용보험과 산재보험은 연초나 분기에 전년도 납부액에 따라 개산보험료로 미리 보험료를 납부하고 연말결산 시에 당기 발생한 보험료를 선급비용과 상계하며 추후 확정보험료에 따라 정산한다.

(차변) (국민연금)예수금	135,000	(대변) 보통예금	490,600
(건강보험)예수금	110,300		
세금과공과	135,000		
복리후생비	110,300		

- 건강보험과 국민연금은 사용자와 종업원이 각각 1/2씩 부담하며, 공제액은 표준보수월액표에 의한다.
- 국민연금 회사부담금 계정과목은 보통 세금과공과로 처리한다.
- 건강보험 및 고용보험료 회사부담금 계정과목은 복리후생비로 처리한다.

복리후생비와 임원급여, 세무상 중요사항을 확인하자

직원들에게 지원하는 교육비는 회계상으로 복리후생비로 볼 수 있으며, 일정한 교육비가 아닐 때는 세법상 근로소득으로 봐야 한다.

복리후생비란 임직원의 복리후생을 위해 지출하는 비용으로 사용인의 근로의욕 고취, 생산성 제고, 사용인의 육체적·정신적 건전화와 경제적 지위의 향상, 근로환경 개선 등의 목적이 있다. 이런 목적을 가진 항목은 보통 실무적으로 복리후생비로 회계처리를 하나 세무상 인건비에 해당하는 경우가 있으므로 구분하는 것이 중요하며, 증빙도 그 구분에 따라 달라진다.

세무상 인건비에 해당할 때는 원천징수하므로 원천징수영수증을 보관하고, 그 외는 내부적으로 지급품의서와 전표를 작성·보관한다. 외부와의 거래를 통한 복리후생비는 지출건당 3만 원을 초과한 경

도표 6-4 ▼ **급여와 복리후생비의 구분**

구분	인건비(급여, 상여 등)	복리후생비
의의	• 근로에 대한 대가 • 노동력의 유지를 위한 직접비	• 복리후생을 위한 지출 • 노동력의 유지·회복을 위한 생산성 향상 목적
소득세 과세 여부	근로소득세 과세(비과세소득 제외)	원천적으로 비과세

도표 6-5 ▼ **복리후생비의 종류**

구분	내용
법적 관련	건강보험료와 고용보험료는 기업부담금, 국민연금 기업부담분은 세금과공과 또는 복리후생비로 처리하고, 산재보험료는 보험료로 처리함
복리 관련	직장보육시설의 운영비와 종업원을 위한 시설(사택, 기숙사, 식당 등)의 운영비 중 법인의 부담금
의료 관련	정기건강진단료, 의무실 유지비, 의약품 구입비
소모품 관련	피복비, 선물비, 다과비, 기타 소모품
식대 관련	휴일근무 식비, 야근 식비, 간식비, 회식비 등
기타	직장체육비, 야유회비, 주택보조금, 우리사주조합 운영비

우에는 세금계산서 등 법정지출증빙을 반드시 수취해야 한다.

종업원에 대한 의료비 지원금은 복리후생비로 처리하되, 그 금액은 해당 직원의 근로소득에 합산해 근로소득세를 원천징수해야 한다. 사내 동호회에 지급하는 활동지원비를 금전으로 지급하는 경우에는 복리후생비로 처리할 수 있으며, 대신 동호회에서 이를 사용할 때 관련된 지출증빙 자료를 보관해야 한다.

다양한 조건식을 파악하자

직원들에게 지원하는 교육비는 회계상으로 복리후생비로 볼 수 있으며, 일정한 교육비가 아닐 때는 세법상 근로소득으로 봐야 한다. 소득세법상 학자금은 소득세법 시행령 제11조에 따라 '근로자직업능력 개발법'에 따른 직업능력개발훈련시설의 입학금·수업료·수강료 등을 의미하며, 소득세법 시행령 제118조의6에 따라 교육비 세액공제가 가능하다. 즉 대학원 등록금을 지원하는 경우에는 복리후생비로 처리하고, 근로소득으로 보지 않기 때문에 근로소득 원천징수도 필요 없다. 하지만 일반 어학원의 수강료를 지원해주는 비용은 복리후생비지만 근로소득 비과세가 아니기 때문에 근로소득 원천징수에 문제가 발생한다.

임직원에게 지급하는 경조사비는 복리후생비로 처리할 수 있으며, 관련된 청첩장 등의 자료를 첨부해 보관해야 한다.

임원급여는 대표이사, 전무, 상무, 이사, 감사 등 법인기업체의 임원에게 지급하는 급여로 상여금도 포함한다. 임원급여를 직원에게 지급하는 급여와 구분할 필요가 있는 경우에만 계정과목을 임원급여로 분류하며, 임원급여를 구분할 필요가 없는 경우에는 급료 및 임금으로 처리한다. 임원급여, 직원급여(급료 및 임금), 제수당 등의 구분은 외부에 보고할 목적으로는 구분의 실익이 없으므로 기업회계기준에서 통합하고 있으며, 내부관리 목적으로 구분해 관리하는 것이 효율적이다.

임원급여가 중요한 이유는 바로 세무상 문제가 발생하기 때문이다. 임원의 인건비는 원칙적으로 손금산입 한다. 하지만 다음 세 가지에 해당하는 경우는 손금산입을 하지 않는다. 첫째로 합명회사 또는 합자회사의 노무출자사원에게 지급한 보수일 경우, 둘째로 비상근 임원의 보수 중 부당행위 계산부인의 대상이 되는 부분(과다보수로 인정되는 것)일 경우, 셋째로 법인이 지배주주인 임원 또는 사용인에게 정당한 사유 없이 동일 직위에 있는 지배주주 등 임원 또는 사용인에게 지급하는 금액을 초과해 지급한 보수일 경우에는 손금산입을 하지 않는다.

법인이 사용인에게 상여금을 지급하고 이를 손비로 처리한 경우에는 전액 손금에 산입한다. 반면에 임원상여금 지급 시에는 상여금 지급기준이 있는지 확인하고 지급해야 한다. 임원에게 지급하는 상여금 중 정관·주주총회·사원총회 또는 이사회의 결의로 결정된 급여지급기준에 따라 지급하는 금액은 손금산입 하고, 지급기준을 초과하거나 지급기준 없이 지급하는 상여금은 손금산입 하지 않는다.

퇴직연금에 대해 자세히 알아보자

퇴직연금제도는 기업이 근로자의 퇴직급여를 금융기관에 위탁해 운용한 뒤, 근로자가 퇴직할 때 연금이나 일시금으로 주는 제도다.

퇴직금제도는 근로기준법에 근거하고 있었지만, 근로자퇴직급여 보장법이 제정되어 현재는 동법에 근거한다. 근로자퇴직급여 보장법은 2005년 12월 1일부터 시행했다. 다만 상시 4인 이하의 근로자를 사용하는 사업은 2008년 이후 2010년을 넘지 않는 기간 이내에서 동법 시행령이 정하는 날부터 시행하기로 했다.

퇴직연금제도는 기업이 근로자의 퇴직급여를 금융기관에 위탁해 운용한 뒤, 근로자가 퇴직할 때 연금이나 일시금으로 주는 제도다. 퇴직연금제도는 2005년 12월 1일부터 근로자 5인 이상의 사업장에서 실시할 수 있었고, 2010년부터 모든 사업장에 도입되었다. 따라서 2010년까지는 기존의 퇴직금제도[기업회계기준 제27조(퇴직급여충당금)]와 퇴직연금제도가 병행해 실시되었다.

퇴직연금제도의 종류

퇴직연금제도는 기존 퇴직금제도의 단점을 보완해 퇴직금을 사외에 적립하고, 근로자의 수급권 보장을 강화한 제도이다. 이러한 퇴직연금제도는 운용방식에 따라 확정급여형 퇴직연금제도, 확정기여형 퇴직연금제도, 개인형 퇴직연금제도로 구분할 수 있다.

확정급여형(DC형: Defined Benefit) 제도는 근로자가 퇴직할 때

도표 6-6 ▼ **퇴직연금제도의 종류**

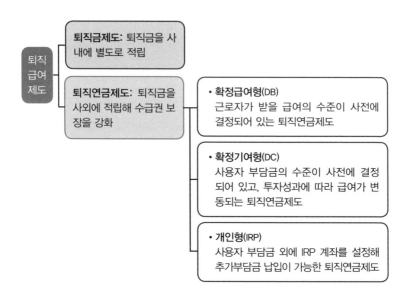

퇴직급여제도
- **퇴직금제도:** 퇴직금을 사내에 별도로 적립
- **퇴직연금제도:** 퇴직금을 사외에 적립해 수급권 보장을 강화
  - **확정급여형**(DB)
    근로자가 받을 급여의 수준이 사전에 결정되어 있는 퇴직연금제도
  - **확정기여형**(DC)
    사용자 부담금의 수준이 사전에 결정되어 있고, 투자성과에 따라 급여가 변동되는 퇴직연금제도
  - **개인형**(IRP)
    사용자 부담금 외에 IRP 계좌를 설정해 추가부담금 납입이 가능한 퇴직연금제도

도표 6-7 ▼ **퇴직연금제도의 단계별 과세방법**

1단계 부담금납입

과세이연 (Exempt)

기업 납입분
퇴직연금제도를 설정해 당해 사업연도에 대해 손금산입
　- 확정급여형: 퇴직금 추계액 범위 내에서 납입한 부담금 전액 손금산입
　- 확정기여형: 납입한 부담금 전액 손금산입

근로자 납입분
사용자 부담금과 별도로 근로자가 추가로 납입한 부담금에 대해 세액공제

2단계 적립금운용

과세이연 (Exempt)

이자, 배당금 등 적립금 운용과정에서 발생하는 수익에 대해 과세이연

3단계 퇴직급여 수령

과세 (Taxed)

연금 수령 시
　- 연금소득세 과세
　- 공적연금을 제외한 연금수령액이 연간 1,200만 원을 초과하는 경우 종합소득세로 과세

일시금 수령 시
퇴직소득세, 기타소득세 등으로 분류과세
　- 회사 납입분: 퇴직소득세 과세
　- 근로자 납입분: 기타소득세 과세

받을 퇴직급여의 수준이 사전에 결정되며, 기업의 부담금은 적립금의 운용실적에 따라 달라지는 제도다. 따라서 퇴직금 수준이 미리 확정되어 있으므로 안정적으로 퇴직금 수령이 가능하며, 운용의 책임은 기업에 있으므로 근로자는 퇴직금의 투자나 관리에 직접 관여하지 않아도 된다.

확정기여형(DC형: Defined Contribution) 제도는 퇴직급여를 지급하기 위해 사용자가 부담해야 할 부담금의 수준이 사전에 결정되어 있는 퇴직연금을 말한다. 근로자가 직접 적립금 운용상품을 선택하고 운용의 책임과 결과도 근로자에게 귀속되는 제도로서, 근로자의 투자성향을 고려해 다양하게 운용이 가능하다. 따라서 운용의 책임은 근로자에게 있으므로 적립금 운용 결과에 따라 발생한 수익 또는 손실이 반영되어 퇴직급여가 변동될 수 있고 기업이 적립하는 부담금 외에 가입자의 추가부담금 납입도 가능하다. (근로자 추가부담금의 일부 세액공제 혜택도 있다.)

회계처리는 이렇게 하면 된다

기존의 퇴직금제도에서 확정급여형 퇴직연금제도 또는 확정기여형 퇴직연금제도로 변경하는 경우에 기존 퇴직급여충당금에 대한 회계처리는 다음과 같다.

첫째, 퇴직급여제도를 변경하면서 기존 퇴직급여충당금을 정산하는 경우에는 기존 퇴직급여충당금의 감소로 회계처리 한다. 둘째, 확정기여형 퇴직연금제도가 장래근무기간에 대해 설정되어 과거근무기간에 대해 기존 퇴직금제도가 유지되는 경우, 임금수준의 변동에 따른 퇴직급여충당금의 증감은 퇴직급여(비용)로 인식한다.

셋째, 과거근무기간을 포함해 확정급여형 퇴직연금제도로 변경하는 경우, 기존 퇴직급여충당금에 대해 부담금 납부의무가 생기더라도 이는 사내적립액을 사외적립액으로 대체할 의무에 지나지 않는다. 그러므로 별도의 추가적인 부채로 인식하지 않고, 납부하는 시점에 퇴직연금운용자산으로 인식한다.

접대비는
세무상 문제를 주의하자

접대비는 조세회피 수단 등으로 이용될 여지가 있기 때문에 세법상 이슈가 매우 크다.
접대비에서 가장 중요한 점이 엄격한 지출증빙서류와 접대비 한도다.

접대비는 사업상 필요에 따라 특정 거래처나 이해관계자에게 지출하는 접대비, 교제비, 사례비나 이와 유사한 비용으로 지출하는 금액을 말한다. 따라서 기업이 업무와 관련 없이 지출하는 기부금과는 성격이 다르며, 불특정 다수에게 지출하는 광고선전의 목적비용과도 구분된다.

과세관청은 접대비가 소비 향락적인 지출로서, 조세회피의 수단이나 기업의 불건전한 소비지출로 인한 투자 저해 등 여러 사회문제를 야기할 수 있다고 보고 있다. 그래서 세법에서는 엄격하게 규정해 일정 금액 이상의 지출에 대해서는 세무상 비용으로 인정하지

264

않는다. 그런데 중요한 것은 이것이 회계상으로 전혀 문제가 없다는 것이다.

회계학적으로는 실제 발생한 사실관계에 따라 회계처리를 해야 하며, 계정분류 또한 사실에 따라 이루어져야 한다. 따라서 회계상 세법도 동시에 적용하는 것이 좋지만, 이를 분명히 구분해야 한다. 접대비에 해당하는 지출항목에는 사업상 필요에 따라 지출하는 접대, 향응, 선물구입 등이 해당하며, 거래처에 보내는 축하화환과 경조사비, 그리고 거래처에 보내는 각종 후원금도 포함된다.

접대비는 세법상 중요하게 다룬다

접대비에 대한 세법상 이슈가 매우 크다. 접대비에서는 엄격한 지출증빙서류와 접대비 한도가 가장 중요하다. 다시 강조하면 회계상, 즉 손익계산서상의 접대비계정에 올릴 수 있는 금액은 이와 다르다. 한도계산과 법정적격증빙 수취 여부는 세무조정상의 문제다.

접대비의 첫 번째 세무상 중요사항은 법정적격증빙 수취다. 접대비가 1만 원을 초과하는 경우에 법정적격증빙을 받아야 한다. 여기서 법정적격증빙이란 세금계산서, 법인카드사용전표, 지출증빙용 현금영수증을 말한다.

예를 들어 거래처와 술집에 가서 30만 원을 결제할 때 법인 대표자의 개인카드로 결제했다면, 이는 회계상으로 접대비에 해당하나 세법상으로는 적격증빙에 해당하지 않아 접대비에서 세무상 손금에

도표 6-8 ▼ **접대비와 유사 계정과목 구분 기준**

계정과목	구분 기준	
접대비	업무와 관련된 지출	특정 고객을 위한 지출
광고선전비		불특정 고객을 위한 지출
기부금	업무와 관련 없는 지출	

 접대비조정명세서

접대비조정명세서는 세금신고 시 부속명세서로 함께 제출해야 하는 양식이다. 즉 세금과 직접 관련이 있으므로 꼼꼼히 보면 접대비가 매우 구체적으로 관리되고 보고되는지 느낄 수 있을 것이다.

해당하지 않는다. 즉 손익계산서상에는 접대비계정에 30만 원이 계상되지만, 접대비조정명세서상에서는 부인되어 법인세를 신고할 때 해당 금액만큼 손금으로 인정되지 않는다.

접대비의 두 번째 세무상 중요사항은 한도계산이다. 접대비의 기본한도는 연간 1,200만 원이며, 중소기업의 경우 3,600만 원이다.

추가로 수입금액별 한도가 있는데 이는 기본한도에 더해진다. 법인의 수입금액(매출액)에 대해 일정한 비율을 적용해 계산한 금액을 수입금액별 한도로 한다. 수입금액이 100억 원 이하인 법인의 경우 30/10,000을 적용률로 한다. 예를 들어 80억 원의 매출을 올리는 법인이라면 기본한도 1,200만 원에 2,400만 원(80억 원×30/10,000)을 더한 3,600만 원을 1년간의 접대비로 사용할 수 있다.

도표 6-9 ▼ 수입금액별 한도

수입금액	적용률
100억 원 이하	30/10,000
100억~500억 원	3천만 원+[(수입금액−100억 원)×20/10,000]
500억 원 초과	1억 1천만 원+[(수입금액−500억 원)×3/10,000]

· 접대비 한도금액=① 기본한도+② 수입금액별 한도
① 기본한도=1,200만 원(중소기업: 3,600만 원)×(당해사업연도의 개월수/12)
② 수입금액별 한도=수입금액×적용률

    당연히 신설 법인의 경우 이보다 적다. 예를 들어 5월 1일에 설립해 사업을 시작한 법인은 사업을 8개월만 했으므로 3,600만 원을 12개월로 나누고 다시 8개월을 곱한 금액인 2,400만 원이 접대비 한도다. 이를 초과해 사용한 금액은 회계상으로는 인정되지만, 세무상 손금으로는 부인되어 법인세 신고 때 손금으로 인정되지 않는다. 손금으로 인정되지 않는다는 의미는 그만큼을 이익으로 보기 때문에 납부할 법인세가 올라가게 된다는 뜻이다. 다음의 자료는 접대비 조정명세서 양식이다. 참고하길 바란다.

도표 6-10 ▼ 접대비조정명세서

■ 소득세법 시행규칙 [별지 제55호서식] <개정 2018. 3. 21.>

접 대 비 조 정 명 세 서 (1)

① 과세기간	년 월 일부터 년 월 일까지	② 상 호 (사업자등록번호)		③ 성 명	

접 대 비 등 명 세

						합 계
④ 계 정 과 목						
⑤ 계 정 금 액						
접대비 해당 금액	⑥ 신용카드 등 사용금액 (「소득세법 시행령」 제84조제4항에 따른 국외지역에서 지출한 현금접대비 등 포함)					
	신용카드 등 미사용금액	⑦ 1만원 초과 (경조금은 20만원 초과)				
		⑧ 1만원 이하				
		⑨ 현물접대비				
		⑩ 계(⑦ + ⑧ + ⑨)				
	⑪ 계 (⑥ + ⑩)					
필요경비 부인액	⑫ 신용카드 등 미사용분(⑦)					
	⑬ 기 타					
	⑭ 계 (⑫ + ⑬)					
⑮ 조정대상 접대비 해당 금액(⑪ - ⑭)						

210mm×297mm[백상지 80g/㎡ 또는 중질지 80g/㎡]

접 대 비 조 정 명 세 서 (2)

① 과세기간	년 월 일부터 년 월 일까지	상 호		③ 성 명	
		② 사업자등록번호			

1. 접대비 한도초과액 조정

구 분			금 액
④ 1천200만원(중소기업은 1천800만원. 다만, 2018년 12월 31일 이내에 끝나는 과세 기간까지는 2천400만원) × 과세기간월수( )/12			
일반 접대비 한도	총수입금액 기준	100억원 이하의 금액 × 20/10,000	
		100억원 초과 500억원 이하의 금액 × 10/10,000	
		500억원 초과 금액 × 3/10,000	
		⑤ 소 계	
	일반수입금액 기준	100억원 이하의 금액 × 20/10,000	
		100억원 초과 500억원 이하의 금액 × 10/10,000	
		500억원 초과 금액 × 3/10,000	
		⑥ 소 계	
	⑦ 특수관계 관련 수입금액	(⑤ − ⑥) × 10/100	
	⑧ 일반접대비 한도액 (④+⑥+⑦)		
문화접대비 한도 (「조세특례제 한법」 제136 조제3항)	⑨ 문화접대비 지출액		
	⑩ 문화접대비 한도액 (⑨와 (⑧×20/100)에 해당하는 금액 중 적은 금액)		
⑪ 접대비 한도액 합계 (⑧ + ⑩)			
⑫ 조정대상 접대비 해당 금액 [명세서(1)의 ⑯]			
⑬ 접대비 한도 초과액 (⑫ − ⑪)			
⑭ 필요경비 산입 한도 내 접대비지출액 (⑪과 ⑫ 중 적은 금액)			

2. 기준수입금액 명세

⑮ 일반수입금액	⑯ 특수관계자 관련 수입금액	⑰ 총수입금액 (⑮ + ⑯)

작 성 방 법

[접대비조정명세서(1)]

1. ⑥ 신용카드 등 사용금액란: 해당 과세기간에 지출한 접대비 해당액 중 신용카드(직불카드 및 외국에서 발행된 신용카드를 포함합니다), 현금영수증 거래분과 계산서·세금계산서 거래분, 매입자발행세금계산서 또는 원천징수영수증을 발행하여 지출하는 경비, 「소득세법 시행령」 제84조제4항에 따른 국외지역에서 지출한 현금접대비 또는 농·어민으로부터 직접 재화를 공급받고 그 대가를 금융회사 등을 통하여 지급한 지출(종합소득세과세표준 확정신고를 할 때 송금명세서를 제출한 경우에 한정)의 합계액을 적습니다.

2. ⑦ 1만원 초과(경조금은 20만원 초과) 란 및 ⑧1만원 이하란: 신용카드등 미사용분 접대비(현물접대비는 제외합니다)를 건별금액으로 구분하여 그 합계를 각각 적습니다.

3. ⑬ 기타란: 업무와 관련 없는 비용, 증명서류를 갖추지 않은 접대비 등으로 필요경비 불산입할 금액을 적습니다

작 성 방 법

[접대비조정명세서(2)]

1. ④란 작성 시 중소기업(「조세특례제한법 시행령」 제2조에 해당하는 기업) 외의 경우에는 1천 2백만원을 적용합니다.

2. 접대비한도액 계산 시 총수입금액은 ⑰란의 금액을 기준으로 하고, 일반수입금액은 ⑯란의 금액을 기준으로 하여 100억원 이하, 100억원 초과 500억원 이하, 500억원 초과금액으로 구분하여 해당 비율을 적용·계산한 금액을 적습니다.

3. 문화접대비 한도(⑨~⑩)란은 「조세특례제한법」 제136조제3항에 따른 문화접대비 지출금액이 있는 경우에 작성합니다.

4. ⑫ 조정대상 접대비 해당 금액란은 접대비조정명세서(1)의 ⑤란의 합계금액을 적습니다.

5. "2. 기준수입금액명세"의 ⑯ 일반수입금액 및 ⑯ 특수관계자 관련 수입금액란은 기업회계기준에 따라 계산한 매출액을 적습니다.

210mm×297mm[백상지 80g/㎡ 또는 중질지 80g/㎡]

해외출장 지출의 회계처리는
이렇게 하자

해외에서의 지출한 다양한 비용을 가장 명확히 처리할 수 있는 방법은 카드를 사용하는 것이다. 카드를 사용하면 환율적용 문제를 쉽게 해결할 수 있다.

해외출장 등으로 지출하는 비용에 대해서는 일반적인 지출증빙기준이 다르고, 환율적용기준 등의 문제가 있어 회계처리를 하는 데 어려움이 따른다. 사업상 해외에 출장을 가면 가장 먼저 항공료가 발생하고, 체류하는 동안의 호텔 숙박비, 잦은 식대 지출, 교통비가 발생할 것이다. 이를 법인카드로 결제하면 쉽게 환율적용 문제가 해결될 수 있으나, 현금으로 지출하는 경우에는 좀 애매할 수 있다.

해외출장비는 국내와 달리 적격증빙 수취의무가 적용되지 않는다. 하지만 이는 세법상의 이슈이고, 회계상으로는 당연히 실제 지출 여부를 확인할 수 있는 증빙서류가 있어야 한다. 해외에서 사용한 영수증 등이 이에 해당하며, 해외출장비정산서 등의 형식을 갖춰서 해외출장기간과 방문 국가, 목적 등을 내부적으로 정리한 후 해당 증빙을 함께 보관·관리해야 한다. 환율적용 문제는 기준환율을 적용하면 해결된다. 인터넷에 검색해보면 기준환율에 대해 자세하게 일자별로 나온다.

하지만 장기간의 해외출장 시 해당 일자마다 기준환율을 적용하는 것은 실익이 없다. 따라서 출장비 정산시점을 기준으로 기준환율을 적용하는 것이 가장 무난한 회계처리다. 항공권은 국내 여행사를 통해 결제하므로 문제가 되지 않지만, 해외에서 직접 사용한 현금은 국내에 복귀한 후 정산해야 한다. 이때 해당 영수증의 합산금액에 기준환율을 적용해 비용을 정산하는 것이 가장 무난한 방법이다. 법인카드는 자동으로 지출시점의 환율이 적용되어 원화로 청구되므로 이런 문제가 발생하지 않는다.

임직원이 해외에서 시내 및 당일 인근 지역에 출장을 갈 때의 교통비는 목적지와 업무내용이 기재된 지출결의서와 함께 증빙을 수취하면 된다. 시내버스 등은 별도의 영수증을 받기 어렵고 소액이므로 지출결의서로 충분하다. 하지만 고속버스나 항공기는 승차권을 반드시 증빙으로 보관해야 한다. 또한 차량유지비로 주유비 등을 지원하는 경우가 많은데, 이때에도 반드시 관련 증빙서류를 보관해야 한다.

차량을 운행하다가 신호위반이나 과속 등으로 범칙금이 부과되면 이는 비용처리가 되지 않는다. 비용처리가 안 된다는 것은 세무상 이슈이므로, 회계상으로는 당연히 세금과공과 등의 계정으로 처리하면 된다. 다만 법인세를 신고할 때 세무조정에서 손금불산입을 해서 비용처리가 되지 않도록 한다.

한편 차량구입과 관련해 많은 사람들이 리스로 할지 할부로 구입할지 궁금해한다. 특히 최근에 리스가 절세에 매우 유리하다는 식의 이야기가 있는데, 이는 사실과 다르다. 할부로 구입하더라도 감가상각비로 비용처리를 할 수 있다. 단지 그 시간적 관점에서는 리스가 유리할 수 있지만, 그만큼 리스료에 금융비용이 모두 포함되어 있기 때문에 꼭 리스가 유리하지만은 않다.

세금과공과 계정의 회계처리

세금과공과에서 '세금'은 회사가 영업활동을 하면서 납부해야 하는 세금 중에서 자동차세, 면허세, 재산세, 인지세 등 국가 또는 지방자치단체에 납부하는 것을 말한다. '공과'는 영업과 관련해 협회 등에 지급하는 일정 회비, 사용자단체회비, 상공회의소회비 등이다.

그런데 이 세금에 왜 법인세와 부가가치세, 취득세, 등록세는 왜 포함이 안 될까? 법인세는 법인의 소득이 결정된 후 산출되는 세금인데, 소득결정 과정(비용계상)에서 미리 비용으로 처리하면 계산이 복잡해지므로 따로 계산해 별도의 항목으로 비용을 처리해준다. 따라서 법인세비용으로 별도 계정이 있다.

부가가치세는 소비자가 부담하는 간접세로서 형식적으로는 회사가 부담하는 것처럼 보이지만, 실제로는 신고와 납부만 대신하는 것이므로 회사의 비용이 아니다. 따라서 5,500원의 제품을 판매하면 부가가치세 10%에 해당하는 500원은 매출로 잡히지 않는다. 즉 5천 원만 매출에 해당하므로 부가가치세 500원을 다시 비용으로 잡는 것은 맞지 않는다.

취득세와 등록세는 관련 자산의 취득부대비용으로 보고 감가상각을 통해 비용처리를 한다. 예를 들어 차량을 3천만 원에 구입하고 150만 원을 취등록세로 납부했다면, 재무상태표에 차량가액으로는 3,150만 원이 계상된다. 이는 매년 감가상각을 통해서 비용처리가 된다.

자산의 사용권을 이전하는 리스의 회계처리

리스에는 크게 금융리스와 운용리스가 있다. 이에 대한 차이점을 비교해보고 각각의 회계처리에 대해 알아보자. 특히 이용자 입장의 리스회계 위주로 파악하자.

리스(lease)란 리스제공자가 특정 자산의 사용권을 합의된 기간 동안 리스이용자에게 이전하고, 그 대가로 리스이용자는 리스제공자에게 사용료를 지급하는 계약을 말한다. 즉 리스제공자가 자산에 대한 법적 소유권을 보유한 상태에서 경제적 사용권을 리스이용자에게 이전하는 거래다. 리스거래는 흔하게 발생하므로 잘 알고 있어야 한다. 보통 알고 있는 차량 리스만이 아니라, 제조업에서의 기계장치 리스, 의료기관에서의 치료장비 리스 등 많은 업종에서 이용한다.

리스는 크게 두 가지로 나누어지는데, 금융리스와 운용리스가 있다. 우선 이들에 대해 알아보자.

리스에는 금융리스와 운용리스가 있다

리스에는 금융리스와 운용리스가 있다. 금융리스(financing lease)란 리스자산의 소유에 따른 대부분의 위험과 효익이 리스이용자에게 이전되는 것을 말한다. 법적 소유권은 이전될 수도 있고 아닐 수도 있다. 운용리스(operating lease)는 금융리스 외의 리스를 의미한다.

한국채택국제회계기준은 리스거래의 경제적 실질을 반영하며, 리스자산에 대한 위험과 효익이 리스이용자에게 실질적으로 이전되는 경우에는 금융리스로 분류되어 리스이용자가 자본화한다. 반면에 위험과 효익이 리스이용자에게 이전되지 않는 경우에는 운용리스로 분류해 리스이용자가 자본화하지 않도록 규정하고 있다. 이때 위험은 자산의 미사용이나 기술적 진부화 등으로 손실이 발생되는 경우를 말한다. 효익은 자산의 운용에 따른 수익이나 가치증대, 앞으로 발생할 이익 등에 대한 기대치를 말한다.

리스의 회계처리는 리스의 종류에 따라 달라지고, 또한 리스제공자와 리스이용자의 입장이 다르므로 각각의 방법에 대해 자세히 알고 있어야 한다.

금융리스의 실질과 재무적 현실은 리스이용자가 리스자산의 경제적 내용연수의 상당 기간 동안 그 자산을 사용해 경제적 효익을 획득하는 것이며, 그에 따라 리스제공자에게 리스 약정일의 자산 공정가치 및 그와 관련된 금융원가에 근사한 금액을 지급하는 것이다. 따라서 금융리스의 경우 리스이용자는 재무상태표에 자산과 부채 모두를 인식하고, 리스제공자는 리스이용자에게 자금을 융통한 것으로 보아 채권으로 인식한다. 즉 리스이용자는 리스자산을 감가상각으로 비용처리 한다. 금융리스는 리스제공자에 따라 다시 직접금융리스와 판매형리스로 구분된다. 리스제공자가 리스자산의 공급을 담당하는 공급자의 역할까지 수행하는 금융리스를 판매형리스라고 한다.

운용리스란 리스자산의 소유에 따른 대부분의 위험과 보상이 리스이용자에게 이전되지 않는 리스를 말하며 단순한 임대차거래와 유사하다. 따라서 리스제공자는 운용리스자산으로 자산처리를 하고 감가상각으로 비용을 처리한다.

금융리스와 운용리스 외에 판매후리스거래(sales and leaseback)도 있는데 이는 리스이용자가 리스제공자에게 자산을 판매하고, 다시 그 자산을 리스해 사용하는 거래를 말한다. 이 경우 리스료와 판매가격을 일괄적으로 거래조건 협상 시에 결정한다. 즉 판매가격을 공정가치보다 높게 책정하면 그만큼 리스료도 높게 책정될 것이며, 반대로 판매가격을 공정가치보다 낮게 책정하는 경우에는 리스료도 낮게 책정될 것이다.

기업에서 차량을 구입할 때 리스로 할지 할부로 할지, 장기렌트 또는 현금 일시 구입으로 할지 고민을 한다. 결론적으로는 여유자금이 된다면 당연히 현금으로 일시에 구입하는 것이 금융비용 등을 발생하지 않으므로 좋다. 당연히 비용처리도 감가상각으로 된다. 리스는 리스회사에 리스피(lease fee)가 포함되어 있기 때문에 여러 가지 금융비용이 추가로 발생한다. 이 점을 생각하고 의사결정을 하면 될 것이다. 세금 측면에서는 모두 비용처리 할 수 있다.

리스 회계처리, 이것이 정답이다

기업에서는 리스이용자가 대부분이니 법인차량의 금융리스 회계처리를 예를 통해 알아보겠다. 3천만 원 가치의 법인차량(경제적 내용연수 5년, 잔존가치 없음)을 금융리스로 해지불능 리스계약을 체결했다. 리스조건은 정기리스료 200만 원, 리스기간 20×2년 1월 1일부터 20×5년 12월 31일까지, 소유권 이전 약정액은 500만 원이고 리스이용자는 리스자산에 대해 정액법으로 감가상각을 하도록 한다.

금융리스 회계처리 예시

20X2년 1월 1일

| (차변) 금융리스자산(차량) 30,000,000 | (대변) 금융리스부채 30,000,000 |

20X2년 12월 31일

(차변) 이자비용	×××	(대변) 현금	2,000,000
금융리스부채	×××		
(차변) 감가상각비	6,000,000	(대변) 감가상각누계액	6,000,000

20X5년 12월 31일

(차변) 이자비용	×××	(대변) 현금	2,000,000
금융리스부채	×××		
(차변) 감가상각비	6,000,000	(대변) 감가상각누계액	6,000,000
(차변) 금융리스부채	5,000,000	(대변) 현금	5,000,000
차량	30,000,000	금융리스자산	30,000,000
감가상각누계액	×××	감가상각누계액	×××
(금융리스자산)		(차량)	

앞의 분개에서 '×××'로 표시된 것은 유효이자율에 의해 금융리스제공자와 이용자 간의 일정한 수수료 등의 요율을 계산한 금액으로, 전체 거래를 파악하는 데 중요하지 않다.

20×2년 1월 1일 금융리스계약을 통해 법인차량을 구입할 때는 차량으로 바로 자산을 잡지 않고 금융리스자산으로 인식한다. 또한 아직 비용을 지급하지 않았기에 동일한 금액을 부채로 인식한다.

매년 리스료를 지급할 때는 차변에 이자비용과 취득시점에 인식했던 부채를 계상한다. 처음에 리스회사와의 계약에서 확정된 정기리스료는 결국 이자비용과 차량가액, 즉 차량구입비용과 리스금융비용이 포함된 것이다. 또한 취득 시에 인식한 금융리스자산(유형자산)에 대해 감가상각의 비용으로 인식하므로, 매년 손익계산서상에 비용으로 이자비용과 감가상각비가 인식된다.

마지막으로 리스계약기간 종료시점에서는 소유권 이전 약정액 500만 원을 지급하면 소유권이 완전하게 이전된다. 이에 따라 부채로 인식했던 금융리스부채 3천만 원이 소멸하고, 금융리스자산으로 인식한 금액이 차량으로 바뀌게 된다. 그와 함께 금융리스 계약기간 동안 인식했던 감가상각누계액이 함께 반대 분개로 인식된다.

감가상각누계액은 해당 자산의 마이너스 금액으로 인식한다. 즉 그동안 비용으로 인식했던 금액만큼 자산가액에서는 차감된다. 예를 들어 차량가액이 3천만 원이지만 그동안 감가상각비로 2천만 원이 인식되었다면, 2천만 원 감가상각누계액으로 해당 자산과 함께 기재된다. 따라서 20×5년 12월 31일에 해당 차량의 자산가액은 3천만 원이 아니라 1천만 원만 잔존가액으로 남게 된다.

회계정책 변경과
회계추정 변경

회계변경은 목적에 적합하고 신뢰성 있는 정보를 제공하기 위한 것으로, 선택한 회계정책이나 회계적 추정치를 변경하는 것을 말한다.

회계정책이란 기업이 재무제표를 작성하고 표시하기 위해 적용하는 구체적인 원칙, 근거, 관습, 규칙 및 관행을 말한다. 회계추정이란 자산과 부채의 평가 등 회계처리 과정에서 불가피하게 사용되는 추정치를 말한다. 매기 동일한 회계정책 또는 회계추정을 사용하면 기간별 비교 가능성이 향상되어 재무제표의 유용성이 높아진다. 따라서 재무제표를 작성할 때 일단 채택한 회계정책이나 회계추정은 유사한 종류의 사건이나 거래의 회계처리에 그대로 적용하는 것이 원칙이다.

그러나 기업환경의 급격한 변화에 따라, 기업이 기존에 채택한 회계정책이나 회계추정을 계속 적용한다면 목적에 적합하고 신뢰성 있는 유용한 정보를 제공하기 어렵다. 이에 따라 더 목적에 적합하고 신뢰성 있는 정보를 제공하기 위해 회계변경을 해야 한다.

즉 회계변경(accounting change)이란 재무보고 목적으로 선택한 회계정책이나 회계적 추정치를 변경하는 것을 말한다. 하지만 회계변경은 재무제표의 기간별 비교 가능성을 저하시키며, 이익유연화의 수단으로 악용될 소지가 있다.

변경하는 이유를 파악하자

기업은 다음 두 가지 중 하나에 해당할 때 회계정책을 변경할 수 있다. 첫째로 한국채택국제회계기준에서 회계정책의 변경을 요구할 때, 둘째로 회계정책의 변경을 반영한 재무제표가 거래나 기타 사건·상황이 재무상태나 재무성과, 그리고 현금흐름에 미치는 영향에 대해 신뢰성 있고 더 목적에 적합한 정보를 제고할 때다.

첫째에 해당해 회계정책을 변경하는 사례로는 재고자산 평가방법을 선입선출법에서 평균법으로 변경하는 경우, 유가증권의 취득단가 산정방법을 총평균법에서 이동평균법으로 변경하는 경우, 유형자산의 평가방법을 원가모형에서 재평가모형으로 변경하는 경우 등이 있다.

하지만 다음의 경우에는 회계정책의 변경에 해당하지 않는다. 과거에 발생한 거래와 실질이 다른 거래, 기타 사건 또는 상황에 대해 다른 회계정책을 적용하는 경우, 과거에 발생하지 않았거나 발생했어도 중요하지 않았던 거래, 기타 사건 또는 상황에 대해 새로운 회계정책을 적용하는 경우 등이다.

회계정책 변경의 예
- 재고자산 평가방법을 선입선출법에서 평균법으로 변경
- 유가증권의 취득단가 산정방법을 총평균법에서 이동평균법으로 변경
- 유형자산의 평가방법을 원가모형에서 재평가모형으로 변경

회계정책의 변경과 함께 회계추정의 변경도 있다. 사업활동에 내재된 불확실성으로 인해 재무제표의 많은 항목을 정확히 측정할 수 없으니 추정할 수밖에 없다. 추정은 최근에 이용할 수 있고 신뢰성 있는 정보에 기초해 판단한다. 합리적으로 추정하는 것은 재무제표를 작성할 때 필수적인 과정이며, 재무제표의 신뢰성을 손상시키지 않는다. 이때 추정의 근거가 되었던 상황의 변화, 새로운 정보의 획득, 추가적인 경험의 축적이 있으면 추정을 수정할 수 있다.

즉 회계추정의 변경은 새로운 정보의 획득, 새로운 상황의 전개 등에 따라 지금까지 사용해온 회계적 추정치를 바꾸는 것이다. 따라서 이는 과거기간과 연관되지 않으며, 오류수정에 해당하지 않는다. 회계추정의 변경의 예로는 대손추정률의 변경, 감가상각 방법의 변경, 감가상각 관련 내용연수나 잔존가치 추정의 변경 등이 있다.

회계추정 변경의 예

- 대손추정률의 변경
- 감가상각 방법의 변경
- 감가상각 관련 내용연수나 잔존가치 추정의 변경
- 판매보증충당부채 관련 판매보증비율 추정의 변경
- 건설계약에서 총공사예정원가 추정치의 변경

회계변경의 구체적인 처리방법을 살펴보자

회계변경을 처리하는 방법에는 소급법, 당기일괄처리법, 전진법이 있고 한국채택국제회계기준에 근거해 처리한다.

이론적으로 회계변경의 처리방법은 소급법(retrospective method), 당기일괄처리법(current method), 전진법(prospective method)으로 구분한다.

    소급법이란 기초시점에서 회계변경의 누적효과를 계산해 전기이월미처분이익잉여금에서 수정하고 비교재무제표를 새로운 정책 또는 추정치를 적용해 재작성하는 방법이다. 이 방법은 재무제표의 기간별 비교 가능성을 유지할 수 있다는 장점이 있는 반면에, 재무제표의 신뢰성이 상실될 가능성이 크다는 단점이 있다.

    당기일괄처리법이란 기초시점에서 회계변경의 누적효과를 계산해 포괄손익계산서에 당기손익으로 반영하는 방법이다. 이 방법은 재무제표의 신뢰성을 유지할 수 있고 변경효과를 한눈에 파악할 수 있다는 장점이 있는 반면에, 기간별 비교 가능성이 저하되며 변경효과가 당기손익에 반영되어 기간별 이익이 왜곡될 수 있다는 단점이 있다.

전진법이란 회계변경이 있더라도 회계변경의 누적효과를 별도로 계산하지 않고 당기와 당기 이후 기간에 반영하는 방법이다. 이 방법은 실무적용이 간편하고 재무제표의 신뢰성을 유지할 수 있다는 장점이 있는 반면에, 비교 가능성이 저하되고 회계변경의 효과를 파악하지 않는다는 단점이 있다.

한국채택국제회계기준에 근거한 회계정책 변경

이제 회계처리 방법에 대한 한국채택국제회계기준의 입장을 검토해 보자. 한국채택국제회계기준에 근거할 경우 회계정책의 변경은 다음과 같이 처리한다.

첫째, 경과규정이 있는 한국채택국제회계기준을 최초 적용하는 경우에 발생하는 회계정책의 변경은 해당 경과규정에 따라 회계처리 한다.

둘째, 경과규정이 없는 한국채택국제회계기준을 최초 적용하는 경우에 발생하는 회계정책의 변경이나 자발적인 회계정책의 변경은 소급해서 적용한다. 회계정책의 변경을 소급해 적용하는 경우 당기

재무제표에서 회계정책의 변경에 따른 누적효과는 해당 순자산과 전기이월미처분이익잉여금에 직접 반영한다.

또한 과거기간의 재무제표를 비교 목적으로 공시할 경우에는 소급적용에 따른 수정사항을 반영해 이미 공시한 과거기간의 재무제표를 재작성한다. 이때 새로운 회계정책을 소급적용 하는 경우, 새로운 회계정책을 실무적으로 적용할 수 있는 최대한 앞선 과거기간의 비교정보부터 적용한다. 비교표시가 된 재무재표의 회계기간보다 앞선 기간에 귀속되는 영향은, 비교표시가 된 가장 이른 과거기간의 자본 중 영향을 받는 구성요소의 기초금액을 조정해 반영한다.

일반적으로 자본 중 이익잉여금에서 조정하지만, 이익잉여금이 아닌 구성요소에서도 조정할 수 있다. 쉽게 예를 들어보면, A회사가 20×2년 현재 보유 중인 건물(취득원가 1억 원)의 회계정책을 원가모형에서 재평가모형 기준으로 변경하기로 했다고 하자. 20×1년 말 건물의 공정가치가 8천만 원, 20×2년 말 건물의 공정가치가 1억 3천만 원이라면, 20×2년 초에 취득원가 1억 원과 8천만 원의 차액인 2천만 원이 이월이익잉여금의 감소로 표시된다. 20×2년 말에 다시 회복된 2천만 원에 대해서는 2천만 원의 당기손익으로 표시되고 당초 취득원가인 1억 원을 초과하는 3천만 원에 대해서는 재평가잉여금(기타포괄손익누계액)으로 처리한다.

회계추정의 변경효과는 변경된 기간 또는 미래기간의 당기손익에 포함해 전진적으로 인식한다. 예를 들어 대손추정의 변경은 당기손익에만 영향을 미치므로 변경의 효과가 당기에 인식된다. 하지만 감가상각자산 추정 내용연수의 변경 또는 감가상각자산에 내재된

회계변경의 특수상황

- **측정기준의 변경:** 측정기준의 변경은 회계추정의 변경이 아니라 회계정책의 변경에 해당한다. 예를 들어 유형자산에 대해 원가모형을 적용하던 기업이 재평가모형을 적용하기로 한 것은 회계정책의 변경이다. 따라서 원칙적으로 소급법을 적용해 처리한다.
- **회계변경을 구분할 수 없는 경우:** 회계정책의 변경과 회계추정의 변경을 구분하기 어려운 경우에는 이를 회계추정의 변경으로 보며, 전진법으로 처리한다. 회계변경의 성격이 애매한 상황에서 이를 회계정책의 변경으로 볼 경우에는 과거기간의 재무제표를 재작성하는 등 많은 영향을 미치므로 함부로 회계정책의 변경으로 판단해서는 안 된다.

미래 경제적 효익의 기대소비 형태(감가상각 방법)의 변경은 당기감가상각비뿐만 아니라 그 자산의 잔존 내용연수 동안 미래기간의 감가상각비에 영향을 미친다. 앞의 두 경우 모두 당기에 미치는 변경의 효과는 당기손익으로 인식하며, 미래기간에 영향을 미치는 변경의 효과는 해당 미래기간의 손익으로 인식한다.

재무제표에 발생한 오류를 파악하자

오류는 재무제표 구성요소의 인식, 측정, 표시 또는 공시와 관련해 발생할 수 있다. 손익에 영향을 미치는 오류는 재무상태표와 포괄손익계산서에 동시에 영향을 미친다.

기업의 재무상태, 재무성과 또는 현금흐름을 특정한 의도대로 표시하기 위해, 중요하거나 중요하지 않은 오류를 포함해 작성한 재무제표는 한국채택국제회계기준에 따라 작성했다고 할 수 없다. 당기 중에 발견한 중요한 당기·전기오류는 수정하고, 비교표시가 된 재무제표를 재작성한다.

이러한 오류의 수정은 회계추정의 변경과 구별된다. 회계적 추정치는 성격상 추가정보가 알려지는 경우 수정이 필요할 수도 있는 근사치의 개념이다. 예를 들어 우발상황의 결과에 따라 인식되는 손익은 오류의 수정에 해당하지 않는다.

오류수정 방법의 원칙

당기 중에 발견한 당기의 잠재적 오류는 재무제표의 발행승인일 전에 수정한다. 하지만 중요한 오류를 후속기간에 발견하는 경우, 전기오류는 해당 후속기간의 재무제표에 비교표시 된 재무정보를 재작성해 수정한다. 즉 중요한 전기오류를 발견한 이후 최초로 발행을 승인하는 재무제표에 다음의 방법으로 전기오류를 소급해 수정하면 된다.

첫째, 오류가 발생한 과거기간의 재무제표가 비교표시 되는 경우에는 그 재무정보를 재작성한다. 둘째, 오류가 비교표시 되는 가장 이른 과거기간 이전에 발생한 경우에는 비교표시 되는 가장 이른 과거기간의 자산, 부채 및 자본의 기초금액을 재작성한다.

예외적으로 비교표시 되는 하나 이상의 과거기간의 비교정보에 대해 특정 기간에 미치는 오류의 영향을 실무적으로 결정할 수 없는 경우에는 실무적으로 소급해서 재작성할 수 있는 가장 이른 회계기간의 자산, 부채 및 자본의 기초금액을 기입한다. 실무적으로 소급해 작성할 수 있는 가장 이른 회계기간이 당기일 수도 있다. 즉 당기 기초시점에 과거기간 전체에 대한 오류의 누적효과를 실무적으로 결정할 수 없을 때는 실무적으로 적용할 수 있는 가장 이른 날인 당기 기초부터 전진적으로 오류를 수정한다. 오류를 발견했을 때 당해 오류가 재무제표에 미치는 영향을 파악해 어떤 방법으로 수정할 것인지를 결정하기 위해서는 오류의 유형을 구분해야 한다. 오류의 유형에는 어떤 것이 있는지 알아보자.

오류의 두 가지 유형

오류의 유형은 크게 손익에 영향을 미치지 않는 오류와 손익에 영향을 미치는 오류로 구분할 수 있다. 손익에 영향을 미치지 않는 오류는 주로 계정분류 오류나 재무제표공시 오류다. 당기 재무제표를 일부 왜곡시키지만 차기 이후의 재무제표에는 전혀 영향을 미치지 않는다. 손익에 영향을 미치지 않는 오류는 다시 재무상태표 오류와 포괄손익계산서 오류로 구분할 수 있다.

재무상태표 오류는 재무상태표의 자산·부채·자본에만 영향을 미치는 유형을 말한다. 예를 들면 현금성자산을 단기금융자산으로 계정분류를 하는 경우, 당좌예금과 당좌차월을 상계한 순액으로 표시하는 경우 등이 여기에 해당한다. 이 오류는 당기 재무제표상에서 재무상태표에만 영향을 미치므로 손익에는 전혀 영향이 없다.

포괄손익계산서 오류는 포괄손익계산서의 수익·비용에만 영향을 미치는 유형을 말한다. 관리원가 항목을 기타 비용으로 처리하는 경우, 매출액과 매출원가를 상계한 순액으로만 매출액을 계상하는 경우 등이 대표적인 예다. 포괄손익계산서 오류도 당기의 수익·비용 항목에만 영향을 미치며, 손익에는 영향이 없다.

손익에 영향을 미치는 오류는 재무상태표와 포괄손익계산서에 동시에 영향을 미치는 오류를 말한다. 주로 재무상태표의 자산·부채 계정이 과소·과대계상 되면서 동시에 포괄손익계산서의 수익·비용이 과대·과소계상 되는 형태로 오류가 발생한다. 예를 들어 매출액이 과대계상 되는 경우에는 동시에 매출채권도 과대계상이 되고, 감가상각비가 과소계상 되는 경우에는 동액만큼 유형자산도 과대계상이 된다.

손익에 영향을 미치는 오류는 당기 재무제표에 오류가 발생함은 물론, 동 오류가 해소되는 차기 이후의 재무제표에도 그 영향을 미친다. 이러한 손익에 영향을 미치는 오류는 다시 자동조정적 오류와 비자동조정적 오류로 구분할 수 있다.

자동조정적 오류는 오류가 발생한 회계기간과 그다음 회계기간의 장부가 마감되는 경우, 오류의 손익효과가 자동으로 상쇄되어 소멸하는 유형을 말한다. 주로 수익이나 비용의 기간배분 또는 재고자산과 관련해 발생한다.

비자동조정적 오류는 오류가 발생한 회계기간과 그다음 회계기간의 장부가 마감되는 경우에도 오류의 손익효과가 자동으로 상쇄되지 않는 유형을 말한다. 이러한 비자동조정적 오류는 상각 오류와 비상각 오류로 구분된다. 상각 오류는 발생 이후 2회계연도를 초과하는 경우 결과적으로 오류의 손익효과가 소멸하는 유형을 말하며, 비상각 오류는 수정하지 않는 한 영구적으로 오류의 손익효과가 남아 있는 유형을 말한다. 비자동조정적 오류는 해당 기간이 2년을 초과하는 수익이나 비용의 기간배분 또는 비유동자산과 비유동부채와 관련해 발생한다.

지분법에 대한 회계처리,
이렇게 하면 된다

지분법은 관계기업의 순자산 변동액 중 투자기업 지분율 해당액을 관계기업 투자주식에 반영해서, 관계기업의 재무상태와 성과를 투자기업의 재무제표에 표시한다.

특정 기업이 다른 기업에 유의적인 영향력(significant influence)을 행사할 수 있는 지분증권을 소유하고 있는 경우, 투자기업은 피투자기업의 경영 의사결정에 참여해 영향을 미칠 수 있다. 따라서 일반적인 유가증권과 달리 투자기업의 전략적 목적과 관련된 경제적 상황을 반영할 수 있도록 별도의 회계처리를 해야 한다. 이를 충족할 수 있는 것이 지분법이다. 이때 지분법 적용대상이 되는 피투자기업을 관계기업이라 한다.

지분법(equity method)이란 투자주식을 취득한 시점에는 취득원가로 기록하지만, 그 이후에는 관계기업의 순자산 변동을 투자주식

계정에 직접 반영하는 방법이다. 이는 투자기업과 관계기업을 하나의 경제적 실체로 간주하기 때문이다. 즉 법률적으로는 별개의 기업(법적 실체)이지만, 회계적 관점에서는 하나의 통합된 기업(경제적 실체)으로 보는 것이 지분법이다. 정확하게 표현하면 투자기업과 관계기업 중 투자기업 지분을 통합한 부분을 하나의 경제적 실체로 본다. 이 방법은 관계기업에 대한 경제적 관련성을 중시해 관계기업의 경제적 실질을 나타낼 수 있으며, 투자기업의 부당한 내부거래와 배당정책을 통한 이익조작 행위를 방지할 수 있다.

투자기업은 의사결정에 유의적인 영향력을 행사할 수 있는 관계기업을 대상으로 지분법을 적용한다. 관계기업에는 주식회사, 합명회사, 합자회사, 유한회사, 조합 등 기업의 법적 형태에 제한이 없으며, 파트너십 같은 법인격이 없는 실체도 포함한다. 다만 종속기업과 조인트벤처 투자지분은 관계기업이 아니다. 또한 유의적인 영향력이란 피투자기업의 재무정책과 영업정책에 관한 의사결정에 참여할 수 있는 능력을 말한다. 이를 결정하는 기준에는 지분율과 실질영향력이 있다.

지분율에 따른 투자주식의 회계처리

지분율 기준으로는 투자기업이 직접적으로, 또는 종속기업을 통해 간접적으로 피투자기업의 의결권 있는 주식 20% 이상을 소유하고 있다면 유의적인 영향력이 있는 것으로 본다. 다만 유의적인 영향력

도표 6-11 ▼ **지분율의 기준**

투자 지분율	0%	20%	50%	100%
투자 목적	매매차익	유의적인 영향력	지배력	
평가방법	원가법·공정가치법	지분법	연결재무제표	

이 없다는 사실을 명백하게 제시할 수 있는 경우는 제외한다.

투자기업이 피투자기업에 유의적인 영향력을 행사할 수 있는지 평가하는 과정에서 다른 기업이 보유한 잠재적 의결권의 존재와 영향을 고려한다. 이때 잠재적 의결권 행사조건과 그 외 계약상 약정 내용을 개별적으로, 또는 결합해 검토하는 것을 포함한다. 다만 행사나 전환에 대한 경영진의 의도와 재무능력은 고려하지 않는다.

실질영향력 기준으로는 투자기업의 보유주식이 피투자기업에 대한 의결권주식의 20%에 미달하더라도 다음 중 하나 이상에 해당하는 경우에는 유의적인 영향력이 있는 것으로 본다.

첫째로 피투자기업의 이사회나 이에 준하는 의사결정기구에 참여하거나, 배당이나 다른 분배에 관한 의사결정에 참여하는 것을 포함해 정책결정 과정에 참여한 경우, 또는 투자자와 피투자자 사이의 중요한 거래를 한 경우다. 둘째로는 경영진의 상호교류가 있는 경우 등이다.

하지만 일정한 경우에는 피투자기업이 의결권주식의 20% 이상을 소유해 유의적인 영향력을 행사할 수 있더라도 지분법을 적용하지 않는다. 일시적 소유에 해당하는 경우로 1년(12개월) 이내에 매각할 목적으로 지분증권을 취득해 적극적으로 매수자를 찾고 있다면, 당해 지분증권은 당기손익인식증권으로 분류하고 지분법을 적용하지 않는다. 즉 해당 자산을 보고기간 말의 공정가치로 평가하고, 공정가치 변동을 당기손익으로 인식한다. 관계기업 투자주식은 유동성을 구분하는 경우, 비유동자산으로 재무상태표에 표시한다.

지분법손익은 포괄손익계산서에 실현손익으로 표시하며, 지분법 자본변동은 기타포괄식으로 표시한다. 지분법은 관계기업의 순자산 변동액 중 투자기업 지분율 해당액을 관계기업 투자주식에 반영함으로써 관계기업의 재무상태와 성과가 투자기업의 재무제표에 표시되도록 한다. 이때 관계기업의 순자산은 손익거래와 자본거래로 인해 변하며, 손익거래는 당기손익거래와 기타포괄손익거래로 구분된다.

따라서 투자기업이 관계기업의 순자산 변동액을 반영하는 과정에서 성격에 따라 구분해 처리한다. 즉 관계기업의 순자산이 당기손익의 발생으로 증가하는 경우, 당기순이익 중 투자기업 지분은 투자기업 입장에서 실현된 성과의 일부가 되므로 이를 지분법이익(당기손익)으로 처리한다.

사례를 들어 알아보자

마포세무법인은 여의도세무법인의 지분 중에서 30%(25만 주) 상당액을 5억 원에 인수했다. 이후 여의도세무법인은 당기순이익 3억 원이 발생해 주당 100원의 배당금을 지급하기로 했다. 이에 대한 마포 세무법인의 회계처리는 다음과 같다.

 지분율의 회계처리 예시

1. 지분인수 시

(차변) 지분법적용투자주식 500,000,000 (대변) 현금　　　 500,000,000

2. 결산 시(당기순이익 3억 원 반영)

(차변) 지분법적용투자주식 90,000,000 (대변) 지분법이익 90,000,000

→ 3억 원×30%(지분율)=9천만 원　　　　　(손익계산서상의 영업외수익)

3. 배당금 수령 시

(차변) 현금　　　　　　　　 25,000,000 (대변) 지분법적용투자주식

→ 25만 주×100원=2,500만 원　　　　　　　　　　 25,000,000

회계처리에 대해 검토해보면 지분인수(주식 취득) 때는 일반 주식의 취득과 동일하다. 그런데 취득한 주식의 기업에서 당기순이익이 발생하면 이는 모기업의 유의적인 영향력으로 인한 것으로 보고, 모기업의 자산가치도 다시 평가하게 되는 것이다.

쉽게 말하면 영향력을 행사해 피투자기업이 이익을 많이 얻었으니, 투자기업에서도 주식가치를 높여야 한다는 것이다. 이후 배당금을 수령하게 되면 다시 주식가치가 하락하게 되는데, 이는 피투자기업의 자산(현금)이 감소함에 따라 투자주식의 가치도 하락함을 반영하는 것이다.

STEP 7

효율적으로 원가를
관리하는 원가회계

원가회계는 원가와 관련된 정보를 제공하는 회계 분야다. 외부보고용 재무
제표를 작성하고, 기업 내부의 경영계획을 수립하고 통제하며, 의사결정에
필요한 정보를 제공하기 위해 생산과 영업활동 등에 관한 원가자료를 집
계·배분·분석하는 것이다. 처음에는 이러한 원가회계의 구체적인 계산방
법 등이 어려울 수 있다. 따라서 7장에서는 원가회계의 기초적인 개념 위
주로 설명했다.

원가회계란 무엇이며
어떤 것인가?

원가계산이 원가관리에 도움이 되기 위해서는 원가의 책임 단위로서 합리적인 원가 중심점을 설정하고, 원가를 실제와 표준에서 제공할 필요가 있다.

원가회계(cost accouting)는 원가와 관련된 정보를 제공하는 회계 분야다. 외부보고용 재무제표를 작성하고, 기업 내부의 경영계획을 수립하고 통제하며, 의사결정에 필요한 정보를 제공하기 위해 생산과 영업활동 등에 관한 원가자료를 집계·배분·분석하는 것이다. 즉 원가회계를 통해 얻은 정보는 외부에 보고하기 위한 재무제표를 작성하는 데 이용하기도 하고, 내부관리 목적으로 경영자가 의사결정을 하거나 성과평가를 하는 데도 이용한다. 처음에는 이러한 원가회계의 구체적인 계산방법 등이 어려울 수 있으니, 원가회계의 기초적인 개념부터 알아보자.

원가회계의 기능

원가회계가 담당하는 기능은 두 가지로 구분해볼 수 있다. 첫째로는 제품의 원가를 산출하는 기능, 둘째로는 이렇게 산출된 원가를 경영 계획의 수립과 통제에 활용하는 기능이다.

원가회계를 통해서 우선 제품의 원가를 산출할 수 있다. 산출된 제품원가에 따라 재무상태표상의 재고자산금액이 결정되고, 동시에 손익계산서상의 매출원가도 함께 결정된다. 이를 원가회계의 원가 계산 기능이라고 한다. 이러한 기능을 수행하기 위해서 원가담당자 는 원재료의 입출고, 임금의 지급, 경비의 지출과 같은 원가자료를 기록·수집한다. 집계한 원가금액을 특정 부문이나 제품에 배부함으 로써, 재무제표를 작성하는 데 필요한 재고자산의 금액을 결정해야 한다.

원가회계의 계획과 통제의 기능은 이미 산출된 원가정보를 경영 활동에 이용하는 것을 말한다. 계획 측면에서 원가회계는 의사결정 을 위한 자료를 제공한다. 특정한 의사결정 문제와 관련된 원가자료 를 선택하고, 당면한 의사결정 문제에 적합하도록 수정해서 이용한 다. 이를 의사결정회계라고 한다.

또한 통제 측면에서 원가회계는 성과를 평가하기 위한 근거를 제 공한다. 좀 더 구체적으로 말하면 최고경영자들이 쉽게 이해할 수 있도록 원가자료를 분석하고 예산원가(또는 표준원가)와 실제원가를 비교해, 특정 부문이나 책임자의 성과를 평가하는 데 도움을 준다. 이러한 과정을 성과평가회계라고 한다.

원가계산의 목적

원가계산이란 제품의 1단위당 원가를 계산하는 것을 말한다. 원가계산의 목적은 다음과 같다.

- 재무제표 작성 목적의 원가 집계
- 원가관리에 필요한 원가자료 제공
- 이익계획을 수립하고 예산을 편성하는 데 필요한 원가자료 제공
- 추정원가 계산에 필요한 원가자료 제공(필요할 때만 행함)
- 경영의 기본계획을 설정하기 위한 원가자료 제공(필요할 때만 행함)

실제로 원가를 집계할 때 원가 발생의 단계에서 철저히 인식하고, 정확한 원가계산 기간에 맞추도록 해야 한다. 또 원가계산은 월차결산에 놓인 제품과 재공품 등에 대한 재고자산가액을 결정하는 것이며, 월차결산 시에는 해당 계정별 발생원가의 자료에 의존한다. 따라서 양자는 모순 없이 유기적인 관계를 갖고 운용할 필요가 있다.

원가는 원가계산의 최종적인 결과로서 물량과 가격의 조화에 따라 금액으로 표현되지만, 공장 부문은 물량의 계산에 중점을 두고 있다. 원재료의 이동, 근로투입시간의 기록, 유지관리가 중요하다. 원가계산은 일정한 가정을 전제로 추정계산을 하는 것으로, 정확하면서 신속해야 한다. 신속하게 계산하기 위해서는 예정가격이나 예정배부를 이용한 계산과 기장의 신속화를 도모할 필요가 있다.

원가계산이 원가관리에 도움이 되기 위해서는 원가의 책임 단위로서 합리적인 원가중심점을 설정하고, 원가를 실제와 표준의 양쪽에서 관리자에게 도움이 되는 데이터로 제공해야 한다. 제조업은 제조활동을 몇 개의 부문으로 구분해 행하는 것이 보통이다.

원가계산시스템을 설계할 때는 이러한 관리조직 부문에 맞춰 원가 부분을 설정한다. 실제 운용은 단순한 계산의 반복이지만, 제조 공정 현장은 항상 변하므로 원가계산의 시스템을 늘 점검해 원가관리에 도움이 되도록 운용하지 않으면 안 된다. 원가계산은 결국 가정을 바탕으로 한 계산인 것이다.

원가의 개념과 분류방식을 면밀히 익히자

특정 재화나 용역을 산출하기 위해 치른 경제적 희생을 원가라고 한다. 원가는 제조활동과의 관련성에 따라 제조원가와 비제조원가로 분류된다.

특정 재화나 용역을 산출하기 위해 치른 경제적 희생을 원가(cost)라고 한다. 일반적인 의미에서 원가란 특정 목적을 달성하기 위해 소비된 경제적 자원의 가치를 화폐단위로 측정한 것을 말한다. 현금의 지출만이 아니라 경제적 재화나 노동력의 이용 등 보다 넓은 개념이기에 화폐단위로 측정한다. 원가정보는 다양한 목적으로 사용되기 때문에 원가의 개념도 각 목적에 따라서 가장 적합한 개념으로 정의해야 한다. 그래서 원가자료도 이러한 목적에 알맞게 분류해야 한다. 먼저 원가의 사용 목적에 따라 다양한 원가의 개념을 알아보자.

목적에 알맞게 분류하는 것이 중요하다

원가는 정보의 이용 목적에 따라서 매우 다양하게 분류한다. 우선 경제적 가치의 소멸 여부에 따라 원가는 미소멸원가와 소멸원가로 분류한다. 미소멸원가란 경제적 가치가 남아 있는 자산이고, 소멸원가란 경제적 가치가 소멸된 비용이나 손실을 말한다. 소멸원가에서 비용은 수익창출에 기여하고 소멸된 원가로 판매수수료와 운반비 등이 해당하고, 손실은 수익창출에 기여하지 못하고 소멸된 원가로 재해손실 등이 있다.

추적 가능성에 따라 원가는 직접원가와 간접원가로 분류한다. 직접원가라 함은 특정 제품 또는 특정 부문에서 발생된 원가로 해당 제품이나 그 부문에 직접적으로 관련시킬 수 있다. 즉 개별 추적이 가능한 원가다. 예를 들어 자동차 제조공장에서 발생되는 타이어나 철판 등의 원가는 어느 자동차 제품에 얼마만큼의 금액이 발생했는지 추적할 수 있으므로 직접원가에 해당한다. 간접원가는 특정 제품 또는 특정 부문과 관련시키기 힘든 원가로, 개별 추적이 불가능하거나 추적의 필요성이 없다. 예를 들어 자동차 제조공장에서 발생한 전력비, 수도광열비 등은 어느 자동차 제품에 얼마만큼의 금액이 귀속되는지 알기 어려우므로 간접원가에 해당한다.

원가행태에 따라 원가는 변동원가와 고정원가로 분류한다. 변동원가란 생산량 또는 판매량이 증가함에 따라서 비례적으로 함께 증가하는 원가로 재료비, 생산자 임금, 판매수수료 등이 이에 해당한다. 고정원가란 생산량 또는 판매량의 변화와는 무관하게 일정 수준으로 발생하는 원가인데 지급임차료, 감가상각비, 임직원 급여 등이 이에 해당한다.

변동원가와 고정원가를 합친 것을 총원가(total cost)라고 한다. 변동원가와 고정원가의 구분은 의사결정 고려기간의 길고 짧음에 따라 분류가 달라질 수 있으므로 관련 범위를 파악해야 한다. 여기서 '관련 범위'란 현실적으로 달성할 수 있는 최저 조업도와 최대 조업도 사이의 범위를 말한다.

제조활동과의 관련성에 따라 원가는 제조원가와 비제조원가로 분류한다. 제조원가는 제품을 생산하는 과정에서 발생하는 경제적 가치로 재료비, 노무비, 경비, 이렇게 세 가지 요소가 있다. 비제조원가는 기업의 제조활동과 직접적인 관련성은 없지만 판매활동과 일반 관리활동에서 발생하는 원가로, 판매비와 관리비라는 두 가지 항목을 들 수 있다.

자산화 가능성에 따라 원가는 제품원가와 기간비용으로도 분류한다. 제품원가는 발생원가가 특정한 생산물에 집계되어 자산으로 남아 있다가 제품이 판매·처분되는 시점에서 비용으로 처리되는 원가를 말한다. 기간비용은 원가가 발생하는 즉시 비용으로 처리되는 것인데, 판매비와 관리비가 이에 해당한다.

마지막으로 통제 가능성에 따라 원가는 통제가능원가와 통제불능원가로 분류한다. 통제가능원가는 일정한 기간에 관리책임자가 그 발생 여부와 발생수준을 통제할 수 있는 원가다. 통제불능원가는 관리책임자가 통제할 수 없는 원가를 말하는데, 관리책임자의 성과를 평가할 때는 평가대상에서 제외해야 한다.

판매비·관리비·제조경비의 계정분류

판매비와 관리비, 제조경비를 적절히 분류하지 않으면 손익이 왜곡될 수 있다. 왜냐하면 판매비와 관리비는 전액 당기비용이 되지만, 제조경비는 그 일부가 기말재공품·제품 등의 재고자산에 포함되기 때문이다(예를 들면 제조경비를 판매비와 관리비로 잘못 처리하면 이익이 줄어드는 효과가 있다).

이처럼 판매비와 관리비, 제조경비의 분류는 기업회계상으로도 중요하지만 관리 목적상으로도 중요하다. 기업에서 경비지출을 관리하기 위해서도 중요하며, 수주원가 계산 등 관리적 원가계산을 할 때도 비용의 분류가 제대로 되어 있지 않으면 어려움이 많다. 업종의 원가구성과 비교해 원가절감의 포인트를 찾기 위해서도 비용의 적절한 분류는 중요하다. 따라서 비용의 분류와 계정과목 선택에도 주의를 기울여야 한다.

원가흐름과 집계,
원가계산의 중요성을 이해하자

원가계산은 결산 목적뿐만 아니라 관리의 차원에서 매우 중요하다. 제조기업에서 원가의 흐름이란 원재료가 가공원가와 합쳐져 제품으로 완성되는 과정이다.

제조기업의 원가흐름에서 가장 중요한 계정은 재공품계정이다. 재공품이란 현재 제조과정 중에 있는 것으로, 아직 제품으로 완성되지 못한 중간제품들을 말한다. 그래서 이렇게 가공 중에 있는 중간제품에 부과된 재료비, 노무비, 경비 등을 집계해놓은 계정을 재공품계정이라고 한다. 제조기업의 재공품계정에 해당하는 것으로 건설회사에서는 미완성공사 계정을, 서비스업에서는 미완성용역 계정을 사용한다.

이 계정은 또한 투입된 생산요소가 산출물로 전환되는 과정을 보여주는 동시에, 그 전환과정에서 발생한 원가를 집계하기 위

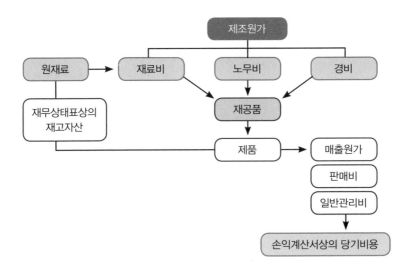

한 것이기도 하다. 이때 제조활동과 관련해 발생한 모든 원가는 재공품계정의 차변에 기록되는데, 이러한 집계과정을 원가집계(cost accoumulation)라고 한다.

원가계산의 중요성

기업이 제조활동을 수행하면서 발생하는 화폐적 거래의 내역을 기록한 표는 제조원가명세서다. 구체적으로는 원재료의 구입부터 노무비와 경비의 발생금액을 모두 집계한다. 또 당기에 이 금액을 제품으로 완성한 부분과 아직 완성되지 않은 부분으로 구분해 내용을 기록한다. 제조원가명세서를 보면 제조활동과 관련된 원가의 흐

도표 7-2 ▼ 전통적인 원가계산과 활동기준 원가계산의 차이

구분	전통적인 원가계산	활동기준 원가계산
제조간접비 집계	부문별 집계	활동별 집계
제조간접비 배부기준	직접재료비 등 재무적 자료	기계작업시간, 작업준비수치시간, 부품의 수 등 비재무적 자료(원가동인)
원가계산의 정확성	낮음(개략적인 평균치)	높음(인과관계 반영)

름을 한눈에 파악할 수 있다. 따라서 제조원가명세서가 어떤 식으로 작성되는지는 다음 주제에서 전체적으로 파악해보고자 한다.

　원가계산은 결산(재무회계) 목적뿐만 아니라 관리(관리회계) 차원에서 매우 중요하다. 관리 목적에 이용되는 원가계산 중 특히 중요한 것은 '변동원가 계산'과 '활동기준 원가계산'이다.

　변동원가 계산이란 변동비(직접재료비, 직접노무비, 변동제조간접비)만을 원가에 포함해 계산하고, 고정비는 기간비용으로 처리하는 방법이다. 변동원가계산의 목적은 제품별 공헌이익 분석, 손익분기점 분석, 수주 의사결정(또는 판매가격 결정) 등이다.

　활동기준 원가계산이란 원가의 발생원인을 철저히 규명해 기업의 활동(기업목표 달성을 위한 모든 반복적인 업무)별로 원가를 집계하고, 그 결과를 토대로 각 제품의 원가를 계산하는 새로운 원가계산 시스템이다. 활동기준 원가계산을 이용하면 원가계산이 더욱 정확해지며, 기업의 제반활동에 대한 효율성을 평가할 수 있고, 부가가치가 없는 활동을 제거함으로써 기업의 성과를 향상시킬 수 있다.

제조원가명세서의 작성과
손익계산서와의 관계를 파악하자

제조원가명세서는 제조활동과 관련된 모든 원가흐름을 표로 작성한 것으로, 회계시스템을 잘 모르더라도 제조원가명세서를 보고 그 내용을 읽을 수 있어야 한다.

제조기업의 경우 손익계산서를 작성하려면 반드시 제조원가명세서를 먼저 작성해야 한다. 제조원가명세서는 제조활동과 관련된 모든 원가흐름을 표로 작성한 것으로, 제품의 제조를 위해 소비된 경제적 가치인 제조원가의 명세를 나타내는 보고서다. 원가와 관련된 회계시스템에 대해 잘 모르더라도 제조원가명세서를 보고 그 내용을 읽을 수 있어야 한다.

대한민국의 기업회계기준에서 규정하고 있는 양식으로 작성된 제조원가명세서의 사례를 보면서 여기에 나타난 항목들을 차례로 살펴보자.

흐름상 관계를 파악하자

뒤에 나올 〈도표 7-3〉에서 먼저 재료비와 관련된 내용을 살펴보자. 이 회사가 기초에 갖고 있던 재료는 1만 원이었는데 당기 중에 3만 5천 원에 해당하는 재료를 매입했다. 이 중 당기의 제조활동에 투입된 재료는 3만 원이고, 그 결과로 기말에 남아 있는 재료는 1만 5천 원이 되었다. 노무비는 원재료를 가공해 제품을 생산하는 데 직접적으로 기여한 생산직 사원들의 임금이다. 이들의 근무연수가 늘어나면서 증가하는 퇴직금까지 노무비에 포함하는데, 퇴직급여 5천 원이 이에 해당한다. 재료비와 노무비를 합쳐서 직접원가라 한다.

생산원가에서 직접원가(재료비와 노무비)를 제외한 나머지 부분은 경비다. 그래서 경비는 간접원가의 성격을 갖는데, 감가상각비, 전력비, 임차료 등이 이에 해당한다. 노무비와 경비는 모두 원재료를 가공하는 데 필요한 원가이기 때문에 가공원가라 부르기도 한다.

당기총제조비용이란 당기 중에 제조공정으로 투입된 원가를 모두 집계한 것이다. 재료비는 3만 원, 노무비는 2만 5천 원, 그리고 경비는 2만 원으로 구성되어 총 7만 5천 원이 당기총제조비용이다.

재공품이란 생산공정에 걸려 있는 미완성 제품을 말한다. 기초에 미완성 제품금액이 2만 원인데, 여기에 당기 생산활동으로 발생된 당기총제조비용 7만 5천 원이 추가되었다. 또 당기 생산활동이 끝난 후에도 미완성 상태로 남아 있는 것이 1만 원이다.

제조 중인 자산이 판매하기 위한 제품이 아니라 다른 용도로 사용된 것을 타계정대체라고 말한다. 예를 들면 제품으로 만들던 것

제조원가명세서

20X2년 1월 1일부터 12월 31일까지

(단위: 원)

과목	금액	
Ⅰ. 재료비		30,000
1. 기초재료재고액	10,000	
2. 당기재료매입액	35,000	
계	45,000	
3. 기말재료재고액	15,000	
Ⅱ. 노무비		25,000
1. 급여	20,000	
2. 퇴직급여	5,000	
Ⅲ. 경비		20,000
1. 전력비	3,000	
2. 가스수도비	3,000	
3. 감가상각비	5,000	
4. 임차료	2,000	
5. 복리후생비	5,000	
6. 기타	2,000	
Ⅳ. 당기총제조비용		75,000
Ⅴ. 기초재공품원가		20,000
Ⅵ. 합계		95,000
Ⅶ. 기말재공품원가		10,000
Ⅷ. 타계정대체액		5,000
Ⅸ. 당기제품제조원가		80,000

손익계산서

20X2년 1월 1일부터 12월 31일까지

(단위: 원)

과목	금액	
Ⅰ. 매출액		150,000
Ⅱ. 매출원가		100,000
1. 기초제품재고액	30,000	
2. 제품제조원가	80,000	←
3. 기말제품재고액	10,000	
Ⅲ. 매출총이익		50,000
Ⅳ. 판매비와 관리비		20,000
Ⅴ. 영업이익		30,000

을 회사가 유형자산이나 광고용으로 사용하는 것을 말한다. 즉 자동차회사가 공장에서 생산한 자동차를 판매할 목적으로 창고에 입고시키면 제품이 되지만, 영업 목적으로 직접 사용하면 유형자산이 된

다. 만약 판매를 촉진하기 위해 자동차를 경품으로 제공하면 이는 광고비가 된다. 이 타계정대체액이 5천 원으로 나타나 있다.

당기제품제조원가란 당기 중에 재공품에서 제품으로 완성되어 대체된 원가를 말한다. 이 회사가 기초에 가공 중인 상태로 보유하고 있던 재공품은 2만 원이다. 여기에 당기 중 생산활동으로 재료비 3만 원, 노무비 2만 5천 원, 경비 2만 원 등 총 7만 5천 원의 제조비용이 투입되었다. 그런데 당기 중에 제품으로 완성된 금액은 8만 원, 다른 용도로 사용된 금액은 5천 원이고, 기말에 미완성 상태로 남아 있는 금액은 1만 원이다.

이제 지금까지 언급한 제조원가명세서를 보면서 제조기업의 손익계산서와 어떤 관계가 있는지 살펴보자. 제조기업의 매출원가는 제조과정에서 발생한 여러 가지 항목으로 구성되어 있으며, 그 금액들은 제조원가명세서와 연계되어 있음을 알 수 있다.

제조기업의 매출원가를 제조원가명세서와 연관해 살펴보자. 기초에 이 회사의 창고에 있던 제품은 3만 원이다. 당기 중에 공장에서 완성되어 창고에 입고된 제품은 제조원가명세서상의 당기제품제조원가인 8만 원이다. 그런데 이 중에서 10만 원어치가 15만 원에 팔렸다. 그래서 기말에 창고에 남아 있는 제품은 1만 원이다.

위에서 다룬 사례와 다르게 한 기업이 상품매매, 제품판매, 서비스매출 등 여러 유형의 매출활동을 함께 수행하는 경우도 있다. 이때는 동일한 손익계산서상에 매출과 매출유형별로 나타나게 되니 참고하자.

새는 돈 막는
세무회계 방법

기업회계는 기업의 재무상태와 경영성과를 객관적으로 측정해 이해관계자에게 전달하는 것을 목적으로 하나, 세무회계는 부담능력에 따른 공평과세를 하기 위해 정확한 과세소득을 산정하는 것을 목적으로 한다. 8장에서는 이러한 국가정책의 방향을 중심으로 기업회계와 재무회계의 차이점 등에 대해 이해할 수 있도록 서술했다.

공정과세를 하기 위한
세무회계

재무회계는 기업회계기준 등에 따라 작성하나, 세무회계는 세법에 근거해 회계처리를 한다. 세무회계는 공평과세를 하기 위해 정확한 과세소득의 산정을 목적으로 한다.

세무회계란 기업이 산정한 소득을 기초로 해 세법의 규정에 따라 조세부담능력의 기준이 되는 과세소득과 부담할 세금의 산정에 관한 재무적 정보를 이해관계자에게 전달하는 회계다. 기업회계는 기업의 재무상태와 경영성과를 객관적으로 측정해 이해관계자에게 전달하는 것이 목적이나, 세무회계는 조세부담능력에 따라 공평과세를 하기 위해 정확하게 과세소득을 산정하는 것이 목적이다. 회계는 합리적인 의사결정을 할 수 있게 돕는 유용한 정보를 정보이용자에게 제공하기 위한 것으로, 세무회계는 국가(국세청 등)에서 정보를 얻기 위해 만든 것이라고 할 수 있다.

세무회계와 재무회계의 차이점

법인은 매년 영업활동을 통해 이익을 얻고, 다양한 경영활동의 결과
는 장부에 기록해서 재무회계를 통해 보고한다. 재무회계는 재무제
표를 작성해서 경영성과를 측정하고 정보이용자에게 보고한다. 재
무회계는 그 법인과 이해관계에 있는 모든 불특정 다수에게 기업의
실적과 재무상태와 관련된 정보를 제공하기 위해 작성한다.

세무회계는 법인세를 신고하기 위해 법인이 일정 사업연도 동안
에 얼마만큼의 소득을 얻었는지를 계산해 작성한다. 즉 세무회계의
주된 정보이용자는 국가(국세청 등)가 되며, 법인세법의 규정에 따른
다. 즉 재무회계가 기업회계기준 등에 따라 작성된다면, 세무회계는
세법에 근거해 회계처리를 한다. 따라서 국가에서는 국가정책의 효
율성을 제고하고 특정 정책의 목적을 달성하기 위해 세법을 이용한
다. 예를 들면 중소기업을 육성하기 위해서 일정 규모 이하의 중소
기업에게 법인세를 감면해주는 규정을 두는 것이다. 또는 접대비 등
의 사용을 일정 한도 내에서만 인정하는 규정을 두기도 한다. 이것

 세무회계에서 대표적인 체크 사항

- **기부금의 손금불산입:** 기부를 통한 변칙적인 탈세를 방지하기 위해 둔 한
  도 규정
- **접대비의 손금불산입:** 기업이 영업활동을 하기 위해서 필요한 지출이지
  만, 사회적으로 건전한 기업활동 문화 및 변칙적 탈세를 방지하기 위해 둔
  적격증빙 요건과 한도 규정

은 재무회계에서 접대비를 얼마 썼는지 전혀 신경을 쓰지 않고 실제로 발생한 지출인지 검토하는 것과는 대조된다.

재무회계상으로 발생한 비용이 세법에서는 비용으로 인정되지 않는 항목들이 있고, 반면에 재무회계에서는 이익으로 규정한 부분을 세무회계에서는 이익으로 보지 않는 경우도 있다. 즉 재무회계상의 이익과 세무회계상의 이익에 차이가 생기게 되는 것이다. 예를 들어 법인의 재무회계에 따라 이익이 1억 원 발생했다고 결론이 났으나, 접대비를 과다 사용해 세법상 5천만 원의 한도초과가 발생했다면, 당해 법인의 세무회계상 이익은 1억 5천만 원이 되는 것이다. 따라서 해당 법인은 1억 5천만 원에 대해 법인세율을 적용해 세금을 납부해야 한다.

결국 세무회계는 재무회계상으로 장부가 마감된 후 세법상의 익금과 손금을 찾아 조정하는 과정이라고 말할 수 있다. 이것을 세무조정이라고 한다. 이에 대해서는 뒤에서 구체적으로 별도의 주제로 다루겠다.

법인이 납부하는
세금, 법인세

법인은 영리를 위해 태어난 객체이고 객관적인 장부 등으로 기록·관리되므로, 모든
소득에 대해 순자산이 증가한 만큼 세금을 부과할 수 있다.

법인세란 법인격을 가진 기업이 일정 기간 동안 사업을 통해 얻은
소득에 부과하는 조세로 국세 중 직접세에 해당하는 세금이다. 개인
에게 소득세를 부과하듯 법인에는 법인세를 부과한다. 그런데 법인
세와 소득세는 세율이나 기타 여러 차이가 있다. 왜 그럴까? 동일한
경제상황에서 같은 경제활동을 통해 같은 이익을 얻었다면, 동일한
세금방식에 따라 세금을 납부해야 하는 것이 맞지 않을까? 가장 두
드러진 특징을 꼽자면 개인은 열거된 소득원천에 대해서만 세금을
부과하지만 법인은 순자산증가설로 소득금액이 발생함에 따라 세금
을 부과한다는 것이다. 또한 세율에도 차이가 있다.

법인은 영리를 위한 객체

법인과 개인 사이에서 이러한 차이가 나타나는 가장 큰 이유는 태생이 다르기 때문이다. 개인은 영리를 위해서 태어난 객체가 아니다. 살아가기 위해서 소득이 필요하고, 그에 따라 열거된 몇 가지 소득에 대해 과세하는 것이다. 반면에 법인은 법의 인정 아래 영리를 위해 태어난 객체다. 물론 비영리법인도 있지만, 비영리법인도 수익사업에 대해서는 세금을 부과하므로 결국 동일한 개념이다. 또한 법인은 주식을 양도함에 따라 소유자가 바뀔 수 있으며 그 책임 또한 일부 이전할 수 있지만, 개인은 그럴 수 없다. 즉 법인은 영리를 위해서 태어난 객체이고, 객관적인 장부 등으로 기록·관리되므로 모든 소득에 대해 순자산이 증가된 만큼 세금을 부과할 수 있다.

법인세의 과세대상은 크게 세 가지다. 각 사업연도 소득, 토지 등 양도소득, 그리고 청산소득이다.

법인은 일정 회계연도(사업연도)마다 영리활동을 수행함으로써 이익을 얻는데 이를 각 사업연도 소득이라고 한다. 즉 각 사업연도별로 발생한 이익을 기준으로 법인세를 신고하고 납부한다. 이는 개인의 종합소득세와 유사하다.

토지 등 양도소득은 법인이 사업연도 중 토지나 건물 등을 양도할 때 발생하는 소득이다. 토지 등의 양도소득에 대해 세법이 정한 일정한 요건에 해당하면 별도의 법인세를 납부해야 한다. 이를 토지 등의 양도소득에 대한 법인세라고 한다. 이것은 개인의 양도소득세와 유사하다.

법인세에 대한 간략한 정리

법인세 납세의무가 있는 대상

- 국내에 본점이나 주사무소 또는 사업의 실질적 관리장소를 둔 법인(내국법인)은 국내외에서 발생하는 모든 소득에 대해 법인세 납세의무가 있다.
- 외국에 본점 또는 주사무소를 둔 법인(외국법인)은 국내에서 발생하는 소득 중 법에서 정한 것(국내원천소득)에 한해 법인세 납세의무가 있다.

법인의 종류별 납세의무의 차이

법인의 종류		각 사업연도 소득에 대한 법인세	토지 등 양도소득에 대한 법인세	청산 소득
내국 법인	영리법인	국내외 모든 소득	○	○
	비영리법인	국내외 수익사업에서 발생하는 소득	○	X
외국 법인	영리법인	국내원천소득	○	X
	비영리법인	국내원천소득 중 열거된 수익사업에서 발생한 소득	○	X
국가·지방자치단체		납세의무 없음		

- 국세기본법 제13조 제4항에서 규정하는 '법인으로 보는 단체'의 납세의무는 비영리내국법인의 납세의무와 같다.

법인세의 종류

법인세의 종류	개인과 비교	개인과 비교
각 사업연도 소득	익금－손금	종합소득세
토지 등 양도소득	양도가액－장부가액	양도소득세
청산소득	잔여재산(자산－부채)－자기자본	상속세

청산소득은 법인이 청산하는 경우 발생한다. 법인에 남아 있는 자산과 부채 등을 상계해서 순재산가액의 세무상 자기자본을 차감한 부분이 청산소득이 되며 이에 대해 최종적인 법인세를 납부해야 한다. 이는 개인의 상속세와 유사하다.

법인세는 뒤에 나올 〈도표 8-1〉과 같은 방식으로 계산이 이루어진다. 결산서상 당기순이익이란 손익계산서상의 당기순이익을 말한다. 결산을 하고 재무제표를 만들면 세무회계를 통해 〈도표 8-1〉과 같은 약간 복잡한 과정으로 법인세 세액을 계산한다.

〈도표 8-2〉와 〈도표 8-3〉의 '법인세 과세표준 및 세액신고서'와 '법인세 과세표준 및 세액조정계산서'는 법인세 신고에 들어가는 가장 중요한 실제 신고 양식이므로 꼭 알아두도록 하자.

도표 8-1 ▼ **법인세 계산 흐름도**

구분	계산구조	내용
1. **각 사업연도** **소득금액** **계산**	결산서상 당기순이익 (+) 익금산입 및 손금불산입 (−) 손금산입 및 익금불산입 차가감소득금액 (+) 기부금한도초과액 (−) 기부금한도초과이월액의 손금산입	소득금액조정합계표에 기재 소득금액조정합계표에 기재되지 않음
	각 사업연도 소득금액	
2. **과세표준** **계산**	각 사업연도 소득금액 (−) 이월결손금 (−) 비과세소득 (−) 소득공제	10년(2008년 이전 발생분은 5년) 이내 발생한 세법상 이월결손금 법인세법·조세특례제한법상 비과세 법인세법·조세특례제한법상 소득공제
	과세표준	
3. **산출세액** **계산**	과세표준 (X) 세율	과세표준 2억 원 이하는 10%, 2억~200억 원은 20%, 200억~3천억 원은 22%, 3천억 원 초과는 25% (2018년 이후 발생분)
	산출세액	
4. **차감납부세액** **계산**	산출세액 (−) 감면·공제세액 (+) 가산세 (+) 감면분추가납부세액	법인세법·조세특례제한법상 감면·공제세액
	총부담세액	미사용준비금 등으로 인한 이자상당액 등
	(−) 기납부세액	중간예납세액·원천징수세액· 수시부과세액
	차감납부세액	

■ 법인세법 시행규칙 [별지 제1호서식] <개정 2018. 3. 21.>　　　홈택스(www.hometax.go.kr)에서도 신고할 수 있습니다.

법인세 과세표준 및 세액신고서

※ 뒤쪽의 신고안내 및 작성방법을 읽고 작성하여 주시기 바랍니다.　　　　　　　　　　　　　　　　(앞쪽)

①사업자등록번호						②법인등록번호			
③법　인　명						④전　화　번　호			
⑤대　표　자　성　명						⑥전자우편주소			
⑦소　　재　　지									
⑧업　　　　태				⑨종　목			⑩주업종코드		
⑪사　업　연　도	.　.　~　.　.				⑫수시부과기간		.　.　~　.　.		

⑬법　인　구　분	1. 내국 2.외국 3.외투(비율　%)					⑭조　정　구　분	1. 외부 2. 자기		

⑮종　류　별　구　분		중소기업	일반		그외기업	당기순이익과세	⑯외부감사대상	1. 여　　2. 부	
			중견기업	상호출자제한기업					
영리법인	상　장　법　인	11	71	81	91		⑰신　고　구　분	1. 정기신고	
	코스닥상장법인	21	72	82	92			2. 수정신고(가.서면분석, 나.기타)	
	기　타　법　인	30	73	83	93			3. 기한후 신고	
비　영　리　법　인		60	74	84	94	50		4. 중도폐업신고	
								5. 경정청구	

⑱법인유형별구분		코드		⑲결산확정일	
⑳신　　고　　일				㉑납　부　일	
㉒신고기한 연장승인	1. 신청일			2. 연장기한	

구　　분	여	부	구　　분	여	부
㉓주식변동	1	2	㉔장부전산화	1	2
㉕사업연도의제	1	2	㉖결손금소급공제 법인세환급신청	1	2
㉗감가상각방법(내용연수)신고서 제출	1	2	㉘재고자산등평가방법신고서 제출	1	2
㉙기능통화 채택 재무제표 작성	1	2	㉚과세표준 환산시 적용환율		
㉛동업기업의 출자자(동업자)	1	2	㉜국제회계기준(K-IFRS)적용	1	2
㊼내국연수승인(변경승인) 신청	1	2	㊽감가상각방법변경승인 신청	1	2
㊴기능통화 도입기업의 과세표준 계산방법			㊵미환류소득에 대한 법인세 신고	1	2
㊿성실신고확인서 제출	1	2			

구　　분	법　인　세			계
	법　인　세	토지 등 양도소득에 대한 법인세	미환류소득에 대한 법인세	
㉝수　입　금　액	(	)		
㉞과　세　표　준				
㉟산　출　세　액				
㊱총　부　담　세　액				
㊲기　납　부　세　액				
㊳차　감　납　부할세액				
㊴분　납　할　세　액				
㊵차　감　납　부　세　액				

㊶조　정　반　번　호			㊸조정자	성　　명	
㊷조정자관리번호				사업자등록번호	
				전　화　번　호	

국세환급금 계좌 신고 (환급세액 2천만원 미만인 경우)	㊹예　입　처		은행	(본)지점
	㊺예금종류			
	㊻계　좌　번　호		예금	

신고인은 「법인세법」 제60조 및 「국세기본법」 제45조, 제45조의2, 제45조의3에 따라 위의 내용을 신고하며, 위 내용을 충분히 검토하였고 신고인이 알고 있는 사실 그대로를 정확하게 적었음을 확인합니다.

　　　　　　　　　　　　　　　　　　　　　　　　　　　　　　　　년　　　월　　　일

　　　　　　신고인(법　인)　　　　　　　　　　　　　　　　　　　　(인)

　　　　　　신고인(대표자)　　　　　　　　　　　　　　　　　　　(서명)

세무대리인은 조세전문자격자로서 위 신고서를 성실하고 공정하게 작성하였음을 확인합니다.

　　　　　　세무대리인　　　　　　　　　　　　　　　　　　　(서명 또는 인)

세무서장 귀하

첨부서류	1. 재무상태표 2. (포괄)손익계산서 3. 이익잉여금처분(결손금처리)계산서 4. 현금흐름표(「주식회사의 외부감사에 관한 법률」 제2조에 따른 외부감사의 대상이 되는 법인의 경우만 해당합니다). 5. 세무조정계산서	수수료 없음

210mm×297mm[백상지 80g/㎡ 또는 중질지 80g/㎡]

도표 8-3 ▼ 법인세 과세표준 및 세액조정계산서

■ 법인세법 시행규칙[별지 제3호서식] <개정 2016.3.7.>
(앞쪽)

사 업 연 도	．．． ~ ．．．	**법인세 과세표준 및 세액조정계산서**	법 인 명	
			사업자등록번호	

①	⑩ 결산서상 당기순손익	01		⑳ 감면분추가납부세액	29	
각 사 업 연 도 소 득 계 산	소득조정 ⑩ 익 금 산 입	02		⑱ 차감납부할세액 (⑮-⑫+⑬)	30	
	금 액 ⑩ 손 금 산 입	03				
	⑭ 차 가 감 소 득 금 액 (⑩+⑫-⑬)	04	양도 차익	⑲ 등 기 자 산	31	
	⑮ 기부금한도초과액	05		⑯ 미 등 기 자 산	32	
	⑯ 기부금한도초과이월액 손금산입	54	⑤ 토 지 등 양 도 소 득 에 대 한 법 인 세 계 산	⑰ 비 과 세 소 득	33	
	⑰ 각 사업연도소득금액 (⑭+⑮-⑯)	06		⑱ 과 세 표 준 (⑲+⑯-⑰)	34	
②	⑱ 각 사업연도소득금액 (⑱=⑰)			⑲ 세 율	35	
과 세 표 준 계 산	⑩ 이 월 결 손 금	07		⑩ 산 출 세 액	36	
	⑩ 비 과 세 소 득	08		⑪ 감 면 세 액	37	
	⑪ 소 득 공 제	09		⑫ 차 감 세 액 (⑲-⑪)	38	
	⑫ 과 세 표 준 (⑱-⑩-⑩-⑪)	10		⑬ 공 제 세 액	39	
	⑬ 선 박 표 준 이 익	55		⑭ 동업기업 법인세 배분액 (가산세 제외)	58	
③ 산 출 세 액 계 산	⑬ 과 세 표 준 (⑫+⑬)	56		⑮ 가 산 세 (동업기업 배분액 포함)	40	
	⑭ 세 율	11		⑯ 가 감 계(⑫-⑬+⑭+⑮)	41	
	⑮ 산 출 세 액	12	기 납 부 세 액	⑰ 수 시 부 과 세 액	42	
	⑯ 지 점 유 보 소 득 (「법인세법」 제96조)	13		⑱ ( ) 세 액	43	
	⑰ 세 율	14		⑲ 계 (⑰+⑱)	44	
	⑱ 산 출 세 액	15		⑲ 차감납부할세액(⑯-⑲)	45	
	⑲ 합 계(⑮+⑱)	16				
④ 납 부 할 세 액 계 산	⑬ 산 출 세 액 (⑬ = ⑲)		⑥ 미 환 류 소 득 법 인 세	⑬ 과세대상 미환류소득	59	
	⑳ 최저한세 적용대상 공제 감면 세액	17		⑬ 세 율	60	
	⑫ 차 감 세 액	18		⑬ 산 출 세 액	61	
	⑬ 최저한세 적용제외 공제 감면 세액	19		⑭ 가 산 세 액	62	
	⑱ 가 산 세 액	20		⑮ 이 자 상 당 액	63	
	⑮ 가 감 계(⑫-⑬+⑭)	21		⑯ 납부할세액(⑬+⑭+⑮)	64	
	기 한 내 납 부 세 액 ⑱ 중 간 예 납 세 액	22	⑦ 세 액 계	⑲ 차감납부할 세액 계 (⑲+⑲+⑯)	46	
	⑰ 수 시 부 과 세 액	23		⑫ 사실과 다른 회계처리 경정 세액공제	57	
	⑱ 원 천 납 부 세 액	24		⑬ 분납세액 계산범위액 (⑲-⑬-⑭-⑮-⑲+⑬)	47	
	⑲ 간접투자회사등의 외국납부세액	25		분납할 세액 ⑭ 현 금 납 부	48	
	⑩ 소 계 (⑱+⑰+⑱+⑲)	26		⑮ 물 납	49	
	⑩ 신고납부전가산세액	27		⑯ 계 (⑭ + ⑮)	50	
	⑫ 합 계(⑩+⑩)	28	차 감 납 부 세 액	⑰ 현 금 납 부	51	
				⑱ 물 납	52	
				⑲ 계 (⑰+⑱) (⑲=⑲-⑲-⑯)	53	

210mm×297mm[백상지 80g/㎡ 또는 중질지 80g/㎡]

세무조정과 소득금액 계산이
세무회계의 핵심이다

세무조정이란 기업회계상의 당기순이익에 익금산입 및 손금불산입 사항과 손금산입 및 익금불산입 사항을 가감 조정함으로써 세무회계상의 과세소득을 산출하는 절차다.

세무조정은 기업회계상의 당기순이익을 기초로 관련 세법 규정에 따라 세무조정사항을 가감해 세무회계상의 과세소득을 계산하는 절차를 말한다. 세무조정에는 결산조정과 신고조정이 존재하는데, 여기서는 간단히 개념만 알아보고 뒤에서 더 자세히 살펴보겠다.

결산조정은 법인이 스스로 기말정리를 통해 장부상에 계상하고 결산에 반영함으로써 손금 또는 익금으로 인정하는 세무조정 방법이다. 이와 다르게 신고조정은 장부상에 계상하지 않고 결산을 마친 후에 법인세의 신고과정에서 세무조정계산서에만 계상함으로써, 세무회계상 인정받을 수 있는 세무조정 방법이다. 즉 신고과정에서

도표 8-4 ▼ **각 사업연도 소득금액 산출**

익금 ──────▶ 법인의 순자산을 증가시키는 거래에서 발생하는 수익금액
(-) 손금 ──────▶ 법인의 순자산을 감소시키는 거래에서 발생하는 손비금액
─────────────────
각 사업연도 소득금액

기업회계상의 당기순이익에 익금산입 및 손금불산입 사항과 손금
산입 및 익금불산입 사항을 가감조정 함으로써 세무회계상의 과세
소득을 산출한다.

넓은 의미의 세무조정은 신고조정 외에 결산조정까지 포함하나,
일반적으로는 신고조정만을 세무조정이라 한다. 즉 기업회계기준에
따라 산출된 재무회계상의 이익을 법인세법상의 과세소득으로 수정
하고, 이를 토대로 법인세액을 계산하는 일련의 과정을 세무조정이
라고 한다.

세무회계의 핵심을 파악하자

'사업연도'란 법령이나 법인의 정관 등에서 정하는 법인의 1회계기
간으로, 각 사업연도에 속하는 익금의 총액에서 손금의 총액을 차감
한 금액을 '각 사업연도 소득금액'이라고 한다. 한편 손금의 총액이
익금의 총액을 초과하는 경우에는 이를 '각 사업연도의 결손금'이라
고 한다. 당해 연도의 결손금은 일단 다음 연도로 이월되어 그다음

각 사업연도 소득금액

각 사업연도 소득금액은 그 사업연도에 속하는 익금의 총액에서 손금의 총액을 공제한 금액으로 하고, 손금의 총액이 익금의 총액을 초과하는 경우 그 초과하는 금액은 각 사업연도의 결손금으로 한다.

- **익금:** 자본 또는 출자의 납입 및 법인세법에서 규정하는 것을 제외하고 그 법인의 순자산을 증가시키는 거래로 인해 발생하는 수익
- **손금:** 자본 또는 출자의 환급, 잉여금의 처분 및 법인세법에서 규정하는 것을 제외하고 그 법인의 순자산을 감소시키는 거래로 인해 발생하는 손실 또는 비용

사업연도의 소득금액에서 공제받을 수 있는데, 이와 같은 이월공제는 결손이 발생한 사업연도부터 10년 동안 가능하다.

각 사업연도에 대한 소득금액은 익금총액에서 손금총액을 개별적으로 직접 차감해 계산하는 것이 아니라, 재무회계로 산출된 회계상의 이익을 세법 기준에 의한 소득으로 전환하는 과정(소득금액 조정)을 거쳐 간접적으로 계산한다. 즉 재무회계에서의 수익과 세법상 익금 차이를 가감조정 하고, 재무회계상 비용과 세법상의 손금 차이를 가감조정 해 소득금액을 산출한다.

재무회계상의 이익에 가감조정 되는 소득금액 조정사항에는 크게 네 가지 유형이 있다. 첫째, 재무회계상으로는 수익에 해당하지 않지만 법인세법에서 익금으로 보는 항목이 있는데, 이런 것들은 당기순이익에 가산하면 된다. 둘째, 반대로 재무회계에서는 수익이지만 법인세법에서 익금으로 보지 않는 항목은 당기순이익에서 차감하

도표 8-5 ▼ 각 사업연도 소득금액 계산흐름

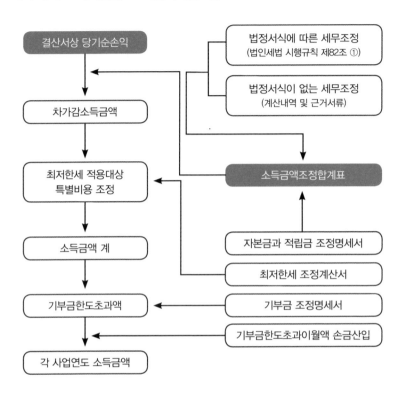

면 된다. 셋째, 재무회계상 비용으로 계상되었지만, 법인세법에서 손비로 인정하지 않는 것들은 그만큼 장부상 비용이 많이 계상되어 이익이 적게 표시된 것이므로 이를 당기순이익에 가산하면 된다. 넷째, 이와는 반대로 재무회계에서는 비용으로 인정되지 않지만 세법에서 적극적으로 손비로 인정하는 항목들은 당기순이익에서 차감한다.

이렇게 조정을 하고 나면 재무회계상의 이익은 법인세법의 기준에 따른 이익, 즉 과세대상 소득금액으로 수정되는데 이를 좁은 의

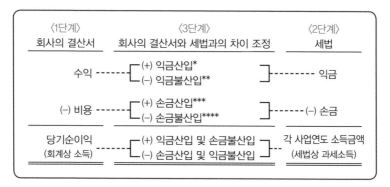

* 익금산입: 회사의 결산서상 수익으로 계상되어 있지 않지만 세법상 익금인 것을 (+)한다.
** 익금불산입: 회사의 결산서상 수익으로 계상되어 있지만 세법상 익금이 아닌 것을 (-)한다.
*** 손금산입: 회사의 결산서상 비용으로 계상되어 있지 않지만 세법상 손금인 것을 (+)한다.
**** 손금불산입: 회사의 결산서상 비용으로 계상되어 있지만 세법상 손금이 아닌 것을 (-)한다.

미의 세무조정으로서 '소득금액 조정'이라고 한다. 법인의 모든 수익과 비용항목에 대한 소득금액 조정의 결과는 소득금액조정합계표에 기록하고, 그 결과(당기순이익에 가산되고 차감될 금액의 합계)는 과세표준 및 세액조정계산서로 옮겨진다. 당기순이익에 소득금액 조정을 한 수치를 '차가감소득금액'이라고 하며 여기에다 기부금 세무조정의 결과 손금부인 된 기부금을 추가로 가산해 각 사업연도 소득금액을 계산한다.

결산조정과 신고조정의 차이를 알자

결산조정사항이란 법인이 매년 결산을 할 때 장부에 비용으로 계상해야만 세법상 손금으로 인정받을 수 있는 항목을 말한다.

이미 살펴본 바와 같이 재무회계상의 이익금액을 세법상의 과세대상 소득금액으로 전환시키고, 나아가 법인세액을 산정하는 일련의 과정을 세무조정이라고 한다. 세무조정의 유형에는 크게 결산조정과 신고조정이 있다. 결산조정과 신고조정으로 나누는 이유는 재무회계상의 목적과 세무회계상의 목적이 다르기 때문이다. 이에 따라 세법상의 목적(국가정책 등의 측면)에 따라 이런 차이를 어떻게 조정해야 하는지 기준을 두고, 재무상태표상에서 반영해야만 인정해주는 항목과 그렇지 않더라도 세무회계상에서 반영하면 인정해주는 항목으로 나누고 있다.

결산조정과 신고조정

결산조정사항이란 법인이 매년 결산을 할 때 장부에 비용으로 계상해야만 세법상 손금으로 인정받을 수 있는 항목을 말한다. 구체적으로 결산조정사항이 가지는 의미는 두 가지다.

첫째, 법인이 결산 시에 비용으로 계상을 하지 않으면 이를 세무상 절대 손금으로 인정받을 수 없다. 즉 법인이 스스로 장부상 비용으로 계상하지 않은 것은 세무조정을 통해 손금으로 산입할 수 없다는 뜻이다.

둘째, 결산조정사항을 결산 시에 비용으로 계상했더라도 일부 항목에 대해서는 세법이 정하는 일정 한도 범위 내에서만 손금으로 인정받는 경우가 있다. 만약 세법에서 허용한 한도액보다 법인이 장부상 비용으로 계상한 금액이 클 경우, 그 초과액은 손금으로 인정받지 못한다(각종 비용의 한도초과액이 이에 해당한다). 감가상각비와 일반적인 인건비, 퇴직급여충당금 등 대부분의 법인경비가 결산조정사항에 해당한다. 따라서 일반적으로 회계처리를 할 때는 미리 세법상의 한도에 맞춰야 차후에 세무조정을 할 필요가 없다.

신고조정사항은 결산조정과는 달리 법인이 장부상으로 결산서에 계상했는지 하지 않았는지에 관계없이, 법인세를 신고하기 위해 작성하는 세무조정계산서상에서 익금 또는 손금에 반영해도 이를 세무상으로 인정받을 수 있는 항목을 말한다. 결산조정사항 이외에는 모두 신고조정사항에 해당되는데, 각종 비용의 한도초과액에 대한 손금불산입 사항이 해당한다. 즉 비용의 한도가 초과되어 손금불산

도표 8-7 ▼ 세무조정 유형

사례	기업회계	세법	세무조정 유형
1	수익 > 익금		익금불산입으로 신고조정
2	수익 < 익금		익금산입으로 신고조정
3	비용 > 손금		손금불산입으로 신고조정
4	비용 < 손금		① 비용의 과목이 결산조정 항목인 경우: 세무조정할 수 없음(즉 손금산입으로 신고조정 불가) ② 결산조정 항목이 아닌 경우: 손금산입으로 신고조정

도표 8-8 ▼ 결산조정사항과 신고조정사항

구분	결산조정사항	신고조정사항
손익귀속시기	결산서에 계상한 사업연도	세법에 규정된 사업연도
경정청구 가능 여부	불가능	가능

입이 된다고 하더라도 이를 회사의 장부에 수정·반영하는 것은 아니며, 단지 법인세를 계산하기 위해 비용으로 불인정하는 것이다. 그러므로 신고서(소득금액조정합계표)에만 손금불산입 사항을 나타내는 것이다.

또한 조세특례제한법에 따라 특정 기업과 산업을 지원하기 위해 허용한 준비금은 재무회계상 비용으로 인정되지 않는다. 그러므로 회사의 장부에 비용으로 계상하지 않고 세무신고서상으로만 손금산입을 할 수 있는 신고조정사항에 해당한다.

세무조정 구분

세무조정은 사업연도 말의 결산서에 손비로 계상한 경우에만 세법에서 인정하는 '결산조정사항'과 법인세 신고서에만 계상해도 되는 '신고조정사항'으로 나눠진다.

결산조정 항목(예시)

① 감가상각비(즉시상각액 포함)

② 고유목적사업준비금

③ 퇴직급여충당금

④ 대손충당금

⑤ 구상채권상각충당금

⑥ 법인세법 시행령 제19조의2 ① 8호 내지 13호의 사유에 해당하는 대손금

⑦ 파손·부패 등의 사유로 인해 정상가격으로 판매할 수 없는 재고자산의 평가손

⑧ 천재·지변 등에 의한 고정자산평가손

⑨ 생산설비의 폐기손

신고조정 항목(예시)

① 무상으로 받은 자산의 가액과 채무의 면제 또는 소멸로 인한 부채의 감소액 중 이월결손금의 보전에 충당한 금액

② 퇴직보험료·퇴직연금 부담금 등

③ 국고보조금·보험차익·공사부담금으로 취득한 고정자산가액의 손금산입

④ 자산의 평가차손의 손금불산입

⑤ 제 충당금·준비금 등 한도초과액의 손금불산입

⑥ 감가상각비 부인액의 손금불산입

⑦ 건설자금이자의 손금불산입(과다하게 장부 계상한 경우 손금산입)

익금의 범위와 내용을 명확히 체크하자

수익이 아니지만 법인세법에서 익금으로 보는 것들은 익금산입 항목이라고 하며, 이는 소득금액 조정과정에서 당기순이익에 가산조정 되어야 한다.

재무회계에서는 수익을 '기업의 주된 영업활동 과정에서 발생한 순자산의 증가'로 정의한다. 즉 상품이나 제품의 매출 또는 설비자산 등의 매각에 따라 순자산이 증가하는 것을 기업수익으로 보는 셈이다. 하지만 앞서 살펴본 바와 같이 법인세법에서는 순자산이 증가하게 된 사유를 따지지 않으며, 결과적으로 기업의 순자산증가를 초래한 모든 항목을 익금으로 규정하고 있다. 재무회계상 수익으로 보고되는 항목은 세법상의 익금과 일치하는 경우가 대부분이지만 몇 가지 항목에서 차이가 있다. 이러한 항목에는 무엇이 있는지 그 개념을 알아보자.

익금불산입 항목과 익금산입 항목

개념을 설명하기에 앞서 먼저 예를 들어보겠다. 법인이 법인세를 환급받은 경우 환급세액은 재무회계상 영업외수익으로 분류되나, 세법에서는 이를 익금으로 보지 않는다. 왜냐하면 세무회계상 법인세를 손금으로 보지 않기 때문에 법인세의 환급액도 익금으로 보지 않는 것이다. 또한 재무회계에서 영업외수익으로 보고되는 현금배당수익도 법인세법에서는 이중과세 조정을 목적으로 일정 부분을 익금으로 보지 않는다.

이같이 재무회계상으로는 수익이지만 법인세법에서 익금으로 보지 않는 항목을 익금불산입 항목이라고 하며, 이는 소득금액 조정과정에서 당기순이익에서 차감조정 되어야 한다.

이와 반대로 재무회계에서는 수익으로 보지 않지만 법인세법에서는 익금으로 분류하는 항목도 있다. 예를 들어 자기주식처분이익은 재무회계에서 자본거래에 따른 순자산의 증가이므로 이를 수익으로 보지 않고 기타 자본잉여금으로 분류한다. 하지만 법인세법에서는 자기주식처분이익을 결과적으로 법인의 순자산이 증가한 것으로 보기 때문에 익금에 포함한다. 또한 의제배당에 해당하는 항목들은 재무회계상에서 회계처리의 대상이 아니지만, 세법에서는 모두 익금에 포함한다.

이같이 재무회계에서는 수익이 아니지만 법인세법에서 익금으로 보는 것들은 익금산입 항목이라고 하며, 이는 소득금액 조정과정에서 당기순이익에 가산조정 되어야 한다.

익금으로 보는 항목

법인세법에서 익금으로 보는 항목 중 대표적인 몇 가지만 검토해보자. 이들 항목들은 재무회계에서도 수익으로 분류되어 당기순이익에 포함되는 경우가 대부분이다. 그러므로 이 항목들은 재무회계상으로 수익에 포함되지 않은 경우에만 익금산입으로 세무조정하면 된다.

첫째, 당해 사업에서 생기는 수입금액이다. 이는 법인의 목적사업에서 발생하는 수입금액으로 기업회계기준상의 매출액(매출환입, 에누리금액 및 매출할인금액을 제외)을 말한다.

둘째, 자산(자기주식 포함)의 양도금액이다. 재무회계상으로는 자산이 실제로 처분되는 시점에서 양도가액(처분가액)과 장부가액의 차이만큼을 유형자산처분손익 계정으로 처리한다. 하지만 세법에서는 익금과 손금을 각각 총액주의에 따라 계산하고 있으므로, 자산매각에 따른 양도가액은 익금으로, 장부가액은 손금으로 각각 계상한다. 이는 처리방법의 차이일 뿐 실질적으로 법인의 이익(소득)에 미치는 영향은 없다.

셋째, 자산의 임대료다. 자산의 임대료는 법인 소유의 자산을 일시적으로 대여해주면서 얻는 수입을 말한다. 이는 법인이 자산의 임대를 주 영업 목적으로 하지 않으면서 얻는 임대료를 의미하기 때문에, 재무회계상으로는 영업외수익 중 수입임대료에 해당된다.

넷째, 자산의 평가차익이다. 자산의 평가차익은 자산을 평가할 때 자산의 시가가 장부가액보다 큰 경우, 시가와 장부가액의 차액을 말한다. 하지만 자산의 평가차익은 아직 실현되지 않아 확정된 이익이 아니기 때문에 원칙적으로 법인세법에서는 이를 익금으로 보지 않으며, 세법이 정하는 특정한 경우에 한해서만 익금으로 본다. 여기서 평가차익을 익금으로 보는 경우는 보험업법 등 법률의 규정에 따른 평가차익과 합병, 분할 시 합병, 분할 평가차익, 그리고 화폐성 외화자산·부채의 평가로 인한 평가차익 등을 말한다.

다섯째, 채무면제이익이다. 채무면제이익은 채무의 면제 또는 소멸로 인해 생기는 부채의 감소액을 말한다. 재무회계에서는 자산수증이익과 마찬가지로 특별이익으로 분류된다.

지금까지 열거한 항목들은 모두 법인의 순자산을 증가시키는 것들로 세법상 익금에 해당한다. 하지만 법인의 순자산증가를 초래하는 거래의 유형은 이외에도 무수히 많기 때문에 지금까지 살펴본 항목이 아니더라도 당해 법인에 귀속되는 금액은 모두 익금으로 본다. 즉 법인세는 세법에 열거된 소득에 대해서만 제한적으로 과세하는 것이 아닌, 이른바 포괄과세 방식을 취하고 있는 것이다.

재무회계상 비용과 세법상 손금의 차이를 파악하자

세법상 손금이 아닌 것을 명확히 알아야 한다. 손금이란 법인의 각 사업연도 소득금액을 계산할 때 익금에서 공제받을 수 있는 세법상의 비용에 해당하는 개념이다.

손금이란 법인의 각 사업연도 소득금액을 계산할 때 익금에서 공제받을 수 있는 세법상의 비용에 해당하는 개념이다. 재무회계에서는 당기의 수익에 관련되는 항목으로, 수익을 얻기 위해 소비했거나 희생된 순자산의 감소액을 비용으로 정의한다. 법인세법에서 익금을 순자산을 증가시키는 모든 거래로 정의했던 것과 마찬가지로, 손금을 당해 법인의 순자산을 감소시키는 모든 경우로 정의한다.

다만 다음의 세 가지 경우에 해당하는 항목은 비록 순자산을 감소시킬지라도 손금으로 인정하지 않는다. 첫째, 자본 또는 지분의 환급으로 순자산이 감소한 것은 손금으로 보지 않는다. 주주가 자본

불입이나 출자를 해서 순자산이 증가한 것을 익금으로 보지 않는 것처럼, 출자금액의 환급에 따른 순자산의 감소는 손금으로 보지 않는다. 둘째, 잉여금의 처분사항이다. 이익의 배당이나 유보이익의 적립 등은 본래 이익처분사항이므로 법인이 이를 비용으로 계상하더라도 세무상 손금으로 인정하지 않는다. 셋째, 법인세법에서 손금불산입 항목으로 규정된 것은 손금으로 인정하지 않는다.

차이점을 아는 것이 중요하다

세무회계상 익금이 재무회계상의 수익과 차이가 있는 것처럼 손금 또한 재무회계상의 비용과 개념, 귀속시기의 결정기준에서 차이가 있다. 재무회계상 비용은 수익비용 대응의 원칙으로 인식하는데, 이때의 대응이란 수익을 먼저 인식하고 동 수익과 관련된 비용을 동일한 회계기간에 같이 인식하는 방법이다.

따라서 재무회계상으로 매출수익은 실현주의에 따라 판매된 시점에서 인식하고 인식된 수익금액과 관련된 비용을 같은 회계기간에 인식한다. 그로써 나타나는 차이인 이익은 발생주의에 따라 기간손익금액을 측정한다.

하지만 세무회계상 익금 및 손금은 기본적으로 권리의무확정주의에 따라 귀속기간이 결정되며, 순자산증가설에 따라 과세대상 소득의 범위를 결정한다. 특히 손금은 기업의 바람직한 비용지출을 장려하고, 반대로 불건전한 비용지출을 억제하기 위한 조세정책적인 차원에서 일부러 손금산입을 허용하지 않는 등 재무회계상의 비용과는 내용에서 많은 차이가 있다.

손금에 관한 법인세법상 제도

손금에 관한 현행 법인세법상의 제도는 크게 다음 세 가지가 있다. 첫째, 재무회계상으로는 비용에 해당되나 법인세법에서 전혀 손금으로 인정하지 않는 항목으로 법인세 및 소득할주민세, 각종 벌과금, 과태료, 업무무관비용, 기타기부금 등이 있다. 둘째, 재무회계상으로 비용에 해당되나 법인세법에서는 일정 범위 내의 금액에 한해서만 손금으로 인정하는 경우로 접대비, 법정·지정기부금, 감가상각비, 퇴직급여충당금, 대손충당금 등이 있다. 셋째, 재무회계상으로는 비용에 해당되지 않으나 법인세법에서 적극적으로 손금으로 인정하는 항목으로 조세특례제한법상의 각종 준비금 등이다.

법인이 납부하는 조세와 공과금 등은 순자산이 감소하므로 업무와 관련된 것이면 원칙적으로 손금으로 인정된다. 하지만 예외적으로 몇 가지는 손금으로 인정되지 않는다.

법인세법에서 손금으로 인정되는 항목으로는 판매한 상품 또는 제품에 대한 원료의 매입가액과 그 부대비용, 양도한 자산의 양도 당시의 장부가액, 인건비, 고정자산의 수선비, 고정자산에 대한 감가상각비, 대손금, 자산의 평가차손 등이 있다. 여기서 자산의 평가차손이란 자산의 시가가 장부가액 이하로 떨어지는 경우에 발생하

도표 8-9 ▼ 손금으로 인정되는 경우와 아닌 경우

구분		종류
손금으로 인정	지출하는 사업연도에 손금으로 인식	인지세, 재산세, 자동차세, 주민세 등
	원가에 가산한 후 차후에 손금으로 인식	취득세, 등록세 등
손금으로 인정되지 않음		① 법인세와 그에 관한 지방소득세, 농어촌특별세
		② 부가가치세 매입세액
		③ 개별소비세, 주세, 교통·에너지·환경세
		④ 법령에 따른 의무 불이행, 위반에 대한 제재로서 부과되는 폐수배출부담금, 과태료, 가산세, 벌금 등

는 평가손실을 의미한다. 하지만 평가차손은 아직 확정되지 않은 미실현손실이므로 원칙적으로는 손금으로 인정되지 않으며, 세법에서 제한적으로 열거된 경우(예를 들어 재고자산이나 화폐성 외화자산·부채 등의 평가차손)에만 손금으로 산입한다.

영업자가 조직한 단체로서 법인이거나 주무관청에 등록된 조합 또는 협회비도 원칙적으로는 손금에 해당하는데, 법인이 아니거나 주무관청에 등록된 조합(협회)이 아닌 단체에 지급한 회비는 손금으로 인정하지 않고 이를 기부금(지정기부금)으로 본다. 따라서 세법이 정한 일정 금액 범위 내에서만 손금으로 인정된다.

손금으로 인정하지 않는
항목은 무엇인가?

손익계산서상의 비용에 대해 세법에서는 일정 한도를 두거나 아예 배제하는 경우가 있다. 이것을 잘못해서 손금으로 신고하면 무거운 가산세가 과세되므로 주의해야 한다.

재무회계에서 비용으로 처리된 항목일지라도 세법상 손금으로 인정받지 못하는 것이 있다. 손금불산입 항목도 익금불산입의 경우와 마찬가지로 법인이 세무상 손금으로 인정하지 않는 항목들을 장부상 비용으로 계상한 경우에 한해 손금불산입 조정으로 당기순이익에 가산하면 되고, 배당금이나 주식할인발행차금 또는 부가가치세 매입세액처럼 처음부터 법인이 비용으로 처리하지 않은 경우라면 굳이 세무조정은 필요하지 않을 것이다. 세무상 손금으로 인정되지 않는 항목을 유형별로 살펴보면 다음과 같다.

첫째, 자본거래로 인한 손금불산입 항목으로는 잉여금의 처분을 손비로 계상한 금액과 주식할인발행차금이 있다. 잉여금의 처분이란 이익잉여금의 처분을 말하는 것으로, 배당금이나 적립금들을 이익처분이 아닌 비용으로 계상한 경우에는 이를 손금으로 인정하지 않는다. 주식할인발행차금이란 주식의 발행가액이 액면가액에 미달하는 경우, 그 미달하는 금액과 신주발행비의 합계액을 말한다. 이때 미달발행가만큼은 자본거래로 인한 순자산의 감소에 해당하므로 손금으로 보지 않는다.

둘째, 제세공과금의 손금불산입 항목으로는 법인이 부담한 제세공과금 중 각 사업연도에 납부했거나 납부할 법인세가 있다. 또한 소득할주민세와 각 세법에 규정하는 의무불이행으로 인해 납부했거나 납부할 세액(가산세 포함) 및 부가가치세의 매입세액, 벌금, 과료, 과태료, 가산금과 체납체분비, 법령에 따라 의무적으로 납부하는 것이 아닌 공과금, 법령에 의한 의무불이행 또는 금지·제한 등의 위반에 대한 제재로서 부과되는 공과금 등은 손금으로 인정되지 않는다.

셋째, 세법이 정한 예외적인 경우를 제외하고는 법인이 자산을 평가함에 따라 발생하는 평가차손은 손금으로 보지 않는다. 왜냐하면 아직 확정되지 않은 임의의 평가손을 손금으로 인정하게 되면 조세부담이 부당하게 감소될 우려가 있기 때문이다.

하지만 다음의 경우에는 평가차손을 손금으로 인정한다. 첫째, 재고자산으로 파손, 부패 등의 사유로 인해 정상가액에 판매할 수 없는 경우다. 둘째, 고정자산으로 천재지변, 화재 등으로 인해 파손·멸실된 경우다. 셋째, 중소기업창업투자회사 등이 보유한 주식이 부도가 난 경우에 주식평가손은 손금으로 인정한다. 넷째, 주식발행법인이 파산한 경우에 당해 주식은 손금으로 인정한다. 다섯째, 재고 자산 등을 저가법으로 평가할 경우의 평가차손은 손금으로 인정한다. 여섯째, 화폐성 외화자산·부채의 외화평가손실 등은 손금으로 인정한다.

과다경비 등의 손금불산입 항목에는 지배주주 및 그 특수관계자인 임직원에 대한 인건비와 복리후생비, 임원 및 사용인의 여비 및 교육훈련비, 보험업 법인의 사업비 등의 경비 중 그 금액이 너무 과다하다고 인정되는 경우에는 이를 손금으로 인정하지 않는다.

인건비에 대한 손금 기준

각종 경비의 한도초과액은 손금불산입 규정도 있다. 규정에 해당하는 항목에 대해서는 세법상 손금산입한도액이 정해져 있으며, 이를 초과하는 경우에 초과액은 손금으로 인정하지 않는다.

손금불산입 규정에 해당하는 경비는 다음과 같다. 특정손금(접대비, 기부금, 지급이자)의 손금산입 한도초과액, 법령에 따른 준비금의 손금산입 한도초과액, 충당금(대손충당금, 퇴직급여충당금)의 손금산입 한도초과액, 감가상각비의 한도초과액, 임원퇴직금 한도초과액, 법인이 임원에게 지급한 상여금 중 급여지급기준을 초과한 금액 등이 있다. 이 외에도 법인업무에 관련이 없는 경비 또는 채권자가 불분명한 사채이자 등은 모두 손금으로 인정되지 않는다.

도표 8-10 ▼ 인건비에 대한 손금

구분		일반 직원	임원
일반급여		손금 인정	손금 인정
상여금	일반 상여금	손금 인정	급여지급기준 한도 내에서만 손금 인정
	이익처분으로 인한 상여금	손금 불인정	손금 불인정
퇴직급여		손금 인정	일정한 한도 내에서만 손금 인정
복리후생비		열거된 것 및 그와 유사한 것에 한정해 손금 인정	

도표 8-11 ▼ 손금에 해당하는 사항과 해당하지 않는 사항

손금에 해당하는 사항	손금에 해당하지 않는 사항
① 판매한 상품, 제품에 대한 매입가액. 다만 매입에누리 및 매입할인금액은 제외 ② 양도한 자산의 양도 당시의 장부가액 ③ 인건비 ④ 자산의 임차료 ⑤ 차입금 이자 ⑥ 자산의 평가손실 ⑦ 영업자가 조직한 단체로서 법인이거나 주무관청에 등록된 조합 또는 협회에 지급한 일반회비	① 대손금: 상법 등의 소멸시효가 완성된 채권, 부도발생일로부터 6개월 이상 지난 일정한 채권 등 법인세법상에 인정한 대손금 외에는 손금으로 인정하지 않고 있다. ② 감가상각비의 손금불산입: 한도 규정 ③ 기부금의 손금불산입: 한도 규정 ④ 접대비의 손금불산입: 적격증빙 요건과 한도 규정 ⑤ 과다경비 등의 손금불산입: 인건비, 복리후생비 등에 대해 과다하거나 부동하다고 인정하는 금액 ⑥ 업무무관비용의 손금불산입

법인세 산출세액은
어떻게 계산하는가?

법인세 산출세액은 법인세 과세표준 금액에 세율을 곱하고, 법인세 과세표준은 각 사업연도 소득금액에서 이월결손금 및 비과세소득과 소득공제를 차감한다.

지금까지 재무회계를 통해 법인세로 납부해야 할 세액을 산정하기 위한 '각 사업연도 소득금액'에 대해 설명했다. 이제 법인세 산출세액을 계산해서 납부해야 할 최종세액을 계산하는 마지막 과정에 대해 알아보자. 법인세 산출세액은 법인세 과세표준 금액에 세율을 곱해 계산하고, 법인세 과세표준은 각 사업연도 소득금액에서 이월결손금 및 비과세소득과 소득공제를 차례로 차감해 계산한다. 그중 이월결손금은 누적된 세무상 적자를 말하는데 사업을 하다 적자가 나더라도 꼼꼼히 정리해두면 차후에 이익이 날 때 법인세 10~20% 정도의 이익으로 돌아올 수 있으니 잘 관리하자.

흐름을 알면 계산은 쉽다

법인세 산출세액은 법인세 과세표준 금액에 세율을 곱해 계산한다. 이때 적용되는 세율은 과세표준에 따라 각각 다르다. 법인세 세율은 먼저 2억 원을 기준으로 나뉜다. 과세표준 금액이 2억 원 이하인 경우에는 10%, 과세표준 금액이 2억 원을 초과하는 경우에는 초과분에 대해 20%의 세율을 적용한다. 그다음에 200억 원 초과분은 22%, 3천억 원 초과분은 25%의 세율이 적용된다. 한편 법인세의 과세표준은 각 사업연도 소득금액에서 이월결손금 및 비과세소득과 소득공제를 순차적으로 차감해 계산한다.

이월결손금 공제란 당해 사업연도 개시일부터 10년 이내에 발생한 결손금은 소득금액에서 공제해주는 것을 말한다. 여기서 결손금은 재무상태표상의 이월결손금이 아니라 세무회계상의 이월결손금을 말한다. 따라서 재무회계상 이월결손금을 결손금의 처리 절차에 따라 자본잉여금이나 이익준비금 등으로 보전한 경우에도 재무회계상의 처리일 뿐이므로 세무상 이월결손금에는 아무런 영향이 없다.

비과세소득이란 공익 등의 목적으로 국가가 과세권을 포기한 소득이다. 납세자가 별도로 신청하지 않아도 과세표준에서 제외되는 소득을 말한다. 법인세법상 비과세소득으로는 공익신탁의 신탁재산에서 생기는 소득이 있다. 그 외에도 조세특례제한법에 규정된 비과세소득이 있다.

마지막으로 '소득공제(income deduction)'란 조세부담을 덜어주기 위한 목적으로 과세의 대상이 되는 소득 중 일정액을 공제하는

소득 종류 / 법인 종류	각 사업연도 소득			청산소득		
	과세표준	세율	누진공제	과세표준	세율	누진공제
영리 법인	2억 원 이하	10%	–	2억 원 이하	10%	–
	2억 원 초과 200억 원 이하	20%	2천만 원	2억 원 초과 200억 원 이하	20%	2천만 원
	200억 원 초과 3천억 원 이하	22%	4억 2천만 원	200억 원 초과 3천억 원 이하	22%	4억 2천만 원
	3천억 원 초과	25%	94억 2천만 원	3천억 원 초과	25%	94억 2천만 원

 법인세

- 법인세 과세표준 = 각 사업연도 소득금액 – 이원결손금 – 비과세소득 – 소득공제액
- 법인세 산출세액 = 법인세 과세표준 × 세율 – 누진공제

것을 말한다. 법인의 소득공제는 크게 법인세법상의 소득공제와 조세특례제한법상의 소득공제가 있다. 법인세법상 소득공제로는 유동화전문회사 등에 해당하는 내국법인이 배당가능이익의 90% 이상을 배당한 경우, 그 금액은 당해 사업연도의 소득금액 계산에 있어서 이를 공제한다. 조세특례제한법상의 소득공제에는 자기관리부동산투자회사에 대한 소득공제와 고용유지기업에 대한 소득공제 등이 있다. 이에 대한 구체적인 검토를 원하는 경우에는 국세청 국세법령정보시스템(taxinfo.nts.go.kr)에서 찾아보면 된다.

세액감면과 세액공제로
법인세 차감납부세액을 줄이자

탈세는 안 되지만 절세를 위한 방법은 다양하게 있다. 꼼꼼히 알아보고 찾아봐야 하는데, 대표적으로 세액감면과 세액공제가 가능한지를 알아보는 것이 절세의 시작이다.

앞에서 알아본 산출세액은 최종적으로 납부할 세액이 아니다. 실제로 세액감면과 세액공제가 더 없는지 꼼꼼히 알아보고 절세할 수 있는 혜택을 모두 누리도록 하자.

세액감면(tax reduction)이란 특정한 소득에 대해 세금을 면제(세액면제)해주거나 일정한 비율만큼 세액을 경감(세액경감)해주는 것을 말한다. 세액감면의 종류는 조세특례제한법에 모두 규정되어 있다. 세액감면은 크게 일반감면과 기간감면으로 나눌 수 있다. 일반감면은 감면대상소득이 발생하면 시기의 제한 없이 감면을 해주는 것이고, 기간감면이란 감면대상사업에서 최초로 소득이 발생한 과세연도부터 일정 기간 동안 감면해주는 것이다.

세액감면은 감면받을 수 있는 규정이 여러 개가 있다고 모두 적용하면 안 된다. 꼼꼼히 체크하고 국세청이나 세무사에게 꼭 문의해 적용하도록 하자. 왜냐하면 중복적용 배제 규정과 공제, 감면의 적용순위, 감면 배제 규정, 최저한세 적용 등이 있기 때문이다. 감면 규정을 잘못 적용하면 무거운 가산세가 부과될 수 있으므로 주의해야 한다.

일반감면의 대표적인 규정으로는 '중소기업에 대한 특별세액감면'이 있다. 이는 소기업과 중소기업으로 다시 나뉘고, 해당 법인이 수도권 안에 있는지 없는지에 따라 감면율이 또다시 나뉜다.

기간감면의 대표적인 규정으로는 '창업중소기업 등에 대한 세액감면' '수도권 과밀억제권역 외 지역 이전 중소기업에 대한 세액감면' '사회적기업에 대한 법인세 등의 감면' 등이 있다. 이러한 감면에 대해서 국세청 국세법령정보시스템에서 찾아보고, 실제로 적용할 때는 세무전문가에게 꼭 확인받도록 하자.

세액공제, 알면 힘이다

세액공제(tax credit)란 산출세액에서 일정액을 공제해주는 것을 말한다. 법인세법상의 세액공제에는 외국납부세액공제, 재해손실세액공제, 사실과 다른 회계처리에 기인한 경정에 따른 세액공제가 있다. 조세특례제한법상의 세액공제로는 연구인력개발비에 대한 세액

도표 8-13 ▼ **연구 및 인력개발 관련 조세 감면 내용**

구분	내용
세액공제	• 신성장동력연구·인력개발비 20%(중소기업 30%) • 원천기술연구·인력개발비 20%(중소기업 30%) • 일반연구·인력개발비 세액공제 　－ 당기분방식: 당해연도 지출액×3~6%(중소기업 25%) 　　＊ 중소기업 졸업 유예기간 이후 3년간 15%, 그 이후 2년간 10% 　－ 증가분방식: (당해연도 지출액－직전 4년 연평균 지출액)× 　　40%(중소기업 50%) • 연구개발을 위한 설비투자 세액공제 　－ 설비: 연구시험용 자산 등 　－ 공제액: 투자금액의 10% 세액공제
기타 조세지원	• 연구·인력개발 준비금 손금산입 • 연구개발 관련 출연금 등의 익금불산입 등

• 신성장동력, 원천기술 등 연구·인력개발에 투자하는 경우 세금 혜택을 받을 수 있다.

공제, 각종 투자세액공제 등이 있다.

　실제로 중요한 세액공제는 조세특례법에 있는데, 특히 연구·인력개발비에 대한 세액공제는 매우 혜택이 크다. 제조업 등에서는 연구개발비가 적지 않게 지출되는 경우가 많아 이에 대해 세액공제 혜택을 받으면 매우 큰 도움이 될 것이다. 각 과세연도에 연구·인력개발비가 있는 경우에는 해당 과세연도의 법인세에서 일정금액을 공제해주는데, 중소기업이 아니어도 혜택을 받을 수 있다.

　이 외에 투자세액공제도 있는데, 이는 사업용 자산(사업용 자산 중 법인세법상의 내용연수표에 규정된 업종별 고정자산)을 새로 취득해 투자한 경우에 해당 투자금액의 일정률에 상당하는 금액을 법인세에서 공제하는 제도다. 다만 중고 제조기계 등을 구입해 설비투자한

도표 8-14 ▼ 세액공제와 감면

과세표준 × 세율	
= 산출세액 − 세액감면 − 세액공제 + 가산세 + 감면분추가납부세액	− 토지 등 양도소득에 대한 법인세가 있으면 가산
= 총부담세액 − 기납부세액	− 중간예납세액, 원천징수세액, 수시부과세액
= 차감납부할 세액 − 사실과 다른 회계처리 경정세액공제 − 분납할 세액	
= 차감납부세액	

경우에는 적용되지 않는다. 투자세액공제의 종류에는 중소기업 투자세액공제, 연구 및 인력개발을 위한 설비투자에 대한 세액공제, 안전설비투자 등에 대한 세액공제, 임시투자세액공제 등이 있다.

주의할 점은 투자세액공제의 제한 규정이 별도로 있어 투자한 자산에 여러 가지 투자세액공제 규정이 동시에 적용되는 경우에는 그중 하나만을 선택해 적용받을 수 있다. 또 동일한 과세연도에 각종 기간감면, 중소기업에 대한 특별세액감면, 각종 투자세액공제의 규정을 동시에 적용받을 수 있는 경우에도 그중 하나만을 선택해 적용받아야 한다. 즉 투자세액공제 상호 간의 중복적용 배제 규정, 기간감면 등과 투자세액공제의 중복적용 배제 규정 등이 별도로 있으므로 세액공제과 감면은 매우 신중하게 검토해야 한다.

법인세 신고 및 납부흐름을 한눈에 익히자

세금신고는 기한이 중요하다. 그 기한이 하루만 늦어도 무거운 가산세를 내야 한다. 특히 전산으로 신고하기 때문에 분 단위로 언제 신고를 했는지 접수증에 기록된다.

법인은 각 사업연도의 종료일부터 3개월 이내에 당해 사업연도의 소득에 대한 법인세의 과세표준과 세액을 납세지 관할 세무서장에 신고해야 한다. 이 경우 각 사업연도의 소득금액이 없거나 결손금이 있는 법인도 법인세를 신고해야 한다. 법인들이 각 사업연도를 1월 1일부터 12월 31일로 규정하고 있으므로 대부분의 법인세 신고는 매년 3월 31일까지 한다.

각 사업연도 소득에 대한 법인세 과세표준을 신고할 때 첨부해야 할 신고서로는 기업회계기준을 준용해 작성한 재무상태표, 손익계산서, 이익잉여금처분계산서(또는 결손금처리계산서) 및 현금흐름표

(외부감사 대상 법인), 세무조정계산서, 세무조정계산서의 부속서류가 있다. 법인은 각 사업연도의 소득에 대한 법인세의 산출세액에서 감면세액과 중간예납세액, 그리고 원천징수세액 등을 공제한 금액을 각 사업연도의 소득에 대한 법인세로서, 과세표준 신고기한 내에 납세지 관할세무서에 납부해야 한다.

원천징수세액은 법인이 과세기간 동안에 미리 원천징수함으로써 납부한 법인세를 말한다. 소득에 대한 원천징수 규정은 소득세법과 법인세법에 각각 규정되어 있는데, 소득을 지급받는 자가 개인이면 소득세법에 따라 원천징수를 하고, 소득을 지급받는 자가 법인이면 법인세법에 따라 원천징수를 한다.

법인세, 흐름 파악이 중요하다

소득세법에서 원천징수 대상 소득은 이자, 배당, 근로, 기타, 퇴직소득 등 매우 다양하지만, 법인세법에서는 이자소득과 증권투자신탁 수익의 분배금만이 원천징수 대상 소득이다. 예를 들어 법인이 예금을 금융기관에 예치해 이자를 지급받을 때는 이자의 15%를 원천징수 당하게 된다. 하지만 그 이자수입은 원천징수세액을 포함한 총액이 영업외수익으로 당기순이익에 포함되므로 일단 과세소득에 모두 포함되어 법인세가 산출된다. 그러므로 지급받을 당시에 원천징수 당한 세액은 기납부한 세액으로 공제해야 하는 것이다.

한편 법인이 이자소득을 다른 법인(금융기관은 제외)에게 지급한 경우에는 반드시 법인세를 원천징수해야 한다. 예를 들어 A회사가 B회사에서 1억 원을 빌려 쓰고 이자를 지급해야 한다면, 이자금액의 25%를 원천징수해 납부해야 한다. 만약 원천징수를 하지 않았다면 A회사는 원천징수 불이행에 따른 가산세 10%를 물어야 한다.

법인세에는 개인의 종합소득세처럼 분납제도가 있다. 법인이 납부한 세액이 1천만 원을 초과하는 경우에는 납부기한이 경과한 날부터 한 달(중소기업의 경우에는 2개월) 이내에 분납할 수 있다. 이때 납부할 세액이 2천만 원 이하일 때는 1천만 원을 초과하는 금액을, 납부할 세액이 2천만 원을 초과하는 때는 그 세액의 50/100 이하의 금액을 납부해야 한다.

이 외 납세자가 알아둬야 할 내용으로 결손금 소급공제(carry-back)에 따른 법인세 환급제도가 있다. 이는 세무상 결손이 나는 경우 그 이전에 납부한 법인세를 소급공제에 따라 환급받을 수 있다는 내용으로, 현행 법인세법에서는 중소기업에 대해 예외적으로 소급공제를 허용하고 있다. 중소기업의 경우 각 사업연도에 세무상 결손금이 발생했을 때 그 결손금을 소급공제 해 감소되는 직전 사업연도 법인세액을 환급받고자 신청할 수 있다. 이때 그 결손금에 대해서는 이월결손금 공제규정을 적용할 때 공제받은 금액으로 본다. 법인세액을 환급받으려는 법인은 과세표준 신고기한까지 관할 세무서장에게 소급공제법인세액환급신청서를 제출해야 한다. 주의할 부분은 국세청 입장에서 환급 신청한 법인이 결손을 적정하게 신고했는지 꼼꼼히 볼 여지가 있다는 것이다. 적격증빙에 의해 접대비 항목 등 계정분류가 제대로 되어 있다면 자신있게 신청해서 환급받도록 하자.

법인세 신고 시 꼭 알아둘 사항

법인은 사업연도 종료일이 속하는 달의 말일부터 3개월 이내에 법인세를 신고해야 한다. 신고기한의 말일이 공휴일인 경우 그다음 날까지 신고하면 된다. 예를 들어 사업종료일이 20×2년 12월인 법인의 경우 20×3년 3월 31일까지 신고하면 된다. 다만 천재지변, 납세자가 화재·전화 기타 재해를 입거나 도난을 당하는 등의 사유에 해당하는 경우, 신고 및 납부기한을 연장할 수 있다.

법인세 신고는 '법인세 과세표준 및 세액신고서(별지1호)'에 다음의 서류를 첨부해야 한다.

① 기업회계기준을 준용해 작성한 개별 내국법인의 재무상태표, 포괄손익계산서
② 기업회계기준을 준용해 작성한 이익잉여금처분(결손금처리)계산서
③ 세무조정계산서(별지3호)

도표 8-15 ▼ 법인세 신고기한

구분	법정신고기한	제출서류
12월 결산법인	3월 31일	① 법인세과세표준 및 세액신고서
3월 결산법인	6월 30일	② 재무상태표 ③ 포괄손익계산서
6월 결산법인	9월 30일	④ 이익잉여금처분계산서(결손금처리계산서) ⑤ 세무조정계산서
9월 결산법인	12월 31일	⑥ 세무조정계산서 부속서류 및 현금흐름표

④ 기타 부속서류 및 현금흐름표, 표시통화재무제표·원화재무제표

⑤ 피합병법인 등의 재무상태표, 합병·분할로 승계한 자산·부채
　명세서 등

①~③의 서류를 첨부하지 않고 신고서를 제출하는 경우에는 신고를 하지 않은 것으로 보니 유의하기 바란다. ①, ② 및 ④의 현금흐름표 제출은 국세청 홈택스(www.hometax.go.kr)를 이용해 기획재정부령이 정하는 표준대차대조표(별지3호의2), 표준손익계산서 및 표준손익계산서부속명세서(별지3호의3)를 제출하는 것으로 갈음할 수 있다.

법인세는 국세청 홈택스를 통해 신고(전송)할 수 있다. 전자신고 대상서식 이외에 당해 법인에게 보관의무가 부여된 제출 제외 서류(법인세법 시행령 제97조 ⑤단서, 동법 시행규칙 제82조 ③)에 대해서는

도표 8-16 ▼ 법인세 전자신고 흐름도(일괄전송 방식)

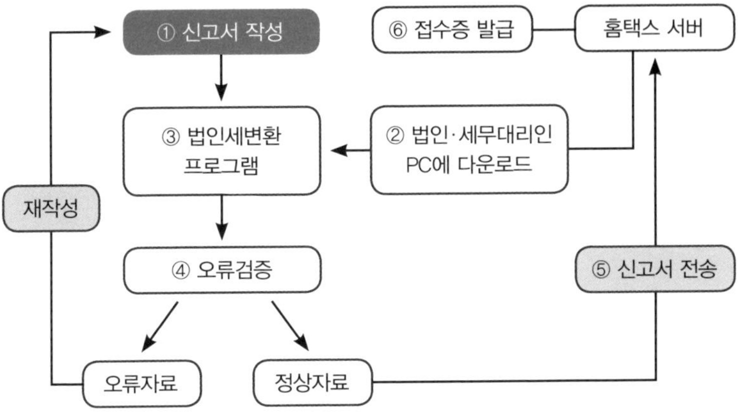

도표 8-17 ▼ **법인세 신고·납부 절차**

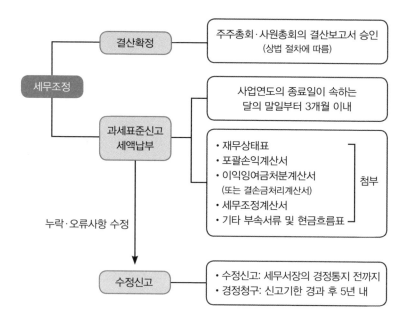

신고 시 별도로 제출하지 않아도 된다. 외부회계감사 대상 법인, 외형 30억 원 이상 법인 등의 일부 법인(고시 제2019-2호)은 결산보고서 및 부속명세서를 신고기한 종료 후 10일 이내에 우편 등의 방법으로 제출해야 한다. 재무제표 부속서류 제출 대상서식이 없는 법인은 전자신고로 법인세 신고가 종결된다.

STEP 9

실무에 바로 써먹는
회계 노하우

9장에서는 회사의 회계담당자로서 기본적으로 알아야 할 사항을 설명했으며, 꼭 회계담당자가 아니더라도 사회생활에서 유용하게 사용될 수 있는 사항을 기록해보았다. 특히 공동사업이나 세무조사에 대한 부분은 사업을 준비하는 입장에서 꼭 기초 상식으로 알고 있으면 좋을 것이다.

돈을 받아내고 싶다면
먼저 채권을 파악하라

사업을 하다 보면 자금 회전이 안 될 경우가 가장 힘들다. 그 원인 중 하나가 매출채권을 회수하지 못한 경우인데, 돈을 받아내는 방법도 사업에서 꼭 필요한 지식이다.

사업을 하든 안 하든 돈과 관련된 분쟁은 한 번쯤 경험할 수 있다. 따라서 기본적으로 돈과 관련된 분쟁에서 기초적인 지식은 정말로 중요하다. 순간 당황할 수도 있고, 어디에 물어봐도 정확히 알고 있는 사람이 많지 않다.

이때 이 돈을 받아낼 수 있는 권리를 쉽게 말하면 채권이라고 할 수 있다. 채권은 종류에 따라 소멸시효를 두고 있다. 즉 돈을 받을 수 있는 기간이 정해져 있다는 말이다. 이런 소멸시효는 민법, 상법, 어음법 및 수표법에 따라 다르게 규정하고 있다. 일반적으로 지인한테 돈을 빌려준 경우는 민법상의 채권으로 소멸시효가 10년이라고 보면 된다. 그런데 가장 중요한 핵심은 10년을 한 달 남겨놓고 아무리 내용증명으로 독촉을 한다고 해서 소멸시효가 연장되지는 않는다는 것이다. 따라서 돈을 받아내기 위해서는 정식적인 재판 등의 절차를 거쳐야만 한다.

소멸시효에 대해 제대로 익히자

소멸시효에 대해 좀 더 자세하게 설명하면, 권리자가 그의 권리를 행사할 수 있음에도 불구하고 일정한 기간 동안 그 권리를 행사하지 않는 상태, 즉 권리불행사의 상태가 계속된 경우에 그 사람의 권리를 소멸시키는 제도를 말한다. 소멸시효제도는 일정한 기간 계속된 사회질서를 유지하고, 시간의 경과로 인해 곤란하게 되는 증거보전에서의 구제 또는 자신의 권리를 행사하지 않고 권리 위에 잠자는 자를 법의 보호에서 제외하기 위한 것이다.

이때 채권이 시효로 소멸하면, 그에 대한 이자채권도 함께 시효로 소멸된다(민법 제183조). 민사채권은 10년간 행사하지 않으면 소멸시효가 완성된다(민법 제162조 ①). 하지만 채권에는 민사채권뿐만 아니라 다양한 채권이 있다. 각 채권마다 소멸시효가 다르므로 이를 확인하는 것은 매우 중요하다. 특히 사업을 하다가 발생한 외상매출금의 소멸시효는 10년이 아니라 3년 이내다.

사업을 통해 발생한 채권을 상사채권이라고 하는데, 소멸시효는 1년부터 5년까지 다양하다. 따라서 해당 채권이 어떤 채권이고 그에 해당하는 소멸시효가 어떻게 되는지 꼭 확인해야 한다. 더 자세하게 알고 싶으면 국가법령정보센터(www.law.go.kr)에서 민법 162조부터 165조까지 읽어보면 도움이 될 것이다.

본격적으로 돈을 받아내기 위해서는 어떤 절차를 거쳐야 할까? 꼭 변호사의 도움을 받아야 할까? 그렇지 않다. 소액인 경우에는 대한민국 법원 전자민원센터(help.scourt.go.kr)에서 이와 관련한 자세한 설명을 볼 수 있으며, 온라인으로 독촉할 수 있는 대한민국 법원 전자소송 홈페이지(ecf.scourt.go.kr)가 있으므로 간편하게 개인이 직접 처리할 수 있다. 수수료도 저렴하므로 대법원을 통해 돈을 받아낼 수 있는 방법을 모색하는 것이 좀 더 경제적일 것이다. 하지만 복잡하고 고액인 경우에는 전문가의 도움을 받는 것이 좋다.

 채권의 종류에 따른 소멸시효

민법 제7장 소멸시효

• **제162조(채권, 재산권의 소멸시효)**
① 채권은 10년간 행사하지 아니하면 소멸시효가 완성한다.
② 채권 및 소유권 이외의 재산권은 20년간 행사하지 아니하면 소멸시효가 완성한다.

• **제163조(3년의 단기소멸시효)**
다음 각 호의 채권은 3년간 행사하지 아니하면 소멸시효가 완성한다.
1. 이자, 부양료, 급료, 사용료 기타 1년 이내의 기간으로 정한 금전 또는 물건의 지급을 목적으로 한 채권
2. 의사, 조산사, 간호사 및 약사의 치료, 근로 및 조제에 관한 채권

3. 도급받은 자, 기사 기타 공사의 설계 또는 감독에 종사하는 자의 공사에 관한 채권
4. 변호사, 변리사, 공증인, 공인회계사 및 법무사에 대한 직무상 보관한 서류의 반환을 청구하는 채권
5. 변호사, 변리사, 공증인, 공인회계사 및 법무사의 직무에 관한 채권
6. 생산자 및 상인이 판매한 생산물 및 상품의 대가
7. 수공업자 및 제조자의 업무에 관한 채권

- **제164조**(1년의 단기소멸시효)

다음 각 호의 채권은 1년간 행사하지 아니하면 소멸시효가 완성한다.
1. 여관, 음식점, 대석, 오락장의 숙박료, 음식료, 대석료, 입장료, 소비물의 대가 및 체당금의 채권
2. 의복, 침구, 장구 기타 동산의 사용료의 채권
3. 노역인, 연예인의 임금 및 그에 공급한 물건의 대금채권
4. 학생 및 수업자의 교육, 의식 및 유숙에 관한 교주, 숙주, 교사의 채권

- **제165조**(판결 등에 의하여 확정된 채권의 소멸시효)

① 판결에 의하여 확정된 채권은 단기의 소멸시효에 해당한 것이라도 그 소멸시효는 10년으로 한다.
② 파산절차에 의하여 확정된 채권 및 재판상의 화해, 조정 기타 판결과 동일한 효력이 있는 것에 의하여 확정된 채권도 전항과 같다.
③ 전2항의 규정은 판결확정당시에 변제기가 도래하지 아니한 채권에 적용하지 아니한다.

유능한 경리·재무담당자는
법을 공부한다

유능한 경리·재무담당자가 되기 위해서는 관련 법규를 이해하고 있어야 하며, 증빙에 근거해 회계처리를 하고, 회계정보의 품질을 높이기 위해 힘써야 한다.

유능한 경리·재무담당자가 되기 위해서는 관련 법률을 잘 파악하고 있어야 하며, 증빙에 근거해 회계처리를 하고, 회계정보의 품질을 높이기 위해 힘써야 한다. 관련 법률에 대해서 구체적으로 법 해석까지는 하지 못하더라도, 관련되는 법률이 대략적으로 어떤 것이 있는지 알고 있는 것만으로도 큰 힘이 된다.

예를 들어 근무하고 있는 법인의 주주 간 이전을 하게 되면 실무자가 어떤 서류를 준비하고 검토해야 하는지 등을 관련 법률에서 찾을 수 있기 때문이다. 법무사에게 맡기는 것도 좋겠지만, 유능한 담당자가 되기 위해서는 최소한 어떤 법률에 따라 진행되어야 하는지를 알고 있어야 할 것이다. 경리업무와 관련된 법률에는 상법, 법인세법, 증권거래법, 주식회사 등의 외부감사에 관한 법률, 기업회계기준 등이 있다.

경리업무와 관련된 법규들

상법은 상거래와 상행위를 규제할 목적으로 제정된 것으로 재산법적 해석과 채권보호 중심의 사고가 중요하며, 자본충실의 원칙 등으로 기업의 유지와 채권자의 보호를 강조하고 있다.

법인세와 관련된 법규는 법인세법 외에 법인세법 시행령, 법인세법 시행규칙이 있고, 이에 따른 조세특례제한법이 있다. 법인세법에 따라 정해진 사항의 실제 조목은 대통령령인 법인세법 시행령과 동법 시행규칙으로 규정되어 있다. 한편 법인세법 기본통칙이란 것이 있는데, 과세관청 내부에서 세법의 해석기준이나 집행기준을 시달한 행정규칙이다. 법인세법 기본통칙은 원칙적으로 법적 구속력이 없지만 현실적으로 큰 힘을 갖고 법인세를 구속하고 있다. 조세특례제한법은 조세의 감면과 이에 관련된 특례에 관한 사항을 규제해 과세의 공평을 도모하고자 제정된 특별법이다.

증권거래법은 유가증권의 발행과 매매, 기타의 거래를 공정하게 하며, 유가증권의 유통을 원활히 하고, 투자자를 보호하기 위해 만들어진 법규다. 유가증권의 종류, 모집이나 매출, 공개매입 등을 규정하고 있다.

'주식회사 등의 외부감사에 관한 법률'을 줄여 외감법이라고 칭하고 있다. 독립된 외부의 감사인이 해당 주식회사에 대해 회계감사를 실시해 회계처리의 적정성에 대한 의견을 표명함으로써 이해관계자를 보호하기 위해 제정되었다. 이 법에 따르면 직전 사업연도 말 자산총액이 500억 원 이상인 회사는 반드시 외부감사계약을 체결하고 외부감사를 받아야 하며, 감사계약 체결 사실을 증권선물위원회에 보고하도록 하고 있다. 또한 한국채택국제회계기준을 적용하는 회사는 정기주주총회 이후 2주 이내에 증권선물위원회에 감사보고서를 제출해야 한다.

기업회계기준은 1997년 IMF 경제 위기 이후 금융감독원이 설립되면서 증권선물위원회와 금융감독위원회에서 맡았다. 하지만 IMF와의 합의사항으로 모든 회계기준을 국제화된 기준으로 개정하기로 하고 회계처리기준의 제정을 민간기구에 의탁하기로 했다. 1998년 12월에 기업회계기준이 국제화 기준에 맞게 개정되었으며, 각종 준칙과 해석이 2000년 6월에 개정되었다. 또한 1999년 9월에 한국회계기준원을 설립하고 회계기준의 제정과 관련된 업무를 위탁했으며, 2000년 1월에 '주식회사의 외부감사에 관한 법률' 개정이 통과되었다. 따라서 현재 외감법으로 인해 제정되는 회계기준은 한국회계기준원에서 담당하고 있다.

그 외의 법규에는 주민세나 사업소세 등을 규정하고 있는 지방세법, 급여에 관계되는 소득세법 등이 경리에 관련된 법규다. 또한 공인회계사나 세무사에 관해 규정한 공인회계사법, 세무사법 등의 법률도 있다.

외부감사 대상 법인

외감법의 핵심은 자산규모나 매출액이 500억 원 이상인 회사가 대상이라는 것이다.

주식회사 등의 외부감사에 관한 법률

• 제4조(외부감사의 대상)

① 다음 각 호의 어느 하나에 해당하는 회사는 재무제표를 작성하여 회사로부터 독립된 외부의 감사인(재무제표 및 연결재무제표의 감사인은 동일하여야 한다. 이하 같다)에 의한 회계감사를 받아야 한다.

1. 주권상장법인
2. 해당 사업연도 또는 다음 사업연도 중에 주권상장법인이 되려는 회사
3. 그 밖에 직전 사업연도 말의 자산, 부채, 종업원수 또는 매출액 등 대통령령으로 정하는 기준에 해당하는 회사. 다만, 해당 회사가 유한회사인 경우에는 본문의 요건 외에 사원 수, 유한회사로 조직변경 후 기간 등을 고려하여 대통령령으로 정하는 기준에 해당하는 유한회사에 한정한다.

주식회사 등의 외부감사에 관한 법률 시행령

• 제5조(외부감사의 대상)

① 법 제4조제1항제3호 본문에서 "직전 사업연도 말의 자산, 부채, 종업원 수 또는 매출액 등 대통령령으로 정하는 기준에 해당하는 회사"란 다음 각 호의 어느 하나에 해당하는 회사를 말한다.

1. 직전 사업연도 말의 자산총액이 500억원 이상인 회사
2. 직전 사업연도의 매출액(직전 사업연도가 12개월 미만인 경우에는 12개월로 환산하며, 1개월 미만은 1개월로 본다. 이하 같다)이 500억원 이상인 회사
3. 다음 각 목의 사항 중 3개 이상에 해당하지 아니하는 회사
   가. 직전 사업연도 말의 자산총액이 120억원 미만
   나. 직전 사업연도 말의 부채총액이 70억원 미만
   다. 직전 사업연도의 매출액이 100억원 미만
   라. 직전 사업연도 말의 종업원(「근로기준법」 제2조제1항제1호에 따른 근로자를 말하며, 다음의 어느 하나에 해당하는 사람은 제외한다. 이하 같다)이 100명 미만

1) 「소득세법 시행령」 제20조제1항 각 호의 어느 하나에 해당하는 사람

2) 「파견근로자보호 등에 관한 법률」 제2조제5호에 따른 파견근로자

② 법 제4조제1항제3호 단서에서 "대통령령으로 정하는 기준에 해당하는 유한회사"란 제1항제1호 또는 제2호에 해당하거나, 같은 항 제3호 각 목의 사항 및 직전 사업연도 말의 사원(「상법」 제543조제1항에 따른 정관에 기재된 사원을 말한다. 이하 같다)이 50명 미만인 경우 중 3개 이상에 해당하지 아니하는 유한회사를 말한다. 다만, 2019년 11월 1일 이후 「상법」 제604조에 따라 주식회사에서 유한회사로 조직을 변경한 유한회사는 같은 법 제606조에 따라 등기한 날부터 5년간 제1항에 따른다.

법인주식을 거래할 때는
세금 문제를 주의하자

법인은 다른 사업부나 법인을 인수하거나 사업을 양도할 경우, 주식을 양도·양수하게 된다. 법인의 주인이 바뀌는 주식거래와 관련된 각종 신고사항을 숙지해야 한다.

일반적으로 주식과 관련된 세금으로는 취득세, 배당소득세, 양도소득세, 상속 및 증여세, 증권거래세, 농어촌특별세 등이 있다. 일정한 소득이 발생했을 경우 세금을 내게 되어 있기 때문에, 배당을 받게 되면 배당소득세를 내야 하고 시세차익을 보면 그에 따른 양도소득세를 내야 한다.

하지만 세금은 이익뿐만 아니라 특정 거래에 대해서 내는 경우도 있어 생각보다 복잡하고 예외도 많다. 주식투자와 관련된 세금들을 주식취득 시의 세금, 주식보유 시의 세금, 주식처분 시의 세금, 간접투자 시의 세금으로 나누어 살펴보자.

세금 규정을 정확히 파악하자

주식을 취득할 때 일반 소액투자자는 어떠한 세금도 내지 않는다. 하지만 일정 주주(50% 초과 등)는 간주취득세 납부의무가 있을 수 있으므로 주의해야 한다. 간주취득세란 재산권을 취득하지 않더라도 재산의 가액이 증가된 경우 취득으로 간주해 부과하는 세금이다. 예를 들어 법인이 부동산을 취득하게 되면 그에 따라 취득세를 납부하게 되는데, 이와 별도로 법인의 주식을 취득해 과점주주가 되면 그 과점주주가 해당 법인의 부동산을 취득한 것으로 간주해 취득세를 납부해야 한다. 이는 지방세법에서 규정하는 것으로 국세청이 아닌 관할 지방자치단체 세무과에서 담당하는 내용이다.

주식을 보유하면 일반적으로 배당을 받는데, 이러한 배당은 예금이자와 같은 성격이기에 주식의 종류(상장, 등록, 비상장 미등록주식)에 관계없이 배당소득세를 내야 한다. 배당소득에는 일반적으로 받는 현금배당 및 주식배당과 같은 의제배당이 있다. 의제배당이란 주식을 무상으로 주주에게 나누어주는 주식배당처럼, 현금으로 배당을 받지 않았더라도 잉여금의 전부 또는 일부를 자본에 전입하는 등의 방법으로 실제 배당을 받은 것과 같은 효과가 있는 것을 말한다. 따라서 이런 경우에도 배당소득에 포함해 세금을 내야 한다.

배당에 대한 세금은 수입이 발생했을 경우, 그 수입을 지급하는 사람이 미리 세금을 공제하고 그 나머지를 주는 원천징수의 방식을 통해 납부한다. 또한 소득세에 대해 원천징수할 때 주민세도 같이 원천징수하는데, 주민세는 소득세의 10%다. 즉 배당을 받게 되면 배당소득세 14%와 주민세 1.4%를 합해 모두 15.4%의 세금을 원천 징수 당하게 된다.

주식을 처분할 때 내는 세금에는 양도소득세, 증권거래세, 농어촌특별세가 있다. 증권거래세(security transaction tax)는 주권 또는 지분의 양도가액에 과세되는 세금이다. 증권거래세 및 농어촌특별세는 거래에 부과되는 세금이므로 주주가 손해를 보고 팔든, 이익을 보고 팔든 항상 내야 한다. 하지만 비상장주식은 증권거래세만 내면 된다. 증권거래세는 매매대금의 0.5%다.

주식은 양도차익을 원칙적으로 실지거래한 금액에 따라 계산한다. 실지거래의 금액을 모르는 경우에는 양도·취득일 전후 3개월 내의 매매사례가액 또는 감정가액 평균액으로 산정하고, 이것도 없을 경우에는 기준시가로 과세한다. 양도가액에서 실지거래가액은 아는데 취득가액은 모를 경우에는 기준시가 비례로 양도가액을 환산한 가액을 취득가액으로 한다. 양도가액을 기준시가로 적용할 경우에는 취득가액도 반드시 기준시가로 산정한다. 비상장 중소기업의 주식에 대한 양도소득세율은 단일세율로 10%다. 또한 양도소득세액의 10%를 주민세로 부가해 납부해야 한다.

주식 등 변동상황명세서의 작성과 제출

사업연도 중에 주주(사원, 출자자 등 포함)의 변동이나 주주별 출자금액의 변동이 있는 법인은 법인세과세표준 신고기한 내에 '주식 등

변동상황명세서'를 제출해야 한다. '주식 등 변동상황명세서'를 제출하지 않거나 변동상황을 누락해 제출하는 경우와 필요적 기재사항의 기재누락·오류기재 등으로 제출한 '주식 등 변동상황명세서'가 불분명한 때는 가산세가 부과되므로 유의해야 한다.

 주식 등 변동상황명세서의 내용

① 제출대상 법인: 사업연도 중에 주식 또는 출자지분의 변동이 있는 내국법인(주식회사, 유한회사, 합명회사, 합자회사, 조합 등)
② 제출기한 및 제출관서: 법인세과세표준 신고기한 내에 납세지 관할 세무서장에게 제출
③ 제출방법
　－ 주식 등의 변동이 있는 경우에는 '주식 등 변동상황명세서' 1부
　－ 주식 등의 변동 원인이 양도인 경우에는 '주식·출자지분 양도명세서' 1부

• 새로 설립한 법인이라 하더라도 당해 설립일이 속하는 사업연도 중 주식에 변동이 있었다면 법인세과세표준 신고기한 내에 '주식 등 변동상황명세서'를 제출해야 한다.
• 새로 설립한 법인은 설립 시 주주명부가 입력되므로 당해 사업연도 중 주식에 변동이 없으면 '주식 등 변동상황명세서'를 제출할 필요가 없다.

억울한 세금통지서, 이렇게 대처하자

세무조사결과통지 또는 과세예고통지를 받은 날부터 30일 이내에 과세관청에 부당하다고 생각하는 내용과 입증자료를 첨부해 과세전적부심사를 청구할 수 있다.

사업을 하다 보면 불합리하거나 억울하게 과다한 세금을 납부하게 되는 경우가 있다. 특히 사업 초창기에는 경리직원이나 대표자의 잘못된 처리방식, 회계처리 등으로 이런 경우가 종종 발생하기도 한다. 이때는 '그냥 좋은 게 좋다'는 식으로 넘어가지 말고 확실하게 권리구제를 할 수 있는 사안인지 검토해야 한다. 왜냐하면 수정신고를 하지 않고 넘어간 경우, 나중에 무거운 가산세와 함께 신고불성실 사업자로 전산에서 특별관리 될 수도 있기 때문이다. 그렇다면 세무서 등에 억울한 세금에 대해 의사를 전달할 수 있는 방법에는 무엇이 있을까?

억울한 세금에 대한 의사를 전달하는 방법

첫째, 과세전적부심사 청구제도가 있다. 세무조사결과통지 또는 과세예고통지를 받은 날부터 30일 이내에 과세관청에 부당하다고 생각하는 내용과 입증자료를 첨부해 과세전적부심사를 청구할 수 있다. 과세전적부심사를 청구하는 납세자는 결정 전 통지를 받은 날부터 20일 이내에 통지서를 보낸 세무서장 또는 지방국세청장에게 심사청구서를 제출하면 된다. 그러면 세무서장 등은 이를 심사해 30일 이내에 결정한 후 납세자에게 통지해야 한다.

둘째, 이의신청제도가 있다. 납세고지서를 받은 납세자가 고지된 세금내용에 이의가 있는 경우에는, 당해 고지를 한 세무서장이나 지방국세청장에게 이의를 주장하고 시정을 촉구하는 제도다. 고지를 받은 날부터 90일 이내에 관할세무서에 신청해야 한다.

셋째, 심사청구, 심판청구, 그리고 행정소송 제도가 있다. 납세고지를 받은 날부터 90일 이내에 고지한 세무서에 심사청구나 심판청구를 해야 하며, 만약 이의신청을 한 경우에는 이의신청 결정통지를 받은 날부터 90일 이내에 청구해야 한다. 행정소송은 위의 청구 결과에 이의가 있을 경우에 결과통지를 받은 날부터 90일 이내에 행정법원에 해야 한다.

넷째, 마지막으로 납세자보호관·담당관제도가 있다. 세금에 관한 고충이나 궁금한 사항이 있으면 국세청의 납세자보호관이나 관할세무서의 담당관을 찾아가자. 법으로는 해결이 안 되지만 너무나 억울한 세금 관련 문제가 발생했을 경우 이용하면 좋을 것이다.

도표 9-1 ▼ **사전 권리구제제도와 사후 권리구제제도**

• **사전 권리구제제도(과세전적부심사 청구)**

  − 세무조사결과통지 또는 과세예고통지를 받은 날부터 30일 이내에 통지관청에
   부당하다고 생각하는 내용과 입증자료를 첨부해 과세전적부심사를 청구할 수 있다.

• **사후 권리구제제도**

구분	내용
이의신청	납세고지서를 받은 날부터 90일 이내에 과세관청에 신청
심사청구	납세고지서를 받은 날 또는 이의신청의 결정통지를 받은 날부터 90일
심판청구	이내에 국세청에 심사청구를 하거나 조세심판원에 심판청구
행정소송	심사청구·심판청구 결과통지를 받은 날부터 90일 이내에 행정법원에 고지한 세무서장을 상대로 소송을 제기

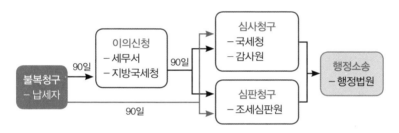

• 이의신청을 거치지 않고 심사청구, 심판청구, 감사원 심사청구를 할 수 있으나, 행정
 소송은 반드시 심사청구나 심판청구 또는 감사원 심사청구를 거쳐야 한다.

　당장 세금과 관련한 어려움이 없더라도 이러한 권리구제제도가
있다는 것을 알고 있다면, 당황하지 않고 잘 해결할 수 있을 것이다.
또한 국세청에 제기한 불복청구 진행상황을 인터넷으로 직접 확인
할 수도 있다.
　한편 세법에서는 일정 기간 안에서만 세금을 부과할 수 있도록

도표 9-2 ▼ 세금의 종류와 제척기간

세금 종류	구분	제척기간
일반 세목 (소득세, 법인세, 부가세 등)	기본	5년
	무신고	7년
	사기나 그 밖의 부정한 행위	10년
상속증여세	기본	10년
	무신고	15년

하고 그 기간이 지나면 세금을 부과할 수 없도록 하고 있는데, 이를 '국세부과의 제척기간'이라고 한다. 일반적으로 5년이라고 알고 있으나 이는 큰 오산이다. 납세자가 사기나 기타 부정한 행위로 국세를 포탈하거나 환급 또는 공제받은 경우에는 그 국세를 부과할 수 있는 날부터 10년이다. 또한 기업을 경영하다 보면 상속세와 증여세와 매우 밀접한 관계를 갖는데, 상속세 및 증여세의 국세부과 제척기간은 최대 15년이다.

쉽게 말해 만약 결혼할 때 부모님에게서 전세보증금으로 1억을 보조받았던 사실을 밝히지 않았다고 하자. 12년 후 이 사실을 국세청에 걸렸다면, 당시 증여세 신고를 하지 않았기 때문에 가산세까지 더한 세금이 추징될 수 있다. 하지만 사업을 하면서 12년 전 매출의 일부 누락이 지금 발견된 경우에는 국세청에서 세금을 추징할 수 없다.

공동사업을 하기 전에 장단점부터 알아보자

공동사업의 장단점을 정확히 알고 사업을 하는 것이 중요하다. 당장은 아니더라도 갑자기 동업해야 할 상황이 발생할 수 있으므로 각종 문제점을 미리 알고 있도록 하자.

주변을 보면 동업으로 사업하는 경우가 종종 있다. 특히 이런 경우 과연 절세에 도움이 될지 또는 별다른 문제점은 없는지 등을 궁금해하는 사람이 많다. 공동사업은 일단 절세에 어느 정도 도움이 된다. 원칙적으로 출자지분 비율대로 세금을 각자 납부하기 때문이다.

예를 들어 설명하면, 친구인 장동건 씨와 배용준 씨가 치킨집을 운영하려고 한다. 지분비율은 장동건 씨 40%, 배용준 씨 60%로 투자했다. 1년 후에 1억 원의 소득금액이 발생했다면 장동건 씨는 4천만 원, 배용준 씨는 6천만 원의 소득을 창출했다고 본다. 따라서 개인별 과세원칙에 따라 장동건 씨는 4천만 원에 해당 소득세율을 적용하고, 배용준 씨는 6천만 원에 해당 소득세율을 적용해 세금을 신고·납부하면 된다. 만약 장동건 씨가 혼자서 사업에 투자해 세금을 납부해야 한다면, 1억 원에 대해 소득세율을 적용한다.

그 차이를 구체적으로 알아보자. 공동투자를 한 경우 장동건 씨는 약 500만 원, 배용준 씨는 약 900만 원의 소득세를 부담하게 되는데, 단독 창업일 경우 약 2천만 원의 세금을 부담하게 된다. 즉 세금의 총액으로 따지면 600만 원의 세금 차이가 있는데, 소득세율이 누진적으로 적용되기 때문이다. 따라서 소득세만을 기준으로 본다면 공동사업은 절세에 효과적이다.

하지만 주의할 점도 분명히 있다. 공동사업자 간에는 연대납세의무가 나타난다. 즉 장동건 씨와 배용준 씨는 치킨집을 운영하면서 발생되는 갑근세, 부가가치세 등을 모두 연대해서 납부해야 할 의무가 있는 것이다.

제2차 납세의무와 특수관계자

법인은 출자자의 제2차 납세의무라는 것이 있다. 법인의 재산으로 그 법인에게 부과되거나 그 법인이 납부할 국세, 가산금 등을 충당해도 부족한 경우, 그 국세의 납세의무 성립일 현재 일정한 요건을 충족하는 과점주주는 그 부족액에 대해서 제2차 납세의무를 지도록 하고 있다. 여기서 과점주주는 주주 본인과 그의 특수관계에 있는 자로, 그들의 소유주식 또는 출자액의 합계가 발행주식 총수 또는 출자총액의 50%를 초과하는 자를 말한다.

다만 주의해야 하는 것은 특수관계인의 범위다. 만약 남편이 50%, 부인이 50%의 지분을 투자해 법인을 설립한 경우, 각각의 지분이 50%가 초과하지 않더라도 특수관계에 해당하는 부인의 지분까지 포함하면 50%가 초과된다. 그래서 제2차 납세의무를 부담해야 한다. 과점주주를 판단하는 문제에서 특수관계인의 친족 범위는 6촌 이내의 혈족과 4촌 이내의 인척, 배우자(사실상 혼인관계 포함), 친생자로서 다른 사람에게 입양된 자 및 그 배우자·직계비속으로 열거하고 있으므로 자세히 따져봐야 할 것이다.

세금을 제때 못 내면 어떤 불이익을 받게 될까?

납부기한이 지나도록 세금을 내지 않은 경우에는 납부지연가산세를 추가로 내야 한다. 납부지연가산세는 납부하지 않은 세액(세법에 따라 가산해 납부해야 할 가산액이 있는 경우 그 금액을 더한다)에 법정납부기한의 다음 날부터 납부일까지의 기간만큼 하루 0.025%의 이자를 내야 한다.

세금을 체납하게 되면 세무서에서는 체납세액을 징수하기 위해 체납자의 재산을 압류하며, 그래도 계속 세금을 내지 않으면 압류한 재산을 매각해 그 대금으로 체납세금을 충당한다. 허가, 인가, 면허 등을 받아 사업을 경영하는 자가 500만 원의 국세를 3회 이상 체납한 때는 행정적인 규제로 허가관서에 사업의 정지 등을 요구할 수도

도표 9-3 ▼ 공동사업자별 분배명세서

공동사업자별 분배명세서

공 동 사업장	① 상 호		②사업자등록번호		-		
	③ 소재지		④개업일				
대표공동 사업자	⑤ 성 명		⑥주민등록번호		-		
	⑦ 주 소		⑧전화번호				

| ⑨ 소득구분코드 | 부동산임대업(30), 부동산임대업외(40) | ⑩전환정비사업 조합원 등 | 여1 / 부2 | ⑪주업종 코 드 | |
| ⑫ 신고유형코드 | 자기조정(11), 외부조정(12), 성실납세(13), 간편장부(20), 추계-기준경비율(31), 추계-단순경비율(32) | | ⑬과세기간 | 년 월 일부터 년 월 일까지 | |

총수입금액		⑯필요경비	⑰소득금액 (⑮ - ⑯)
⑭직전 과세기간	⑮해당 과세기간		

소득금액 등 분배내용

공 동 사 업 자		⑳ 분배 비율	소득금액 등 분배금액				
⑱성 명	⑲주민등록번호		㉑ 수입금액	㉒ 소득 금액	㉓ 가산세	원천징수 또는 납세조합징수세액	
						㉔ 소득세	㉕ 농어촌특별세
합 계							

210㎜×297㎜(일반용지 60g/㎡(재활용품))

있다. 예를 들어 학원업을 하는 경우에는 교육청의 허가가 취소될 수도 있다.

최근 체납에 대해서 매우 강력하게 사후관리를 하고 있으며 국세 체납 5천만 원 이상인 경우 등 일정 요건에 해당하면 체납자도 모르는 사이 출국금지에 처한다. 사업상 해외출장에 나서려다 갑자기 공항에서 출국금지인 것을 알게 되면 당황할 것이므로, 만약 체납이 일정 금액 이상이라면 관할세무서 체납담당자에게 출장 사유(해외에서 무슨 목적으로 누구를 만나는지, 언제 돌아오는지 등)를 밝히고 출국금지를 해소할 수 있도록 협조를 구해야 한다. 예를 들어 사업 관련 계약을 하기 위해 출국해야 한다는 등 구체적인 서류를 가지고 협의해야 한다. 국세청에서도 체납자가 사업으로 발생할 이익을 세금으로 내는 게 좋기에, 최대한 근거를 가지고 설명하면 출국금지를 일정 기간 해제해주곤 한다.

최근 영세개인사업자의 경우 체납액 징수특례제도가 신설되었으니 해당하는지 잘 체크해서 도움을 받아보자. 조세특례제한법 제99조의10(영세개인사업자의 체납액 징수특례)에 의하면 일정 요건(폐업일 직전 3개년도의 사업소득 총수입금액이 15억 미만인 자 등)에 해당하는 개인사업자는 가산금 면제, 최대 5년까지 분납허용을 해준다고 한다. 참고로 현재 자신의 정확한 체납액 확인은 가까운 세무서를 찾아가면 된다.

세무조사,
겁먹지 말고 미리 대비하자

사업자들은 항상 합법적으로 절세할 수 있는 방법을 꾸준히 연구하고 몸에 익혀야 한다. 탈세는 안 되지만, 절세의 길은 무수히 많다.

대한민국은 세금뿐만 아니라 사업 관련 준조세 성격의 각종 부담금이 무척 많다. 그렇기에 일부 사업자들이 탈세를 당연하게 받아들이지만, 세무조사 등을 통해 사업에 큰 타격을 받을 수 있다. 사업자는 합법적으로 절세할 수 있는 방법을 꾸준히 공부하고 몸에 익혀야 한다. 탈세는 안 되지만, 절세의 길은 무수히 많다.

세금 관련 업무는 꼭 신고해야 하는 내용이 많기에 세무전문가와 상의하고 업무 체계를 갖추는 게 불필요한 가산세 지출을 막을 수 있다. 국세청 홈페이지에는 신규사업자를 위한 안내자료가 무료로 제공되니 꼭 읽어보기를 바란다.

누가 세무조사를 받게 되는 걸까?

세무조사를 받게 되어 필자에게 찾아오는 사람들을 보면 어느 정도 공통분모를 발견할 수 있다.

첫째, 사업장의 외형(매출액)이다. 사업장의 매출액이 큰 경우, 국세청 전산에 의해 무작위 추출 선정대상이 될 가능성이 있다. 따라서 항상 사업과 관련한 지출에 대해서는 적격증빙을 바탕으로 꼼꼼하게 기장해야 하며, 인건비 등이 지출되는 경우에는 잊지 말고 정확히 누락 없이 신고해야 한다. 그렇지만 사업 초기에는 비전문가 입장에서 이러한 부분을 처리하기 매우 힘들고 여유도 없을 것이다. 이때는 최소한 통장에서 이체되게 하고 인터넷뱅킹으로 해당 지출의 내용이 무엇인지 자세하게 남기도록 하자. 이것만으로도 지출에 대해 누락 없이 간접적으로 기록된 효과를 볼 수 있다.

둘째, 신고소득률이 동종 업종의 평균보다 낮은 경우다. 예를 들어 같은 동네에 5천만 원의 매출을 올리는 치킨집이 두 곳 있다. 그런데 한 곳은 이익이 1천만 원으로 소득률을 20%라고 신고했는데, 다른 한 곳은 이익이 250만 원으로 소득률을 5%라고 신고했다. 같은 상권에 동종 업종이고 매출도 비슷한데 소득률에서 차이가 많이 나게 되면 위험하다고 볼 수 있다. 보통 국세청에서는 동종 업종의 소득률을 가지고 분석을 하기도 한다. 또한 신고소득률 하위 사업자에 대해서는 담당 공무원을 통해 실제 사업장 현황 등을 조사하도록 지침이 내려온다고 한다.

셋째, 부동산 등의 재산이 급격히 증가한 경우다. 예를 들어 치킨집을 10년간 운영하던 장동건 씨는 그동안 소득세 신고 때 연간 소득이 1천만 원도 안 된다고 신고를 해왔다. 그런데 갑자기 강남에 10억 원짜리 아파트를 구입했다면, 부동산 취득에 대한 '자금출처 소명 요구' 통지를 받을 수 있다. 만약 자금출처를 제대로 소명하지 못한다면, 사업을 통해 획득한 소득으로 추정하고 엄청난 세금을 부과받게 될 것이다. 보통 사업자인 경우에는 사업과 관련한 매출누락이나 소득누락 혐의를 받을 수 있고, 사업자가 아닌 경우에는 증여나 상속을 받은 것으로 볼 수 있다. 요즘 이러한 사례가 자주 발생한다. 왜냐하면 국세청 전산이 그만큼 발달되어, 소유권이전등기가 이루어지면 즉각적으로 국세청에 통보되고 자체 분석에 들어가기 때문이다. 즉 매수자의 연령이나 소득이 구입한 부동산의 규모와 맞지 않으면, 거의 100% 소명 통지서가 온다고 보면 된다.

세무조사 대상이 된 것을 운이 없다고 생각하면 안 된다. 위 내용만 유념해도 불필요한 세무조사를 받는 경우를 줄일 수 있다. 사업자들은 항상 합법적으로 절세할 수 있는 방법을 연구하고 몸에 익혀야 한다. 탈세는 절대 안 되지만, 절세의 길은 무수히 많다.

세무조사를 받게 되면 어떤 것들을 볼까?

세금은 순이익을 근간으로 과세된다. 순이익은 매출에서 지출을 차감한 금액이다. 즉 세무조사에서는 매출이 과연 적정한지를 파악한다. 무자료 매입으로 인한 매출누락, 현금 매출의 과소신고, 매출단가 조작, 부동산임대업의 경우 임대료 축소신고 등을 파악한다.

매입의 적정성을 파악할 때는 기말재고자산의 임의적 조정, 대표이사의 개인경비를 회사경비로 처리한 것, 발생하지도 않은 인건비를 비용으로 처리하는 경우 등을 중점적으로 본다. 또한 접대비는 일정 한도만 비용으로 인정되기 때문에 복리후생비로 돌려서 신고하는 경우가 종종 있는데, 접대비 성격의 지출을 복리후생비로 처리한 경우도 대표적인 세무조사 대상이다.

세무조사를 통해 세금을 추징받게 되면 법인의 입장에서는 가산세뿐만 아니라, 대표자 상여로도 과세해 매우 크게 부담을 느낄 수 있다. 따라서 합법적으로 절세할 수 있는 방법을 세무사와 항상 논의하고, 지출을 누락 없이 기록해야 한다.

법인세 신고수준별 차등관리

다음은 국세청에서 세무조사와 관련한 안내자료다. 이는 세금을 불성실하게 신고했을 때 내부적으로 어떻게 관리하고 조사할지 간접적으로 알려주는 자료라고 할 수 있다.

법인세 신고는 일체의 세무간섭 없이 자율신고에 맡긴다. 대신 몰라서 불이익을 받지 않도록 축적된 과세자료와 각종 신고서를 연계 분석해서 틀리기 쉬운 항목을 중심으로 사전에 안내함으로써 성실신고를 지원한다. 한편 법인세 신고가 끝나는 즉시 신고내용을 분석해 업종·규모별 신고소득률 상위 법인은 명백한 탈루혐의가 없는 한 세무간섭을 배제하는 등 우대관리 하며, 불성실신고를 한 법인은 조사대상으로 선정하는 등 엄정하게 관리한다.

 성실신고 지원과 불성실신고 사후 관리

1. 성실신고 지원을 위한 전산·개별분석 안내

- 전산자료와 신고상황을 비교분석 해 문제항목 제시
  - 해외체류 유학 및 병역근무 등으로 실제 근무하지 않는 기업주 가족에게 인건비를 지급하거나 법인카드를 피부미용실, 성형외과 등에서 사적으로 사용하고 법인비용으로 공제하지 않도록 안내
  - 접대성 경비 분산처리 혐의, 재고조절을 통한 원가 과다계상 혐의, 세무조사 이후 신고소득률이 급격히 하락한 법인 등 안내
- 신고에 도움을 주는 자료 제공
  - 비사업용 토지 양도 법인, 재평가 토지 양도 법인, 외부세무조정 대상 법인, 수입배당금 익금불산입 법인 등 안내
- 영업실적에 비해 신고수준이 낮은 호황업종 영위 법인과 세원관리 취약 업종 및 자영업 법인 등에 대해 수집된 각종 정보자료, 과세자료 등에 의한 개별분석을 통해 문제점 도출·안내

2. 불성실신고 법인에 대한 엄정한 사후 관리

신고 종료 후 분석·안내한 사항이 신고에 제대로 반영되었는지 성실신고 여부를 조기 검증한 후, 탈루혐의가 큰 법인은 조사대상으로 조기 선정해 즉시 세무조사 착수

재무비율 분석으로 경영 효율성을 극대화하자

재무제표 분석이란 재무제표상의 금액으로 기업 상태를 파악할 수 있는 정보를 산출하는 과정이다. 재무제표상의 금액은 비교·분석으로 비로소 의미 있는 정보가 된다.

재무관리란 기업이 자본의 조달과 운용을 위해 실시하는 여러 정책을 말한다. 경영활동을 자본의 전환과정으로 이해한다면, 재무관리는 자본조달이라는 고유영역뿐만 아니라, 전체활동의 눈에 띄지 않는 부분을 자본운용으로 간접 관리하는 데까지 이르게 된다.

회계학적으로 작성된 재무제표를 기준으로 해당 기업에 대한 상태를 파악하는 데는 여러 가지 분석법이 있다. 주주나 채권자 등 회사의 이해관계자들은 투자 또는 금전대여에 따른 위험을 최소화하고, 수익을 극대화하려는 경제적 동기가 있다. 하지만 위험과 수익은 모두 투자한 이후 미래의 특정 시점에 발생하는 것인데 반해, 기

도표 9-4 ▼ 회사의 흐름

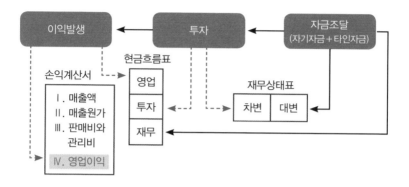

업에 대한 정보는 과거의 경영성과와 현재의 재무상태를 말한다. 즉
재무제표 정보다.

결국 이해관계자들은 이러한 제한된 정보로 기업의 현재 및 미래
의 잠재적 위험 또는 수익력을 판단해 의사결정을 할 수밖에 없다.
그래서 이때 필요한 작업이 바로 재무제표 분석이다.

재무제표의 대표적인 분석방법

추세분석(trend analysis)은 수평적 분석이라고도 하는데, 2개 이상
의 연속된 회계기간에서 재무제표 항목의 수치변동을 비교해 의미
있는 정보를 산출해내는 분석방법이다. 올해 매출액과 작년 매출액
을 비교해 올해의 성장 여부를 평가하거나, 과거 수년간의 수치를
비교해 기업이 현재 어떤 추세에 있는지를 평가한다.

추세분석은 기업의 상태가 좋아지고 있는지 그렇지 않은지를 간단히 파악할 수 있다는 장점이 있다. 하지만 동종기업 또는 외부환경 변화의 영향을 함께 고려하지 않으면, 자칫 잘못된 판단을 할 수도 있다는 한계가 있다.

백분율분석(percentage analysis)은 각 재무제표를 구성하는 항목 간의 상대적 크기를 백분율로 표시해 평가하는 방법으로, 수직적 분석이라고도 한다. 매출액을 100으로 보았을 때 매출원가, 영업이익, 당기순이익이 차지하는 비율이 어느 정도인지 평가한다. 또는 자산총계나 부채총계 등을 100으로 보았을 때 유동자산이나 투자자산, 유형자산 등의 비율이 얼마인지를 백분율로 표시하는 방법이다.

이렇게 하면 해당 기업의 자산·부채·자본항목 중 중요한 비중을 차지하는 항목이 어떤 것인지 파악할 수 있고, 동시에 매출액 대비 손익계산서 항목의 비율을 파악해 기업의 수익성을 평가할 수 있다는 장점이 있다. 두 회계기간의 백분율분석을 비교하거나 동종산업 경쟁기업의 백분율분석 수치를 비교하면 기업의 추세분석도 겸할 수 있다. 백분율분석은 해당 기업의 영업상 특징이나 재무적 문제점도 파악할 수 있는 유용한 분석방법이라고 할 수 있다.

재무비율 분석(financial ratio analysis)은 재무제표상 개별 항목 간의 비율을 분석함으로써 기업의 경영성과 또는 재무상태를 평가하는 방법이다.

수익성비율(profitability ratio)은 일정 기간 동안 기업의 경영성과를 평가하는 지표다. 매출액이익률, 자본이익률, 주가 관련 수익성지수 등이 있다. 매출액이익률(profit rate to sales)은 손익계산서상의

도표 9-5 ▼ **자기자본이익률**(ROE; Return on Equity)

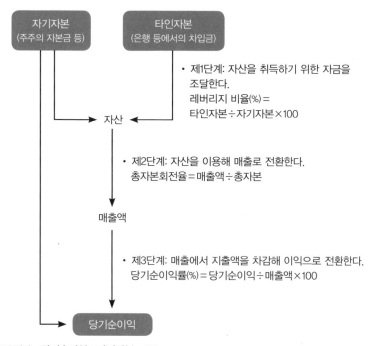

ROE(%)＝당기순이익÷자기자본×100

주요한 이익을 매출액으로 나눈 비율이다. 즉 매출총이익률은 매출
총이익을 매출액으로 나눈 비율로서 기업 판매활동의 수익성 또는
생산의 효율성을 측정하는 지표다. 매출액영업이익률은 영업이익을
매출액으로 나눈 비율로서 제조 및 판매활동과 직접 관계없는 영업
외손익을 제외한 순수한 영업이익을 매출액과 대비한 것으로, 영업
활동의 수익성을 측정하는 지표다.

자본이익률(profit rate to equity)은 자본투자에 대한 수익률을 평
가하는 지표로서 총자산이익률, 자기자본이익률, 총자산 대비 영업

현금흐름 비율 등이 있다. 자본이익률을 계산할 때는 기초자본과 기말자본의 평균액을 사용한다. 총자산이익률은 당기순이익을 총자산(=총자본)으로 나눈 비율로, 기업에 투자한 총자산(타인자본과 자기자본)이 얼마나 효율적으로 운용되고 있는지를 보여주는 지표다. 기업이 세운 계획과 실적 간의 차이 분석 또는 경영전략 수립 등에 많이 이용된다.

 주가 관련 수익성 지수

- **주당순이익**(EPS; Earning Per Share): 주당순이익은 주식 1단위당 순이익을 나타내는 비율로서, 당기순이익을 시장에 유통되는 발행주식수로 나눈 금액을 말한다. 주당순이익은 기업의 수익력을 평가하는 가장 일반적인 지표 중 하나다.
- **주가수익률**(PER; Price Earning Ratio): 주가수익률은 주가를 주당순이익으로 나눈 비율이다. 주가가 주당순이익에 비해 어느 정도 평가되고 있는지를 보여주는 지표로, 주가수익률 지표는 주식투자자들이 매우 유용하게 활용하는 투자지표 중 하나다. 예를 들어 한 기업의 주가수익률이 동종 업종의 경쟁기업 또는 다른 업종에 비해 낮다면, 이는 주가가 주당순이익 대비 낮게 평가되어 있다는 뜻이므로, 향후에 상승할 가능성이 있는 것으로 평가하게 된다. 일반적으로 주식 뉴스 등에서 말하는 PER가 10배라는 이야기는 주가수익률이 10%라는 말도 된다. 주주로서는 한 주에 1만 원을 투자했는데 이 회사가 해마다 주당 1천 원을 벌어들이니 수익률이 10%인 셈이다. 이처럼 PER는 개별 기업뿐만 아니라 주식시장 전체를 평가하는 잣대로도 사용된다.
- **배당수익률**(dividend yield ratio): 배당수익률은 1주당 배당액을 주가로 나눈 비율로, 주식투자자가 배당으로 얻는 수익률을 표시한다. 주식투자자는 주가상승에 따른 자본이득과 배당에 따른 배당수익이라는 두 가지 형태의 투자수익을 얻게 되는데, 배당수익률은 후자의 수익률을 말한다.

내 생애 첫 회계 공부

초판 1쇄 발행 2020년 4월 21일
초판 6쇄 발행 2024년 5월 7일

지은이 | 유양훈
펴낸곳 | 원앤원북스
펴낸이 | 오운영
경영총괄 | 박종명
편집 | 최윤정 김형욱 이광민 김슬기
디자인 | 윤지예 이영재
마케팅 | 문준영 이지은 박미애
디지털콘텐츠 | 안태정
등록번호 | 제2018-000146호(2018년 1월 23일)
주소 | 04091 서울시 마포구 토정로 222 한국출판콘텐츠센터 319호(신수동)
전화 | (02)719-7735   팩스 | (02)719-7736
이메일 | onobooks2018@naver.com   블로그 | blog.naver.com/onobooks2018
값 | 19,000원
ISBN 979-11-7043-073-5 03320

이 도서의 국립중앙도서관 출판예정도서목록(CIP)은 서지정보유통지원시스템 홈페이지(http://
seoji.nl.go.kr)와 국가자료종합목록 구축시스템(http://kolis-net.nl.go.kr)에서 이용하실 수 있습
니다. (CIP제어번호 : CIP2020012390)